불교의
모든 것

KB191575

한 권으로 읽는 불교 입문서

불교의
모든 것

곽철환 지음

행성:B잎새

일러두기

- 이 책은 《불교 길라잡이》(곽철환 지음, 시공사, 1995)를 바탕으로 해서 다시 쓴 것이다.
- ⓢ는 산스크리트(sanskrit), ⓟ는 팔리어(pāli語)를 가리킨다.
- 산스크리트와 팔리어의 한글 표기는 1986년 1월 7일에 문교부에서 고시한 '개정 외래어 표기법'
  에 따라 된소리와 장음표기를 쓰지 않고, 동일 겹자음일 경우에 앞 자음은 받침으로 표기했다.
  예) ⓟvipassanā ⇒ 위팟사나
- 음사(音寫)는 산스크리트 또는 팔리어를 한자로 옮길 때, 번역하지 않고 소리 나는 대로
  적은 것을 말한다.
  예) 반야(般若, ⓢprajñā ⓟpaññā)
  　　열반(涅槃, ⓢnirvāṇa ⓟnibbāna)
- 四念處를 대부분 '사념처' 또는 '4념처'로 적으나 이는 잘못이다. 왜냐하면 접두사처럼 쓰이는
  한자가 붙어서 된 단어는 뒷말을 두음법칙에 따라 적기 때문이다.
  예) 신여성(新女性) 공염불(空念佛) 중노동(重勞動)
  따라서 四念處는 '사염처' 또는 '4염처'로 적어야 한다. 마찬가지로 신염처(身念處) ·
  수염처(受念處) · 심염처(心念處) · 법염처(法念處)이다.
- 전거에서, 예를 들어 〈雜阿含經 제30권 제7경〉은 《잡아함경》 제30권의 일곱 번째 경을 가리킨다.
  《니카야(nikāya)》의 경우, 〈디가 니카야 22, 大念處經〉과 〈맛지마 니카야 54, 哺多利經〉에서
  22와 54는 경 번호이고, 〈상윳타 니카야 23 : 15, 苦(1)〉에서 23은 분류(division) 번호이고,
  15는 경 번호이다.
  《니카야》의 경우, 경명 · 품명 · 인명 · 지명은 《남전대장경(南傳大藏經)》의 번역에 따랐다.

머리글

붓다께서 "비구들아, 예나 지금이나 내가 가르치는 것은 단지 고(苦)와 그 고의 소멸일 뿐이다"(《맛지마 니카야 22, 蛇喩經》)라고 했듯이, 불교는 고에서 시작해서 고의 소멸, 즉 열반(涅槃)에서 마친다.

열반으로 나아가는 데 가장 큰 장애는 '에고'를 바탕으로 한 마음의 소음이다. 이 에고를 근원으로 해서 탐욕과 집착과 저항이 끊임없이 일어난다. 에고는 탐욕을 부리고 집착하면 생존에 유리할 거라고 유혹하지만, 그것은 괴로움과 불안과 갈등만 안겨줄 뿐 삶에 아무런 도움이 되지 않는다.

사람들은 흔히 남들과 달리 자신은 에고가 강하지 않다는 착각 속에 산다. 하지만 자신의 탐욕과 집착과 저항을 자각하지 못하면 그것을 해소할 길이 없어 안심(安心)에 이를 날은 영영 오지 않는다. 마음을 비우려고 해도 그렇게 되지 않는 것은, 에고에 상처를 받으면 '기분이 나빠서' 그 에고를 애지중지하기 때문이다.

모든 현상은 자신의 의지와 상관없이 인연에 따라 생멸을 거듭하면서 변해간다. 이 무상(無常)에 저항하거나 무상한 현상에 집착하면 불안과 괴로움에 갇히게 된다. 무상을 그대로 수용하고 무상 속으로 들어가 거기에 자신을 내맡겨버리는 게 불교의 길이다.

중생의 마음은 에고를 바탕으로 해서 만사를 '좋다/싫다', '아름답다/추하다', '귀하다/천하다' 등의 2분으로 갈라놓고 한쪽에 집착하고 다른 한쪽에 저항하기를 반복한다. 그래서 마음은 마치 시계의 추처럼 그 양쪽을 끊임없이 오락가락하므로 항상 불안정하다. 이 불안정이 곧 고(苦)이다.

'나'와 '남', 이게 중생이 그은 최초의 경계이고, 모든 경계의 바탕이다. 에고가 폭발해 '나'와 '남'의 경계가 붕괴되고, 독립된 '개체적 자아'라는 생각이 끊긴 상태가 무아(無我)이다.

모든 현상의 진행을 무상·고·무아로 통찰해야 몸-마음에 대한 집착이 희박해져 가고, 온갖 속박에서 점차 벗어나게 된다. 그래서 무상·고·무아를 열반으로 가는 세 관문이라 한다.

'앎'이 곧 '됨'이 될 수 없듯이, 불교에 대해 많이 안다고 해서 열반에 가까이 가는 건 결코 아니다. 따라서 불교를 학습하는 과정에서 지나치게 '앎'을 추구할 필요는 없다. 어차피 말이나 문자는 방편일 수밖에 없으니까.

그래서 많은 법문 가운데 자신에게 알맞은 가르침을 찾아내 그것을 반복해서 되새기고, 여러 수행 가운데 자신에게 적합한 하나를 선택해서 지속적으로 닦아나가는 것, 이것이 불교 학습의 요점이다.

흔히 불교를 자연과학과 비교하곤 하는데, 이건 잘못된 시각이다. 자연과학에서 어찌 고(苦)와 열반(涅槃)을 다룰 수 있겠는가.

2014년 봄, 곽철환

제7장 기초 용어와 문답

- 승려의 직책에는 어떤 것들이 있나?
- 승려들의 존칭에는 어떤 말들이 있나?
- 승복에는 어떤 것들이 있나?
- 현재 한국 불교의 종파는?
- 조계종의 25교구 본사는?

제8장 경전 다이제스트

제1장

—

침묵의
성자,
고타마 붓다

비구들아, 예나 지금이나 내가 가르치는 것은
단지 괴로움과 그 괴로움의 소멸일 뿐이다.
〈맛지마 니카야 22, 蛇喩經〉

룸비니의 봄

기원전 7세기경, 히말라야의 남쪽 기슭에 있는 카필라 성에 석가족(釋迦族)이 살고 있었다. 성주(城主)는 정반왕(淨飯王)이고, 부인은 콜리야 족 선각왕(善覺王)의 딸 마야였다. 정반왕은 부인이 40여 세인데도 태자를 낳지 못한 것을 늘 걱정했다. 그러던 어느 날, 마야는 흰 코끼리가 옆구리로 들어오는 꿈을 꾸고 난 후 태기를 느꼈다.

해산할 때가 가까워지자 마야는 고향의 풍습에 따라 친정에 가서 아기를 낳으려고 콜리야 족이 살고 있는 데바다하로 향했다. 가는 도중에 룸비니(lumbinī) 동산의 무우수(無憂樹) 아래서 태자를 낳았다. 따뜻한 봄날이었다.

왕은 아들의 이름을 싯다르타(Ⓢsiddhārtha)라고 지었고, 성(姓)은 고타마(Ⓟgotama)였다. 싯다르타는 '목적을 달성한다'는 뜻이다. 그러나 마야는 태자를 낳은 지 7일 만에 세상을 떠나고 말았다. 그래서 싯다르타는 이모 마하프라자파티의 품에서 자랐다.

깨달음의 길

출가

싯다르타는 태자로서 사치스럽고 화려한 궁중 생활 속에서 성장하여 17세에 콜리야 족의 야쇼다라와 결혼했다. 그리고 아들 라훌라를 낳았는데, 라훌라는 '장애'라는 뜻이다. 훗날 붓다(buddha)는 그때의 일을 다음과 같이 회상했다.

> "부왕은 나를 위해 여러 채의 궁전, 그러니까 봄 궁전과 여름 궁전과 겨울 궁전을 지었으니, 나를 즐겁게 잘 놀도록 하기 위해서였다. (······)
> 네 사람이 나를 목욕시키고는 붉은 전단향(旃檀香)을 내 몸에 바르고 비단옷을 입혔는데, 위아래와 안팎이 다 새것이었다. 밤낮으로 일산을 내게 씌웠으니, 밤에는 이슬에 젖지 않고, 낮에는 햇볕에 그을리지 않게 하기 위해서였다.
> 다른 집에서는 겉보리나 보리밥, 콩국이나 생강을 최고의 음식으로 삼았

으나 내 아버지의 집에서는 가장 낮은 하인도 쌀밥과 기름진 반찬을 최고의 음식으로 삼았다. (……)

여름 4개월 동안은 정전(正殿)에 올라가 있었는데, 남자는 없고 기녀(妓女)만 있어 내 멋대로 즐기면서 아예 내려오지 않았다.

내가 동산이나 누각으로 갈 때는 선발된 30명의 훌륭한 기병들이 행렬을 이루어 앞뒤에서 호위하고 인도했으니, 다른 일이야 어떠했겠는가. (……)

나는 다시 이렇게 생각했다.

'나도 병을 여의지 못하면서 병자를 꺼리고 천하게 여기며 사랑하지 않는 것은 옳지 못하다. 나도 병이 생길 수 있기 때문이다.'

이렇게 관찰하자 병들지 않았다고 해서 일어나는 교만이 산산이 부서졌다. (……)

나는 다시 이렇게 생각했다.

'나도 늙음을 여의지 못하면서 노인을 싫어하고 천하게 여기며 사랑하지 않는 것은 옳지 못하다. 나도 늙기 때문이다.'

이렇게 관찰하자 늙지 않았다고 해서 일어나는 교만이 산산이 부서졌다."

〈中阿含經 제29권, 柔軟經〉

호화로운 궁중 생활이 계속될수록 싯다르타에게 태어나서 병들고 늙고 죽는 것에 대한 괴로움은 커져갔다. 그에게 인간의 삶은 괴로움의 무자비한 순환으로 보였다. 파도처럼 끝없이 밀려오는 괴로움에 답답했고, 궁중이 감옥처럼 느껴졌다.

어느 날, 그는 떠나기로 결심했다. 깊은 밤중에 말을 타고 하인과 함께 몰래 성을 빠져나갔다. 그때 그의 나이 29세였다.

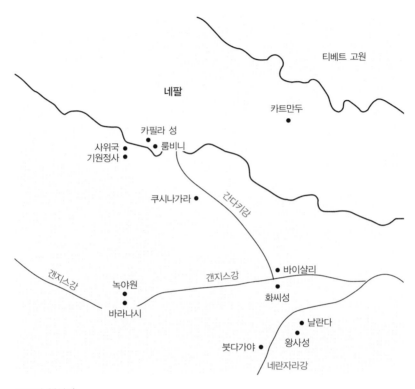

붓다의 행선지

    동틀 무렵 숲에 다다른 싯다르타는 스스로 머리카락을 자르고 지나가는 사냥꾼과 옷을 바꿔 입었다. 몸에 지닌 보석들은 하인에게 주어 카필라로 보낸 다음 다시 길을 떠났다.

고행과 깨달음

    싯다르타는 동남쪽으로 걸어가 마가다 국의 왕사성(王舍城)에 이르렀다. 싯다르타는 가장 먼저 그 부근에서 수행 단체를 이끌던 알라라 칼라마를 찾아가 가르침을 받았다. 그다음 그는 다른 수행 단체를 이끌던 웃다카 라마풋타에게 가서 가르침을 받았다.

그러나 싯다르타는 그들의 가르침으로는 안온한 열반에 이를 수 없다고 생각했다. 그는 다시 서남쪽으로 가서 네란자라 강이 흐르는 우루벨라 마을에 이르렀는데, 그곳에는 많은 수행자들이 있었다.

싯다르타는 마을에 있는 조용한 숲 속으로 들어가 먹고 자는 것도 잊은 채 혹독한 고행만 했다.

"나는 무덤가에 가서 죽은 사람의 옷을 벗겨 내 몸을 가렸다.

그때 안타촌(岸陀村) 사람들이 와서 나뭇가지로 내 귓구멍을 찌르기도 하고 콧구멍을 찌르기도 했다. 또 침을 뱉기도 하고 오줌을 누기도 하고 흙을 내 몸에 끼얹기도 했다. 그러나 나는 끝내 그들에게 화를 내지 않고 마음을 지켰다.

또 외양간에 가서 송아지 똥이 있으면 그것을 집어 먹었고, 송아지 똥이 없으면 큰 소의 똥을 집어 먹었다. (……)

그러자 몸은 나날이 쇠약해져 뼈만 앙상하게 남았고 정수리에는 부스럼이 생기고 피부와 살이 저절로 떨어져 나갔다. 내 머리는 깨진 조롱박 같았다. 내가 먹지 않았기 때문이었다.

깊은 물속에 별이 나타나듯 내 눈도 그러했다. 낡은 수레가 허물어지듯 내 몸도 그렇게 허물어져 뜻대로 되지 않았다. 내 엉덩이는 낙타 다리 같았고, 손으로 배를 누르면 등뼈가 닿았다. 몸이 이처럼 쇠약해진 것은 다 내가 먹지 않았기 때문이었다. (……)

나는 이렇게 6년 동안 애써 부지런히 도를 구했으나 얻지 못했다. 가시

위에 눕기도 했고, 못이 박힌 판자 위에 눕기도 했으며, 새처럼 공중에 몸을 거꾸로 매달기도 했다. 뜨거운 태양에 몸을 태우기도 했고, 몹시 추운 날에 얼음에 앉거나 물속에 들어가기도 했다.

알몸으로 지내기도 했고, 다 해진 옷이나 풀로 만든 옷을 입기도 했으며, 남의 머리카락으로 몸을 가리기도 했다. 머리카락을 길러 몸을 가리기도 했고, 남의 머리카락을 머리에 얹기도 했다. (……) 그때 나는 다시 생각했다.

'이렇게 쇠약한 몸으로는 최상의 도를 얻을 수 없다. 약간의 음식을 먹어 기력을 회복한 후에 도를 닦아야겠다.'

그러고는 음식을 먹자 다섯 수행자는 나를 버리고 가면서 말했다.

'이 사문(沙門) 구담(瞿曇 : 고타마)은 정신 착란을 일으켜 진실한 법을 버리고 그릇된 행으로 나아가는구나.'"

〈增一阿含經 제23권, 增上品 제8경〉

고행상　　파키스탄 라호르 박물관

싯다르타는 자리에서 일어나 네란자라 강에 가서 몸을 씻었다. 그러고는 음식을 먹기 시작했다. 건강을 회복한 그는 보리수(菩提樹) 아래에 가서 풀을 깔고 편안히 앉아 깊은 명상에 잠겼다. 명상을 시작한 지 7일째 되는 날이었다.

적막한 새벽녘에 별이 반짝였다. 명상에 잠긴 싯다르타는 가슴 깊이 잔잔하게 사무치는 기쁨을 느꼈다. 모든 이치가 환하게 드러났다. 깨달음을 얻은 것이었다.

> 그때 세존께서 우루벨라 마을 네란자라 강변의 보리수 아래서 비로소
> 깨달음을 얻으시고, 한번 가부좌하신 채 7일 동안 삼매에 잠겨 해탈의
> 즐거움을 누리고 계셨다.
>
> 〈위나야 피타카 大品1, 菩提樹下緣〉

이제 싯다르타는 깨달음을 이룬 자, 즉 붓다가 되었다. 35세 되던 해였다. 그 후 붓다는 여러 나무 아래로 옮겨 다니면서 몇 주 동안 해탈의 즐거움을 누렸다.

붓다에게 여러 가지 호칭이 있는데, '석가족의 성자(聖者)', '석가족의 침묵하는 자'라는 뜻의 석가모니(釋迦牟尼, ⓢsākya-muni), 세상에서 가장 존귀하므로 세존(世尊), 진리에서 왔으므로 여래(如來), 마땅히 공양을 받아야 하므로 응공(應供), 바르고 원만한 깨달음을 이루었으므로 등정각(等正覺)이라 한다.

가르침의 발자취

4제-괴로움에서 열반으로 가는 고·집·멸·도

붓다는 깨달음을 이룬 후, 사람들에게 설법하기를 주저했다. 왜냐하면 자신이 체득한 진리는 너무나 미묘해서 사람들에게 설한다고 해도 그들이 이해하지 못하면 자신만 피곤할 것이라고 생각했기 때문이다. 그러나 연못에는 푸른 연꽃, 붉은 연꽃, 흰 연꽃이 있고, 그 중 어떤 것은 물속에 잠겨 있고, 어떤 것은 물에 뜨며, 또 어떤 것은 물 위에 솟아 있듯이 사람들의 근기가 다양하다는 것을 관찰하고는 설법하기로 했다.

그러면 누구에게 처음으로 설할 것인가?

붓다가 출가해서 처음으로 찾아간 수행자 알라라 칼라마를 떠올렸으나 그는 이미 죽었고, 다음으로 웃다카 라마풋타를 떠올렸으나 그도 죽고 없었다.

오랫동안 생각한 붓다는 예전에 함께 고행한 다섯 수행자에게 설하기로 결심하고, 그들이 있는 녹야원(鹿野苑)으로 향했다. 우루벨라에서 녹야원까지는 직선거리로 약 250킬로미터나 되는 먼 길이다.

붓다가 그들에게 처음으로 설한 가르침은 4제(諦)였다.

4제를 4성제(聖諦)라고도 하는데, 제는 '진리'를 뜻한다. 4제는 괴로움을 소멸시켜 열반(涅槃)에 이르게 하는 네 가지 진리로, 고제(苦諦)·집제(集諦)·멸제(滅諦)·도제(道諦)를 말한다.

세존께서 말씀하셨다.

"너희들은 4제가 있다는 것을 알아야 한다. 이 넷은 어떤 것인가?

괴로움이라는 진리[苦諦], 괴로움의 발생이라는 진리[集諦], 괴로움의 소멸이라는 진리[滅諦], 괴로움의 소멸에 이르는 길이라는 진리[道諦]이다.

어떤 것이 괴로움이라는 진리인가?

태어나는 괴로움, 늙는 괴로움, 병드는 괴로움, 죽는 괴로움, 근심하고 슬퍼하고 걱정하는 괴로움 등 헤아릴 수 없이 많고, 미워하는 사람과 만나야 하는 괴로움, 사랑하는 이와 헤어져야 하는 괴로움, 구해도 얻지 못하는 괴로움이다. 간단히 말해, 5음(陰)에 탐욕과 집착이 번성하므로 괴로움[五盛陰苦]이다. 이것이 괴로움이라는 진리이다.

어떤 것이 괴로움의 발생이라는 진리인가?

느낌과 애욕을 끊임없이 일으켜 항상 탐내어 집착하는 것이다. 이것이 괴로움의 발생이라는 진리이다.

어떤 것이 괴로움의 소멸이라는 진리인가?

저 애욕을 남김없이 소멸시켜 다시 일어나지 않게 하는 것이다. 이것이 괴로움의 소멸이라는 진리이다.

어떤 것이 괴로움의 소멸에 이르는 길이라는 진리인가?

8정도(正道)이니, 바르게 알기[正見]·바르게 사유하기[正思惟]·바르게 말하기[正語]·바르게 행하기[正業]·바르게 생활하기[正命]·바르게 노력하기[正精進]·바르게 알아차리기[正念]·바르게 집중하기[正定]이다.

이것을 4제라고 한다."

〈增一阿含經 제14권, 高幢品 제5경〉

그러나 붓다의 가르침이 잘 전달되지 않았다. 며칠 후 다섯 수행자 가운데 교진여(憍陳如)가 붓다의 가르침을 알아들었다. 붓다는 너무 기뻐 "교진여는 감로의 진리를 얻었다!"고 외쳤다. 그때의 기쁨을 '지신(地神)이 이 소리를 듣고 똑같이 외쳤고, 이 소리를 들은 4천왕(天王)이 또 외쳤고, 이 소리를 들은 33천(天)도 외쳤고, 33천의 소리를 들은 염천(艶天)도 외쳐서 도솔천에 이어 범천까지 이 소리를 들었다"〈增一阿含經 제14권, 高幢品 제5경〉〉고 장엄하게 표현했다.

녹야원에서 이루어진 설법을 초전법륜(初轉法輪)이라 하는데, '처음으로 가르침의 수레바퀴를 굴리다'라는 뜻이다.

이로써 인도 땅에 불교가 싹트게 되었다.

그때 세존께서 다섯 비구(比丘)에게 말씀하셨다.

"너희들 가운데 두 사람이 여기서 가르침을 받게 되면 나머지 세 사람이 걸식해와서 여섯이 나눠 먹도록 하자. 만약 세 사람이 가르침을 받게 되면 나머지 두 사람이 걸식해와서 여섯이 나눠 먹도록 하자."

세존께서 가르치고 일깨우니, 다섯 비구는 생로병사가 없는 열반을 얻어 아라한(阿羅漢)이 되었다. 이제 삼천대천세계에는 붓다까지 합해 아라한이 모두 여섯이 되었다.

〈增一阿含經 제14권, 高幢品 제5경〉

붓다께서 "비구들아, 예나 지금이나 내가 가르치는 것은 단지 괴로움과 그 괴로움의 소멸일 뿐이다"《맛지마 니카야 22, 蛇喩經》라고 했듯이, 불교는 괴로움에서 시작해서 그 괴로움의 소멸, 즉 열반에서 마친다.

괴로움에서 열반으로 나아가는 길이 바로 4제이다. 그래서 "모든 동물의 발자국이 다 코끼리 발자국 안에 들어오듯, 모든 가르침은 다 4제에 포함된다"《맛지마 니카야 28, 象跡喩大經》고 했다.

이 4제야말로 괴로움에서 열반으로 나아가는 유일한 길이다. 따라서 4제는 불교의 처음이자 끝이다.

고제-괴로움이라는 진리

인간을 구성하는 다섯 가지 요소의 무더기, 즉 몸[色]·느낌[受]·생각[想]·의지[行]·인식[識]을 5온(蘊)이라 하는데, 이 5온에 집착이 번성하므로 괴로움이고, 5온은 집착을 일으키는 근원이므로 괴로움이며, 또 5온에 집착하므로 괴로움이라는 것이다.

"비구들아, 괴로움이라는 진리가 있다.

태어남은 괴로움이고, 늙음은 괴로움이고, 병듦은 괴로움이고, 죽음은 괴로움이다. 근심·슬픔·불행은 괴로움이고, 미워하는 사람과 만나는 것은 괴로움이고, 사랑하는 사람과 헤어지는 것은 괴로움이고, 구해도 얻지 못하는 것은 괴로움이다.

간단히 말하면, 5온에 집착이 있으므로 괴로움이다."

〈위나야 피타카 大品6, 初轉法輪〉

"비구들아, 무엇이 괴로움이라는 진리인가?

태어남은 괴로움이고, 늙음은 괴로움이고, 병듦은 괴로움이고, 죽음은 괴로움이다. 근심·슬픔·통증·번민·절망은 괴로움이고, 원하는 것을 얻지 못하는 것은 괴로움이다. 간략히 말하면, 5온에 대한 집착이 괴로움이다."

〈디가 니카야 22, 大念處經〉

집제-괴로움의 발생이라는 진리

위에서 말한 괴로움이 발생하는 원인을 밝혀준다. 집(集)이란 '발생'이라는 뜻이다. 괴로움은 어떤 원인과 조건이 성숙하고 결합해서 일어나는데, 그 원인은 갈애(渴愛), 즉 목이 말라 애타게 물을 찾듯이 몹시 탐내어 그칠 줄 모르는 애욕이다.

"비구들아, 괴로움의 발생이라는 진리가 있다.

과보를 일으키고, 희열과 탐욕을 동반하고, 모든 것에 집착하는 갈애이다."

〈위나야 피타카 大品6, 初轉法輪〉

"비구들아, 무엇이 괴로움의 발생이라는 진리인가?

그것은 갈애이다. 재생(再生)을 초래하고, 희열과 탐욕을 동반하며, 여기저기서 즐기는 것이니, 감각적 욕망에 대한 갈애[欲愛], 존재하는 것에 대한 갈애[有愛], 존재하지 않는 것에 대한 갈애[無有愛]이다."

〈디가 니카야 22, 大念處經〉

그래서 마음속에 갈애가 일어나면 곧바로 알아차리고 한 발짝 물러

서서 내려놓기를 반복하는 게 수행의 시작이다. 갈애가 일어날 때마다 그것을 반복해 나가면 갈애는 점점 약화되어 간다. 따라서 갈애가 일어나면 곧바로 알아차리는 것, 이것이 집제의 요점이다.

멸제-괴로움의 소멸이라는 진리

5온의 작용에서 집착이 소멸되고, 또 그 5온에 집착하지 않아 갈애가 소멸된 상태이다. 탐욕과 분노와 어리석음 등의 번뇌가 소멸된 열반의 경지이다.

> "비구들아, 괴로움의 소멸이라는 진리가 있다.
> 갈애를 남김없이 소멸하고 버리고 벗어나 어디에도 집착하지 않는 것이다."
>
> 〈위나야 피타카 大品6, 初轉法輪〉

도제-괴로움의 소멸에 이르는 길이라는 진리

괴로움을 소멸시키는 여덟 가지 바른 길, 즉 8정도이다.

> "비구들아, 그러면 무엇이 괴로움의 소멸에 이르는 길이라는 진리인가?
> 그것은 바로 8정도이니, 즉 바르게 알기·바르게 사유하기·바르게 말하기·바르게 행하기·바르게 생활하기·바르게 노력하기·바르게 알아차리기·바르게 집중하기이다."
>
> 〈디가 니카야 22, 大念處經〉

① 바르게 알기

붓다가 설한 4제를 아는 것이다. 바르게 알기의 반대는 12연기(緣起)

의 무명(無明)이다.

　　"비구들아, 그러면 무엇이 바르게 알기인가?
　　괴로움[苦]에 대해 아는 것, 괴로움의 발생[集]에 대해 아는 것, 괴로움의
　　소멸[滅]에 대해 아는 것, 괴로움의 소멸에 이르는 길[道]에 대해 아는 것,
　　이것이 바르게 알기이다."

〈디가 니카야 22, 大念處經〉

　　"비구들아, 4성제를 꿰뚫어 통달하지 못했기 때문에 나와 너희들은 오랫
　　동안 괴로움에서 벗어나지 못했다."

〈맛지마 니카야 141, 諦分別經〉

② 바르게 사유하기
　　"비구들아, 그러면 무엇이 바르게 사유하기인가?
　　번뇌의 속박에서 벗어난 사유, 악의가 없는 사유, 남을 해치지 않는 사
　　유, 이것이 바르게 사유하기이다."

〈디가 니카야 22, 大念處經〉

　　"그러면 비구들아, 무엇이 바르게 사유하기인가?
　　그것은 번뇌에서 벗어난 사유, 분노가 없는 사유, 남에게 해를 끼치지 않
　　는 사유이다."

〈맛지마 니카야 141, 諦分別經〉

③ 바르게 말하기
　　"비구들아, 그러면 무엇이 바르게 말하기인가?
　　거짓말하지 않고, 이간질하지 않고, 거친 말을 하지 않고, 쓸데없는 말을

하지 않는 것, 이것이 바르게 말하기이다."

〈디가 니카야 22, 大念處經〉

"거짓말하는 것을 부끄러워하지 않는 사람은 짓지 못할 악이 없다.
그러므로 라훌라야, 장난으로도 거짓말을 하지 마라."

〈맛지마 니카야 61, 敎誠羅睺羅菴婆蘗林經〉

인간의 입 속에는 도끼가 자라고 있어

어리석은 자들은

나쁜 말을 입 밖에 내뱉어

도끼로 자신을 자른다.

〈상윳타 니카야 6 : 9, 都頭梵天〉

무익한 천마디 말보다 들어서 마음이 가라앉는 유익한 한마디 말이 낫다.

〈쿳다카 니카야, 法句經(dhammapada) 千品〉

④ 바르게 행하기

"비구들아, 그러면 무엇이 바르게 행하기인가?
살생하지 않고, 도둑질하지 않고, 음란한 짓을 하지 않는 것, 이것이 바르
게 행하기이다."

〈디가 니카야 22, 大念處經〉

살생하고

거짓말하고

주지 않는 것을 취하고

남의 아내를 범하고

술에 빠진 사람은

자신의 뿌리를 파헤치는 자이다.

〈쿳다카 니카야, 法句經 千品〉

"라훌라야, 거울은 무엇을 위해 있느냐?"

"세존이시여, 비추어 보기 위해 있습니다."

"라훌라야, 거듭 비추어 본 뒤에 행동하고, 거듭 비추어 본 뒤에 말하고, 거듭 비추어 본 뒤에 생각하라.

〈맛지마 니카야 61, 敎誡羅睺羅菴婆藥林經〉

⑤ 바르게 생활하기

정당한 방법으로 생계를 꾸려나가는 생활을 말한다.

"비구들아, 그러면 무엇이 바르게 생활하기인가?

성스러운 제자는 그릇된 생계를 버리고 바른 생계로 생활한다. 이것이 바르게 생활하기이다."

〈디가 니카야 22, 大念處經〉

⑥ 바르게 노력하기

4정근(正勤)을 닦는 것으로, 이미 생긴 악은 없애려고 노력하고, 아직 생기지 않은 악은 미리 방지하며, 아직 생기지 않은 선은 생기도록 노력하고, 이미 생긴 선은 더욱 커지도록 노력하는 것이다.

"비구들아, 그러면 무엇이 바르게 노력하기인가?

비구가 아직 생기지 않은 악하고 불건전한 것들이 생기지 않도록 의욕을 가지고 부지런히 노력하는 데 마음을 쏟고, 이미 생긴 악하고 불건전한 것들을 끊으려는 의욕을 가지고 부지런히 노력하는 데 마음을 쏟고, 아직 생기지 않은 건전한 것들이 생기도록 의욕을 가지고 부지런히 노력하는 데 마음을 쏟고, 이미 생긴 건전한 것들을 유지하고 늘리고 계발하려는 의욕을 가지고 부지런히 노력하는 데 마음을 쏟는 것, 이것이 바르게 노력하기이다."

〈디가 니카야 22, 大念處經〉

악을 막고 없애고, 선을 증가시키고 유지하는 것.
이것이 붓다가 가르친 4정근이다.
이를 닦는 비구는
괴로움의 소멸에 이른다.

〈앙굿타라 니카야 4 : 行品11〉

붓다의 제자 소나는 매우 열심히 수행했으나 번뇌에서 벗어나지 못했다. 그래서 집으로 돌아가려고 생각했다. 붓다는 그의 생각을 간파하고 다가가서 물었다.

"소나야, 너는 집에 있을 때 비파를 잘 타지 않았더냐?"
"그렇습니다, 세존이시여."
"너는 어떻게 생각하느냐? 비파 줄을 너무 강하게 죄면 소리가 잘 나더냐?"
"그렇지 않습니다, 세존이시여."
"그러면 비파 줄을 아주 느슨하게 하면 소리가 잘 나더냐?"

"그렇지 않습니다, 세존이시여."

"소나야, 그와 마찬가지로 노력도 너무 지나치면 마음이 동요하고, 너무 느슨하면 나태하게 된다. 그러므로 소나야, 균형을 유지해야 한다."

"예, 그렇게 하겠습니다."

소나는 세존의 가르침대로 행하여 마침내 깨달음을 얻어 아라한이 되었다.

〈앙굿타라 니카야 6 : 大品55〉

⑦ 바르게 알아차리기

4염처(念處)를 닦는 것으로, 몸[身]·느낌[受]·마음[心]·현상[法]을 매 순간 알아차려서 거기서 일어나고 사라지는 생멸을 끊임없이 통찰하는 수행이다.

> "비구들아, 그러면 무엇이 바르게 알아차리기인가?
>
> 비구가 몸에서 몸을 관찰하면서 머문다. 세간에 대한 탐욕과 싫어하는 마음을 버리고, 근면하게 분명한 앎과 알아차리기를 지니고 머문다.
>
> 느낌에서 느낌을 관찰하면서 머문다. 세간에 대한 탐욕과 싫어하는 마음을 버리고, 근면하게 분명한 앎과 알아차리기를 지니고 머문다.
>
> 마음에서 마음을 관찰하면서 머문다. 세간에 대한 탐욕과 싫어하는 마음을 버리고, 근면하게 분명한 앎과 알아차리기를 지니고 머문다.
>
> 현상에서 현상을 관찰하면서 머문다. 세간에 대한 탐욕과 싫어하는 마음을 버리고, 근면하게 분명한 앎과 알아차리기를 지니고 머문다. 이것이 바르게 알아차리기이다."

〈디가 니카야 22, 大念處經〉

⑧ 바르게 집중하기

4선(禪)을 닦는 것으로, 수행자가 이르게 되는 네 단계의 선정이다.

초선은 애욕을 떠남으로써 기쁨과 안락이 있는 상태이고, 제2선은 마음이 고요하고 한곳에 집중됨으로써 기쁨과 안락이 있는 상태이다. 제3선은 평온과 알아차리기와 분명한 앎을 지니고 안락에 머무는 상태이고, 제4선은 평온과 알아차리기로 청정해진 상태이다.

"비구들아, 그러면 무엇이 바르게 집중하기인가?

비구가 애욕과 불건전한 것들을 떠나고, 일으킨 생각과 지속적인 고찰이 있고, (애욕 등을) 떠남으로써 기쁨과 안락이 있는 초선에 들어 머문다.

일으킨 생각과 지속적인 고찰이 가라앉고, 마음이 고요하고 한곳에 집중됨으로써 기쁨과 안락이 있는 제2선에 들어 머문다.

기쁨을 버리고 평온에 머물며, 알아차리기와 분명한 앎을 지녀 몸으로 안락을 느낀다. 성자들이 '평온과 알아차리기를 지니고 안락에 머문다'고 한 제3선에 들어 머문다.

안락도 버리고 괴로움도 버리며, 이전의 기쁨과 슬픔을 없애버렸으므로 괴롭지도 즐겁지도 않고, 평온과 알아차리기로 청정해진 제4선에 들어 머문다.

비구들아, 이것이 바르게 집중하기이다."

〈디가 니카야 22, 大念處經〉

《잡아함경》 제18권 제1경에 염부차(閻浮車)가 사리불에게 여러 가지 질문을 한다.

어떻게 하면 선법(善法)이 자라고, 3독(毒)이 소멸되고, 열반에 이르고, 번뇌가 소멸되고, 아라한에 이르고, 무명이 소멸되고, 괴로운 생존이 끝나고, 5온에 집착하지 않게 되고, 결박에서 벗어나고, 애욕이 소멸되고, 어떻게 하면 평온에 이르게 되는가 등이다.

각각의 질문에 사리불은 모두 8정도를 닦으라고 대답한다. 이 8정도가 곧 중도(中道)이다.

"비구들아, 그러면 무엇이 중도인가?

바로 8정도이니, 바르게 알기·바르게 사유하기·바르게 말하기·바르게 행하기·바르게 생활하기·바르게 노력하기·바르게 알아차리기·바르게 집중하기이다."

〈상윳타 니카야 56 : 11, 如來所說(1)〉

4제는 다음과 같이 의사가 환자를 치료하는 방법에 비유할 수 있다.

① 고제-괴로움-병
② 집제-괴로움의 발생-병의 원인
③ 멸제-괴로움의 소멸-병의 완치
④ 도제-괴로움을 소멸시키는 방법-병의 치료법

어느 때 붓다께서 바라내국의 선인(仙人)이 살던 녹야원에서 여러 비구들에게 말씀하셨다.

"네 가지 법을 성취하면 큰 의왕(醫王)이라 하나니, 의왕은 반드시 이 네 가지를 갖추어야 한다. 어떤 것이 네 가지인가?

하나는 병을 잘 아는 것이요, 둘은 병의 근원을 잘 아는 것이요, 셋은 병의 치료법을 잘 아는 것이요, 넷은 병을 치료하고 나서 재발하지 않게 하는 법을 잘 아는 것이다. (……)

여래·응공·등정각은 큰 의왕으로서 네 가지 덕을 성취하여 중생들의 병을 치료한다.

어떤 것이 네 가지 덕인가?

여래는 괴로움이라는 성스러운 진리를 진실 그대로 알고, 괴로움의 발생이라는 성스러운 진리를 진실 그대로 알며, 괴로움의 소멸이라는 성스러운 진리를 진실 그대로 알고, 괴로움의 소멸에 이르는 길이라는 성스러운 진리를 있는 그대로 안다.

비구들아, 저 세간의 양의(良醫)는 태어남에 대한 근본 치료법을 진실 그대로 알지 못하고, 늙음·병듦·죽음·근심·슬픔·고뇌에 대한 근본 치료법을 진실 그대로 알지 못한다.

그러나 여래·응공·등정각은 큰 의왕으로서 태어남의 근원을 진실 그대로 알아 치료할 줄 알고, 늙음·병듦·죽음·근심·슬픔·고뇌의 근원을 진실 그대로 알아 치료할 줄 안다. 그래서 여래·응공·등정각을 큰 의왕이라 한다."

〈雜阿含經 제15권 제25경〉

붓다께서 말씀하셨다.

"마라가야, 세계는 유한한가, 무한한가? 영혼과 육체는 같은가, 다른가? 인간은 죽은 다음에도 존재하는가, 존재하지 않는가?

이런 문제들이 해결된다고 해도 인생의 괴로움은 해결되지 않는다. 우리는 현재의 삶 속에서 괴로움을 소멸시켜야 한다.

마라가야, 내가 설하지 않은 것은 설하지 않은 대로, 설한 것은 설한 대로 받아들여라.

그러면 내가 설한 것은 무엇인가?

'이것은 괴로움이다'라고 나는 설했다. '이것은 괴로움의 발생이다'라고 나는 설했다. '이것은 괴로움의 소멸이다'라고 나는 설했다. '이것은 괴로움의 소멸에 이르는 길이다'라고 나는 설했다.

나는 왜 그것을 설했는가?

그것은 열반에 이르게 하기 때문이다."

<맛지마 니카야 63, 摩羅迦小經>

그때 수달장자가 붓다에게 나아가 그의 발에 머리를 대는 예를 표한 뒤 한쪽에 앉아 여쭈었다.

"세존이시여, 이 4성제를 점차로 통달하게 됩니까, 아니면 한꺼번에 통달하게 됩니까?"

"이 4성제는 점차로 통달하는 것이지 한꺼번에 통달하는 것이 아니다. 그것은 마치 네 계단을 거쳐 전당(殿堂)에 오르는 것과 같다. 만약 어떤 사람이 '첫 계단에 오르지 않고 둘째·셋째·넷째 계단을 거쳐 전당에 올랐다'고 한다면 그것은 있을 수 없는 일이다. 왜냐하면 첫 계단에 오른 뒤에 둘째·셋째·넷째 계단을 차례로 거쳐야 전당에 오를 수 있기 때문이다.

이와 같이 비구야, 괴로움이라는 성스러운 진리를 통달하지 못한 상태에서 괴로움의 발생이라는 성스러운 진리, 괴로움의 소멸이라는 성스러운 진리, 괴로움의 소멸에 이르는 길이라는 성스러운 진리를 통달하려고 한다면 그것은 있을 수 없는 일이다."

<雜阿含經 제16권 제29경~제30경>

12연기-괴로움이 일어나고 소멸하는 열두 과정

비로소 깨달음을 성취하신 세존께서 우루벨라 마을 네란자라 강변의 보리수 아래서 가부좌하신 채, 7일 동안 삼매에 잠겨 해탈의 즐거움을 누리고 계셨다.

7일이 지난 후, 세존께서 삼매에서 깨어나 밤이 끝나갈 무렵에 연기(緣起)의 법을 발생하는 대로 그리고 소멸하는 대로 명료하게 사유하셨다.

'이것이 있으므로 저것이 있고, 이것이 발생하므로 저것이 발생한다.
이것이 없으므로 저것이 없고, 이것이 소멸하므로 저것이 소멸한다.'

〈쿳다카 니카야, 自說經(udāna) 菩提品〉

연기는 '의존해서[緣] 발생[起]한다'는 뜻이다. 모든 현상은 어떤 조건에 의존해서 발생하고, 어떤 조건에 의존해서 소멸한다.

사리불은 자기 친구에게 연기를 비유로 설명했다.

"그렇다면 예를 들어 설명해보겠다. 여기 두 개의 갈대 묶음이 있다고 하자. 그 두 개의 갈대 묶음은 서로 의존해 있을 때는 서 있을 수 있다. 그래서 이것이 있으므로 저것이 있고, 저것이 있으므로 이것이 있다.
그러나 두 개의 갈대 묶음에서 어느 하나를 떼어낸다면 다른 한쪽은 넘어질 것이다. 그래서 이것이 없으므로 저것이 없고, 저것이 없으므로 이것 또한 없다."

〈상윳타 니카야 12 : 67, 蘆束〉

그때 세존께서 우루벨라 마을 네란자라 강변의 보리수 아래서 비로소 깨달음을 성취하시고, 한번 가부좌하신 채 7일 동안 삼매에 잠겨 해탈의 즐거움을 누리고 계셨다. 그러던 중 초저녁에 연기를 발생하는 대로 그리고 소멸하는 대로 명료하게 사유하셨다.

'무명으로 말미암아 행(行)이 있고, 행으로 말미암아 식(識)이 있고, 식으로 말미암아 명색(名色)이 있고, 명색으로 말미암아 6처(處)가 있고, 6처로 말미암아 촉(觸)이 있고, 촉으로 말미암아 수(受)가 있고, 수로 말미암아 애(愛)가 있고, 애로 말미암아 취(取)가 있고, 취로 말미암아 유(有)가 있고, 유로 말미암아 생(生)이 있고, 생으로 말미암아 노사(老死)·우(憂)·비(悲)·고뇌(苦惱)가 생긴다.

이리하여 모든 괴로움의 무더기가 생긴다.

무명이 멸하므로 행이 멸하고, 행이 멸하므로 식이 멸하고, 식이 멸하므로 명색이 멸하고, 명색이 멸하므로 6처가 멸하고, 6처가 멸하므로 촉이 멸하고, 촉이 멸하므로 수가 멸하고, 수가 멸하므로 애가 멸하고, 애가 멸하므로 취가 멸하고, 취가 멸하므로 유가 멸하고, 유가 멸하므로 생이 멸하고, 생이 멸하므로 노사·우·비·고뇌가 멸한다.

이리하여 모든 괴로움의 무더기가 멸한다.'

〈위나야 피타카 大品1, 菩提樹下緣〉

12연기를 12인연(因緣)·12유지(有支)라고도 한다. 이것은 어떻게 괴로움이 발생하고, 어떻게 괴로움이 소멸하는가를 밝힌 열두 과정이다.

① 무명(無明)은 4제를 알지 못하는 것이다.
② 행(行)은 무명으로 일으키는 의지·충동·의욕으로, 여기에 몸과 입과 마음으로 짓는 신행(身行)·구행(口行)·의행(意行)이 있다.

③ 식(識)은 식별하는 마음 작용으로, 시각 기관으로 시각 대상을 식별하는 안식(眼識), 청각 기관으로 청각 대상을 식별하는 이식(耳識), 후각 기관으로 후각 대상을 식별하는 비식(鼻識), 미각 기관으로 미각 대상을 식별하는 설식(舌識), 촉각 기관으로 촉각 대상을 식별하는 신식(身識), 의식 기능으로 의식 내용을 식별하고 인식하는 의식(意識)의 6식(識)이 있다.

④ 명색(名色)에서 명(名)은 수(受)·상(想)·행(行)·식(識)의 작용이고, 색(色)은 4대(大)와 그것에서 파생된 것이다. 4대는 몸의 접촉으로 느끼는 네 가지 특성, 즉 지(地, 견고함)·수(水, 촉촉함)·화(火, 뜨거움)·풍(風, 움직임)을 말한다. 이 4대는 어떤 물질의 특성이다. 예를 들어 어떤 물질 대상에 지의 요소가 많으면 그것을 '견고함'이라 하고, 화의 요소가 많으면 그것을 '뜨거움'이라 한다. 명색은 곧 5온의 작용이다.

⑤ 6처(處)는 대상을 감각하거나 의식하는 눈·귀·코·혀·몸·의식 기능의 작용을 말한다.

⑥ 촉(觸)은 눈·귀·코·혀·몸·의식 기능의 접촉이다.

⑦ 수(受)는 즐거운 느낌, 괴로운 느낌, 무덤덤한 느낌이다.

⑧ 애(愛)는 목이 말라 애타게 물을 찾듯이, 몹시 탐내어 그칠 줄 모르는 갈애이다.

⑨ 취(取)는 집착하는 번뇌이다.

⑩ 유(有)는 중생의 생존 상태이다.

⑪ 생(生)은 태어나는 괴로움이다.

⑫ 노사(老死)는 늙고 죽는 괴로움이다.

이 12연기를 '무명으로 말미암아 행이 있고, 행으로 말미암아 식이 있고……'라고 통찰하는 것을 유전문(流轉門)―순관(順觀)―이라 하고, '무명이 멸하므로 행이 멸하고, 행이 멸하므로 식이 멸하고……'라고 통찰하는 것을 환멸문(還滅門)―역관(逆觀)―이라 하는데, 유전문은 4제 가운데 집제에 속하고, 환멸문은 멸제에 속한다. 따라서 12연기는 4제에 포함된다.

5온-인간을 구성하는 다섯 가지 요소의 무더기

온은 무더기·모임·집합·더미를 뜻한다. 5온은 인간을 구성하는 다섯 가지 요소의 무더기이다. 5온은 5음(陰)이라고도 한다.

① 색온(色蘊)은 몸이라는 무더기, 몸의 감각 무더기이다.
② 수온(受蘊)은 괴로움이나 즐거움 등 느낌의 무더기이다.
③ 상온(想蘊)은 생각·관념의 무더기이다.
④ 행온(行蘊)은 의지·충동·의욕의 무더기이다.
⑤ 식온(識蘊)은 식별하고 판단하는 인식의 무더기이다.

어느 때 붓다께서 사위국 기수급고독원에서 여러 비구들에게 말씀하셨다. "몸[色]은 무상하다. 무상은 괴로움이고, 괴로움은 '나[我]'가 아니며, '나'가 아니면 '내 것' 또한 아니다. 이렇게 통찰하는 것을 진실하고 바른 통찰이라 한다. 이와 같이 느낌[受]·생각[想]·의지[行]·인식[識]도 무상하다. 무상은 괴로움이고, 괴로움은 '나'가 아니며, '나'가 아니면 '내 것' 또한 아니다. 이렇게 통찰하는 것을 진실하고 바른 통찰이라 한다."

"비구들아, 몸·느낌·생각·의지·인식은 무상하다. 이것들을 일어나게 한 원인과 조건도 무상하다.

비구들아, 무상한 것에서 일어난 것들이 어찌 영원하겠는가."

〈상윷타 니카야 22 : 18, 囚(1)〉

"무명으로 말미암아 행이 있고, 행으로 말미암아 식이 있고, 식으로 말미암아 명색이 있고, 명색으로 말미암아 6입이 있고, 6입으로 말미암아 촉이 있고, 촉으로 말미암아 수가 있고, 수로 말미암아 애가 있고, 애로 말미암아 취가 있고, 취로 말미암아 유가 있고, 유로 말미암아 사(死)가 있고, 사로 말미암아 우수(憂愁)와 고뇌가 헤아릴 수 없다.

5음으로 말미암아 이런 것들이 일어난다."

〈增一阿含經 제42권 제3경〉

나타(羅陀) 비구가 붓다에게 여쭈었다.

"세존이시여, 중생이란 어떤 자를 말합니까?"

붓다께서 말씀하셨다.

"몸에 집착하고 얽매이는 자를 중생이라 하고, 느낌·생각·의지·인식에 집착하고 얽매이는 자를 중생이라 한다.

나타야, 몸의 경계는 반드시 허물어 소멸시켜야 하고, 느낌·생각·의지·인식의 경계도 반드시 허물어 소멸시켜야 한다. 그래서 애욕을 끊어 애욕이 다하면 괴로움이 다할 것이니, 괴로움이 다한 사람을 나는 '괴로움의 끝에 이르렀다'고 한다.

비유하면, 마을의 아이들이 놀이로 흙을 모아 성과 집을 만들어놓고, 소
중히 여기고 집착하여 애욕이 끝이 없고 생각이 끝이 없고 탐닉이 끝이
없어 늘 아끼고 지키면서 말하기를 '내 성이다, 내 집이다' 하다가 그 흙
더미에 애욕이 다하고 생각이 다하고 탐닉이 다하면 손으로 파헤치고 발
로 차서 허물어뜨리는 것과 같다."

〈雜阿含經 제6권 제12경〉

몸은 모인 물거품

느낌은 물 위의 거품

생각은 봄날의 아지랑이

모든 의지는 파초

모든 인식은 허깨비 같다고

석가족의 존자는 설했네.

〈雜阿含經 제10권 제10경〉

　　괴로움의 요점을 5취온고(五取蘊苦)·5성음고(五盛陰苦)라고 하듯이, 5온
에 집착이 있으므로 괴로움이고, 5온은 집착에 속하므로 괴로움이고,
5음에 집착이 번성하므로 괴로움이고, 또 거기에 집착하므로 괴로움
이다. 집착을 뿌리로 한 중생의 5온은 괴로움일 수밖에 없다. 열반에
이른 성자도 5온이 작용하지만 그 5온에는 집착이 없어 괴로움이 소
멸된 5온이다.

　　이 5온의 무더기를 편의상 '나'라고 지칭하지만, 거기에는 독립적으
로 존속하는 실체도 없고, 고유한 본질도 없고, 고정된 경계도 없고,
불변하는 틀도 없다.

따라서 5온은 집착할 대상이 아니라 알아차리기의 대상이어야 한다. '나 자신'을 5온으로 해체해서 거기에서 매 순간 일어났다가 사라지고 사라졌다가 일어나는 몸-마음의 생멸을 끊임없이 알아차려야 무상(無常)이 보이고, 고(苦)가 절실하고, 무아(無我)가 드러난다. 그리하여 개체적 자아라는 생각이 희박해져가고, 몸-마음에 대한 집착이 서서히 떨어져 나가고, 괴로움의 원인인 갈애가 점점 소멸되어 평온에 이른다.

3독-열반에 장애가 되는 세 가지 번뇌

"비구들아, 모든 것이 타고 있다. 활활 타고 있다. 너희들은 먼저 이것을 알아야 한다. 그것은 무슨 뜻인가?

비구들아, 눈이 타고 있다. 그 대상을 향해 타고 있다. 귀도 타고 있다. 코도 타고 있다. 마음도 타고 있다. 모두 그 대상을 향해 활활 타고 있다.

비구들아, 그것들은 무엇으로 타고 있는가?

탐욕의 불꽃으로 타고, 분노의 불꽃으로 타고, 어리석음의 불꽃으로 타고 있다."

〈상윳타 니카야 35 : 28, 燃燒〉

3독(毒)은 열반에 이르는데 장애가 되는 가장 근본적인 세 가지 번뇌, 즉 탐욕[貪]과 분노[瞋]와 어리석음[癡]을 말한다.

탐욕은 탐내어 그칠 줄 모르는 욕망이고, 매사가 자신의 생각대로 되기를 바라는 망상이고, 남이 자신을 인정해주기를 바라는 갈구이다.

분노의 바탕은 '저항'이다. 자신의 뜻대로 되지 않는 데서 일어나는 저항이고, 허망한 자존심에 상처를 받는 데서 일어나는 저항이다. 싫다고 저항하는 게 분노이다.

어리석음은 자신이 얼마나 탐욕스럽고 매사에 얼마나 성을 잘 내는지를 자각하지 못하고, 그 탐욕과 분노의 발생과 소멸에 대해 알지 못하는 것이다.

아난존자가 전타(栴陀)라는 출가한 외도에게 말했다.

"탐욕에 물들어 집착하면 마음을 덮어버리기 때문에 자기를 해치기도 하고 남을 해치기도 하며 자기와 남을 함께 해치기도 합니다. 그래서 그는 현세에서 죄를 받기도 하고 후세에 죄를 받기도 하며 현세와 후세에서 모두 죄를 받기도 합니다. 그래서 그는 항상 근심하고 괴로워하는 감정을 품게 됩니다. 또 마음이 분노에 덮이고 어리석음에 덮이면, 자기를 해치기도 하고 남을 해치기도 하며 자기와 남을 함께 해치기도 합니다. 그래서 그는 항상 근심하고 괴로워하는 감정을 품게 됩니다.

또 탐욕은 눈을 멀게 하고 지혜를 없애며 지혜의 힘을 약하게 하고 장애가 됩니다. 그것은 밝음이 아니고 평등한 깨달음도 아니며 열반으로 나아가지 못하게 합니다. 분노와 어리석음도 그와 같습니다."

〈雜阿含經 제35권 제4경〉

붓다께서 왕사성 죽림정사에 있을 때, 한 바라문이 몹시 화가 나서 찾아왔다. 그의 친구가 붓다에게 출가했기 때문이었다. 붓다는 그가 심하게 욕하는 것을 묵묵히 듣고 있다가 조금 조용해지자 말씀하셨다.

"바라문아, 그대는 집에 손님이 오면 좋은 음식을 대접할 것이다."

"물론 그렇다."

"바라문아, 만약 그때 손님이 그 음식을 받지 않는다면 그것은 누구의 것이 되겠느냐?"

"그것은 다시 내 것이 될 수밖에 없지 않은가."

"바라문아, 그대는 내 앞에서 온갖 악한 말을 했지만 나는 그것을 받지 않았다. 그래서 그것은 다시 그대의 것이 될 수밖에 없다.

바라문아, 만약 내가 욕설을 듣고 되받아 욕한다면, 그것은 주인과 손님이 함께 식사하는 것이 된다. 그러나 나는 그 음식을 먹지 않았다."

〈상윳타 니카야 7 : 2, 譏謗〉

무상·고·무아-열반으로 가는 세 관문

"세존이시여, 자주 '무상(無常), 무상' 하시는데, 무엇을 무상이라 합니까?"

"나타야, 우리의 몸[色]은 변한다. 우리의 느낌[受]은 변한다. 우리의 생각[想]은 변한다. 우리의 의지[行]는 변한다. 우리의 인식[識]은 변한다.

나타야, 이같이 관찰해서 일체를 떠나라. 일체를 떠나면 탐욕이 없어지고, 탐욕이 없어지면 해탈할 수 있다. 해탈한 그때, 미혹된 삶은 끝난다."

〈상윳타 니카야 23 : 13, 無常(1)〉

"비구들아, 무상한 몸·느낌·생각·의지·인식을 무상하다고 보면 올바른 앎을 얻는다."

〈상윳타 니카야 22 : 51, 喜盡(1)〉

"모이는 성질을 가진 것은 모두 흩어지는 성질을 가지고 있다."

〈상윳타 니카야 56 : 11, 如來所說 (1)〉

　모든 현상은 매 순간 일어났다가 사라지고 사라졌다가 일어나는 생멸을 끝없이 반복한다. 이 생멸은 자신의 의지와 관계없이 인연 따라 생기고 인연 따라 없어지는데, 이 무상에 저항하고 무상한 현상에 집착하면 괴로움에 갇히게 된다. 생물은 무상하기 때문에 죽지만 무상하기 때문에 태어난다. 이 무상에 저항하는 건 그야말로 소용없는 저항이다. 그래서 무상을 절감하고 거기에 자신을 내맡겨야 저항과 집착이 희박해져 평온에 이르게 된다.

　　"세존이시여, '고(苦), 고' 하시는데, 어떤 것을 고라고 합니까?"
　　"나타야, 몸은 고이고, 느낌은 고이고, 생각은 고이고, 의지는 고이고, 인식은 고이다
　　나타야, 나의 가르침을 들은 제자들은 이렇게 관찰해서 몸을 싫어하고 떠나며, 느낌·생각·의지·인식을 싫어하고 떠나 거기에 집착하지 않는다. 집착하지 않으므로 해탈에 이른다."

〈상윳타 니카야 23 : 15, 苦 (1)〉

　어떤 사람이 사리불에게 물었다.
　"사리불이여, '고, 고'라고 합니다만, 어떤 것을 고라고 합니까?"
　"벗이여, 이런 세 가지가 고입니다. 그것은 고고(苦苦)·행고(行苦)·괴고(壞苦)입니다.
　벗이여, 이 세 가지가 고입니다."

고고는 통증·갈증 등과 같이 몸으로 느끼는 감각적인 괴로움이고, 행고는 불안하고 안정되지 않은 마음 상태에서 일어나는 괴로움이다. 괴고는 애착하는 대상이 파괴되어감으로써 받는 괴로움이다.

중생의 5온에는 집착이 번성하므로 고이고, 또 이 5온에 집착해서 불안과 긴장과 두려움을 일으킴으로 고이다.

중생의 마음은 모든 현상을 '좋다/싫다', '즐겁다/괴롭다', '아름답다/추하다' 등으로 분별해서 그 2분의 한쪽을 회피하고 다른 한쪽에 집착하면서 마치 시계의 추처럼 끊임없이 왕복한다. 회피와 집착의 강도가 크면 클수록 그 왕복 운동의 진폭이 커져 더 큰 불안정에 휘둘린다. 어디에 집착하거나 무엇을 회피한다는 건 거기에 속박되었다는 뜻이다. 그래서 늘 불안정하고, 얽매이고, 불안하다. 그래서 고이다.

"비구들아, 갠지스 강의 물결을 보아라. 잘 살펴보면 거기에는 실체도 없고 본질도 없다.

비구들아, 어떻게 물결에 실체와 본질이 있겠는가.

몸은 물결

느낌은 물거품

생각은 아지랑이

의지는 파초

인식은 허깨비.

이것이 세존의 가르침이다."

〈상윳타 니카야 22 : 95 泡沫〉

'나'라는 말은 5온의 일시적인 화합에 붙인 지칭 혹은 명칭일 뿐, 5온에는 독자적으로 존속하는 실체도 없고 본질도 없다. 다만 갖가지 조건으로 형성되어 매 순간 생멸을 거듭하는 몸-마음의 흐름이 있을 뿐이다.

차마(差摩)라는 비구가 병으로 누워 있을 때, 여러 비구가 병문안을 왔다.
"어떤가, 견딜 만한가?"
"어찌나 아픈지 견딜 수가 없네."
그때 한 비구가 그를 위로하고자 말했다.
"세존께서는 무아의 가르침을 설하지 않았는가."
그러자 차마는 "나는 '나'가 있다고 생각한다"고 대답했다.
이에 여러 비구들이 따지고 들자 차마가 말했다.
"벗들이여, '나'가 있다는 것은 이 몸이 '나'라는 뜻이 아니다. 또 감각이나 의식을 가리킨 것도 아니다. 또 그것들을 떠나서 따로 '나'가 있다는 뜻도 아니다.
벗들이여, 예를 들면 꽃의 향기와 같다. 만약 어떤 사람이 꽃잎에 향기가 있다고 한다면, 이 말이 맞다고 하겠는가. 줄기에 향기가 있다고 한다면, 이 말이 맞다고 하겠는가. 또 꽃술에 향기가 있다고 한다면, 어떻겠는가. 역시 향기가 꽃에서 난다고 할 수밖에 없지 않은가.
그것과 마찬가지로 몸이나 감각이나 의식을 '나'라고 하는 것은 옳지 않다. 또 그것을 떠나서 따로 '나의 본질'이 있다고 하는 것도 옳지 않다.

나는 그것들의 통일된 형태를 '나'라고 하는 것이다."

〈상윳타 니카야 22 : 89, 差摩〉

무아(無我)는 독립된 '개체적 자아'라는 생각이 소멸되고, 에고가 죽고, '나/나 아닌 것'의 2분법이 허물어져 온갖 분별이 끊긴 상태이다.

그때 비구가 천타(闡陀)에게 말했다.

"몸은 무상하고, 느낌·생각·의지·인식도 무상하다. 모든 의식 작용은 무상하다. 모든 현상은 무아이다. 열반은 적멸이다."

〈雜阿含經 제10권 제7경〉

"비구들아, 죽음을 면하려거든 네 가지 근본 진리를 사유하라. 어떤 것이 네 가지인가?

모든 의식 작용은 무상하다. 이것이 첫 번째 근본 진리이니, 사유하고 수행하라.

모든 의식 작용은 고이다. 이것이 두 번째 근본 진리이니, 다 함께 사유하라.

모든 현상은 무아이다. 이것이 세 번째 근본 진리이니, 다 함께 사유하라.

모든 번뇌의 소멸이 열반이다. 이것이 네 번째 근본 진리이니, 다 함께 사유하라.

비구들아, 이 네 가지 근본 진리를 사유하라. 왜냐하면 그것으로 태어남·늙음·병듦·죽음·근심·슬픔·번뇌 등의 괴로움에서 벗어날 수 있기 때문이다."

〈增一阿含經 제23권, 增上品 제4경〉

① 모든 의식 작용은 무상하다[一切行無常], ② 모든 의식 작용은 고이다[一切行苦], ③ 모든 현상은 무아이다[一切法無我], ④ 모든 번뇌의 소멸이 열반이다[滅盡爲涅槃]를 4법인(法印)이라 한다. 법(法)은 '붓다의 가르침'이고, 인(印)은 '특징'이라는 뜻이다. 4법인에서 ②를 빼고 3법인이라 하고, 4법인에서 ④를 빼고 3법인이라고도 한다.

안팎에서 일어났다가 사라지고 사라졌다가 일어나는 모든 현상의 생멸을 끊임없이 알아차리고, 그 현상들의 진행을 모두 무상·고·무아라고 통찰하는 게 불교의 길이다. 모든 현상을 무상·고·무아라고 거듭 알아차리고 거듭 통찰함으로써 그것들에 대한 집착이 점점 희박해져가고, 그것들의 속박에서 점차 벗어나게 된다. 그래서 무상·고·무아를 열반으로 가는 세 관문이라 한다.

3학-열반으로 가는 세 가지 수행, 계·정·혜

3학(學)은 열반에 이르려는 수행자가 반드시 닦아야 할 세 가지 수행으로, 계학(戒學)·정학(定學)·혜학(慧學)을 말한다. 계학은 계율을 지키는 것이고, 정학은 4선(禪)을 닦는 수행, 혜학은 4제를 통찰하는 수행이다.

어느 때 붓다께서 사위국 기수급고독원에서 여러 비구들에게 말씀하셨다.
"비구들아, 3학이 있다. 어떤 것이 세 가지인가?
뛰어난 계학, 뛰어난 정학, 뛰어난 혜학이다.
어떤 것이 뛰어난 계학인가?
만약 비구가 계율을 지켜 규율에 맞는 몸가짐과 행위를 원만하게 갖추고, 가벼운 죄를 보아도 두려운 마음을 내어 계율을 지키면, 이것을 뛰어난 계학이라 한다.

어떤 것이 뛰어난 정학인가?

만약 비구가 온갖 악하고 불건전한 것들을 여의고, 일으킨 생각과 지속적인 고찰이 있고, 온갖 악하고 불건전한 것들을 여읜 데서 생긴 기쁨과 안락이 있는 초선(初禪)에 원만하게 머물고 (……) 제4선에 원만하게 머물면, 이것을 뛰어난 정학이라 한다.

어떤 것이 뛰어난 혜학인가?

만약 비구가 괴로움이라는 성스러운 진리를 진실 그대로 알고, 괴로움의 발생이라는 성스러운 진리, 괴로움의 소멸이라는 성스러운 진리, 괴로움의 소멸에 이르는 길이라는 성스러운 진리를 진실 그대로 알면, 이것을 뛰어난 혜학이라 한다."

〈雜阿含經 제30권 제3경〉

계(戒)·정(定)·혜(慧)를 풀어놓으면 8정도이고, 8정도를 간추리면 계·정·혜이다.

① 계학은 8정도의 바르게 말하기·바르게 행하기·바르게 생활하기이고, ② 정학은 바르게 노력하기·바르게 알아차리기·바르게 집중하기이며, ③ 혜학은 바르게 알기·바르게 사유하기이다.

불건전한 것[不善法]은 탐(貪)·진(瞋)·치(癡)를 증가시키는 것을 말하고, 그것을 감소시키는 것을 건전한 것[善法]이라 한다. 즉, 열반에 이르는 데 장애가 되는 것을 불건전한 것, 열반에 이르는 데 도움이 되는 것을 건전한 것이라 한다.

일으킨 생각[覺]은 집중하는 대상에 대해 일으킨 생각이고, 지속적인 고찰[觀]은 그 대상에 대한 지속적인 고찰이다.

정학을 닦는 수행자는 4선에 이르게 되는데, 초선은 애욕을 떠남으로써 기쁨과 안락이 있는 상태이고, 제2선은 마음이 고요하고 한곳에 집중됨으로써 기쁨과 안락이 있는 상태이다. 제3선은 평온과 알아차리기와 분명한 앎을 지니고 안락에 머무는 상태이고, 제4선은 평온과 알아차리기로 청정해진 상태이다.

> "비구가 수시로 뛰어난 계학과 뛰어난 정학과 뛰어난 혜학을 닦아서 때가 되면, 자연히 아무런 번뇌도 일어나지 않아 마음이 잘 해탈할 것이다. 비구들아, 비유하면 닭이 알을 품고 열흘이나 열이틀 동안 수시로 동정을 살피면서 시원하게 혹은 따뜻하게 잘 보호하는 것과 같다. 그러나 알을 품은 닭은 '오늘 아니면 내일이나 훗날에 알을 부리로 쪼거나 발톱으로 긁어서 병아리가 무사히 나올 수 있게 하리라'고 생각하지 않는다. 그저 그 닭이 알을 잘 품고 수시로 잘 보호하면 병아리는 자연히 나오게 될 것이다.
>
> 비구들아, 이와 같이 3학을 잘 닦아서 때가 되면, 자연히 아무런 번뇌도 일어나지 않아 마음이 잘 해탈할 것이다."
>
> 〈雜阿含經 제29권 제31경〉

4정단-열반에 이르기 위한 네 가지 바른 노력

4정근(正勤)이라고도 하는 4정단(正斷)은 네 가지 바른 노력으로 나태함과 나쁜 행위를 끊을 수 있음을 의미한다.

어느 때 붓다께서 사위국 기수급고독원에서 여러 비구들에게 말씀하셨다.

"4정단이 있다. 어떤 것이 네 가지인가?

하나는 단단(斷斷), 둘은 율의단(律儀斷), 셋은 수호단(隨護斷), 넷은 수단(修斷)이다.

어떤 것이 단단인가?

비구가 이미 생긴 악하고 불건전한 것들을 끊으려는 의욕을 가지고 부지런히 노력하는 데 마음을 쏟는 것이고, 아직 생기지 않은 악하고 불건전한 것들이 생기지 않도록 의욕을 가지고 부지런히 노력하는 데 마음을 쏟는 것이며, 아직 생기지 않은 건전한 것들이 생기도록 의욕을 가지고 부지런히 노력하는 데 마음을 쏟는 것이고, 이미 생긴 건전한 것들을 더욱더 닦고 익히려는 의욕을 가지고 부지런히 노력하는 데 마음을 쏟는 것이다.

어떤 것이 율의단인가?

비구가 눈을 잘 단속하고 은밀하게 항복시켜 바른 데로 나아가게 하는 것이다. 귀·코·혀·몸·의식 기능도 그렇게 하는 것이다.

어떤 것이 수호단인가?

비구가 갖가지 진실한 삼매의 모습, 즉 청어상(靑瘀相)·창상(脹相)·농상(膿相)·괴상(壞相)·식부정상(食不淨相)을 닦고 지켜 사라지지 않게 하는 것이다.

어떤 것이 수단인가?

비구가 4염처를 닦는 것이다."

그리고는 세존께서 게송을 읊으셨다.

단단과 율의단

수호단과 수단

이 4정단은

바른 깨달음을 얻은 이가 설하는 것이니

비구가 부지런히 노력하면

모든 번뇌를 소멸시킬 수 있으리.

〈雜阿含經 제31권 제19경〉

청어상은 시체의 피가 썩어 피부가 퍼렇게 되는 모습을 주시하는 수행이고, 창상은 시체가 띵띵하게 부푸는 모습을 주시하는 수행, 농상은 시체가 썩어 문드러져 고름이 나오는 모습을 주시하는 수행, 괴상은 시체가 뭉그러지는 모습을 주시하는 수행, 식부정상은 음식의 더러움을 주시하는 수행이다.

5근-열반에 이르게 하는 다섯 가지 마음의 기능

어느 때 붓다께서 사위국 기수급고독원에서 여러 비구들에게 말씀하셨다.

"5근(根)이 있다. 어떤 것이 5근인가?

신근(信根)·정진근(精進根)·염근(念根)·정근(定根)·혜근(慧根)이다.

어떤 것이 신근인가?

비구가 여래에게 일으킨 청정한 신심(信心)의 근본이 견고하여 다른 사문·바라문과 모든 신·악마·범천과 그 밖의 세상 사람들이 그 마음을 무너뜨릴 수 없는 것을 일러 신근이라 한다.

어떤 것이 정진근인가?

이미 생긴 악하고 불건전한 것들[不善法]을 끊으려는 의욕을 가지고 방편을 써서 마음을 집중하여 힘써 정진하고, 아직 생기지 않은 악하고 불건전한 것들이 생기지 않도록 의욕을 가지고 방편을 써서 마음을 집중하여 힘써 정진하며, 아직 생기지 않은 건전한 것들[善法]이 생기도록 의욕을 가지고 방편을 써서 마음을 집중하여 힘써 정진하고, 이미 생긴 건전한 것들이 사라지지 않도록 더욱 더 닦고 익히려는 의욕을 가지고 방편을 써서 마음을 집중하여 힘써 정진하는 것을 일러 정진근이라 한다.

어떤 것이 염근인가?

비구가 몸의 안과 겉을 있는 그대로 관찰하여 알아차리기를 확립하면서 간절히 정진하고 바르게 알아차리기와 바른 지혜로 세상의 탐욕과 근심을 다스리며, 느낌·마음·현상의 안과 겉을 있는 그대로 관찰하여 바르게 알아차리기와 바른 지혜로 세상의 탐욕과 근심을 다스리는 것을 일러 염근이라 한다.

어떤 것이 정근인가?

비구가 탐욕과 악하고 불건전한 것들을 여의어서, 일으킨 생각[覺]과 지속적인 고찰[觀]이 있고 기쁨[喜]과 안락[樂]을 느끼는 (……) 제4선을 성취하여 거기에 머무는 것을 일러 정근이라 한다.

어떤 것이 혜근인가?

비구가 괴로움이라는 성스러운 진리를 진실 그대로 알고, 괴로움의 발생이라는 성스러운 진리, 괴로움의 소멸이라는 성스러운 진리, 괴로움의 소멸에 이르는 길이라는 성스러운 진리를 진실 그대로 아는 것을 일러 혜근이라 한다."

〈雜阿含經 제26권 제6경〉

어느 때 붓다께서 사위국 기수급고독원에서 여러 비구들에게 말씀하셨다.

"5근이 있다. 어떤 것이 5근인가?

신근·정진근·염근·정근·혜근이다.

신근은 4불괴정(不壞淨)을 아는 것이고, 정진근은 4정단을 아는 것이고, 염근은 4염처를 아는 것이고, 정근은 4선을 아는 것이고, 혜근은 4성제를 아는 것이다."

〈雜阿含經 제26권 제5경〉

5근에서 근(根, ⑤⑫indriya)은 기관·기능·작용·능력·소질을 뜻한다.

신근은 4불괴정, 즉 불(佛)·법(法)·승(僧)과 계(戒)에 대한 견고하고 청정한 믿음이고, 정진근은 4정단을 닦는 것, 염근은 4염처를 닦는 것이다. 정근을 닦는 수행자는 4선에 이르게 되는데, 그것은 애욕을 떠남으로써 기쁨과 안락이 있는 초선, 마음이 고요하고 한곳에 집중됨으로써 기쁨과 안락이 있는 제2선, 평온과 알아차리기와 분명한 앎을 지니고 안락에 머무는 제3선, 평온과 알아차리기로 청정해진 제4선이다. 그리고 혜근은 4성제를 확실히 아는 것이다.

이 5근의 구체적인 활동을 5력(力)이라 한다.

4염처-몸·느낌·마음·현상에 대한 알아차리기의 확립

4염주(念住)·4의지(意止)라고도 한다. 네 가지 알아차리기(⑫sati)의 확립, 즉 몸[身]·느낌[受]·마음[心]·현상[法]을 있는 그대로 관찰해서 알아차리기를 확립한다는 뜻이다.

세존께서 말씀하셨다.

"비구들아, 이것은 모든 중생을 청정하게 하고, 근심과 탄식을 건너게 하고, 육체적 괴로움과 정신적 괴로움을 사라지게 하고, 올바른 길을 터득하게 하고, 열반을 실현하게 하는 유일한 길이다. 그것은 곧 4염처이다. 무엇이 4염처인가?

비구들아, 비구가 몸에서 몸을 관찰하면서 머문다. 세간에 대한 탐욕과 싫어하는 마음을 버리고, 근면하게 분명한 앎과 알아차리기를 지니고 머문다.

느낌에서 느낌을 관찰하면서 머문다. 세간에 대한 탐욕과 싫어하는 마음을 버리고, 근면하게 분명한 앎과 알아차리기를 지니고 머문다.

마음에서 마음을 관찰하면서 머문다. 세간에 대한 탐욕과 싫어하는 마음을 버리고, 근면하게 분명한 앎과 알아차리기를 지니고 머문다.

현상에서 현상을 관찰하면서 머문다. 세간에 대한 탐욕과 싫어하는 마음을 버리고, 근면하게 분명한 앎과 알아차리기를 지니고 머문다."

〈디가 니카야 22, 大念處經〉

여기서 '몸에서 몸을 관찰하면서'는 몸에서 일어나고 사라지는 변화의 순간순간을 놓치지 않고 지속적으로 관찰한다는 뜻이고, '탐욕과 싫어하는 마음을 버리고'는 2분법의 분별을 버린다는 뜻, '현상에서 현상을 관찰하면서'는 매 순간 끊임없이 생멸을 거듭하는 안팎의 현상을 지속적으로 관찰한다는 뜻이다.

알아차리기는 사티(ⓟsati)의 번역이다. 사티는 '지금 이 순간의 현상에 집중해서 그것을 어떠한 판단도 하지 않고 지속적으로 알아차리고 그냥 지켜보기만 하는 것'이다. 지금 어떠한 현상이 일어나든지, 지금 무엇을 하고 있든지, 매 순간 그것에 집중해서 알아차리는 것이다. 온갖 생각을 내려놓고 매 순간 '지금 이것'에 집중하고, 지금 하고 있는 일에만 주의를 기울이는 것이다.

'판단하지 않는다'는 것은 '좋다/싫다' 등을 분별하지 않는다는 뜻이고, 분별한다는 것은 감정이 개입되었다는 뜻이다. '좋다/싫다' 등을 분별하면 좋은 것에는 탐욕이 생겨 집착하게 되고, 싫은 것에는 분노를 일으키게 된다. '지켜보기만 한다'는 것은 그냥 있는 그대로 받아들인다는 뜻이다.

4염처는 몸·마음·느낌·현상에서 일어나고 사라지는 생멸을 끊임없이 알아차림으로써 '지금 이 순간'에 집중하여 불건전한 영상(映像)이나 관념이 일어나지 않게 하고, 탐·진·치가 침입하지 못하게 하는 것이다. 지금 몸-마음에서 일어나고 사라지는 모든 현상을 매 순간 하나도 빠뜨림 없이 알아차려서 그것이 모두 무상·고·무아라고 통찰하게 되면, 몸-마음에 대한 집착이 점점 희박해져가고, 그것들의 속박에서 점차 벗어나게 된다.

이 알아차리기는 사마타(ⓟsamatha, 止)와 위팟사나(ⓟvipassanā, 觀)의 바탕이 되고, 위팟사나는 열반으로 가는 수행이므로 초기 불교의 수행은 알아차리기에서 시작된다. 요점은 '알아차려서 통찰한다'이다.

> 붓다께서 말씀하셨다.
> "아난아, 자기를 섬으로 삼아 자기에게 의지하고, 가르침을 섬으로 삼아 가르침에 의지하라. 다른 것을 섬으로 삼지 말고 다른 것에 의지하지 마라."
> 아난이 붓다에게 여쭈었다.

"세존이시여, 어떤 것이 자기를 섬으로 삼아 자기에게 의지하는 것입니까? 어떤 것이 가르침을 섬으로 삼아 가르침에 의지하는 것입니까? 어떤 것이 다른 것을 섬으로 삼지 않고 다른 것에 의지하지 않는 것입니까?"

"비구라면 몸에서 몸을 관찰하는 염처에서 거듭 힘써 수행해서 바른 지혜와 바른 알아차림으로 세간의 탐욕과 근심을 다스려야 한다. 이와 같이 몸의 안팎을 관찰하고, 느낌·마음에서도 마찬가지로 하고, 현상에서 현상을 관찰하는 염처에서도 그와 같이 한다.

아난아, 이것이 자기를 섬으로 삼아 자기에게 의지하고, 가르침을 섬으로 삼아 가르침에 의지하고, 다른 것을 섬으로 삼지 않고 다른 것에 의지하지 않는 것이다."

〈雜阿含經 제24권 제34경〉

4염처는 들숨과 날숨을 알아차리는 수행을 집중적으로 거듭함으로써 성취되고, 4염처를 거듭 수행함으로써 7각지(覺支)를 성취하게 된다.

"비구들아, 만약 어떤 사람이 '사문 싯다르타는 우안거(雨安居) 동안 어떤 수행을 자주 하는가?' 하고 물으면, 너희들은 '세존은 들숨과 날숨을 알아차리는 수행을 자주 하면서 우안거를 보내셨다'고 말하라.

비구들아, 나는 바르게 관찰하면서 숨을 들이쉬고, 바르게 관찰하면서 숨을 내쉰다."

〈상윳타 니카야 54 : 11, 一奢能加羅〉

"비구들아, 들숨과 날숨을 알아차리는 수행을 거듭거듭 하면 4염처를 성취하게 된다.

4염처를 거듭거듭 수행하면 7각지를 성취하게 된다.

7각지를 거듭거듭 수행하면 지혜와 해탈을 성취하게 된다.

비구들아, 들숨과 날숨을 알아차리는 수행을 어떻게 거듭해야 큰 결실과 이익이 있는가?

비구들아, 어떤 비구는 숲이나 나무 아래나 빈방에서 가부좌하고 상체를 곧게 세우고 전면에 알아차리기를 확립한다. 그러고는 알아차리면서 숨을 들이쉬고 알아차리면서 숨을 내쉰다."

〈맛지마 니카야 118, 入出息念經〉

7각지-일곱 가지 깨달음의 요소

들숨과 날숨을 알아차리는 수행을 거듭함으로써 4염처가 성취되고, 4염처를 거듭 수행함으로써 성취되는 '일곱 가지 깨달음의 요소'가 7각지이다. 7각분(覺分)·7각의(覺意)라고도 한다.

① 염각지(念覺支). 알아차리기라는 깨달음의 요소.

② 택법각지(擇法覺支). 안팎의 현상들을 선별하는 깨달음의 요소.

③ 정진각지(精進覺支). 정진이라는 깨달음의 요소.

④ 희각지(喜覺支). 기쁨이라는 깨달음의 요소.

⑤ 경안각지(輕安覺支). 편안함이라는 깨달음의 요소.

⑥ 정각지(定覺支). 집중이라는 깨달음의 요소.

⑦ 사각지(捨覺支). 평온이라는 깨달음의 요소.

"비구들아, 어떻게 4염처를 거듭 수행해서 7각지를 완성하게 되는가?

비구들아, 세간에 대한 탐욕과 싫어하는 마음을 버리고, 근면하게 분명한 앎과 알아차리기를 지닌다.

비구가 몸에서 몸을 관찰하는 수행을 하면서 지닐 때, (……) 느낌에서 느낌을 관찰하는 수행을 하면서 지닐 때, (……) 마음에서 마음을 관찰하는 수행을 하면서 지닐 때, (……) 현상에서 현상을 관찰하는 수행을 하면서 지닐 때, 알아차리기가 뚜렷이 확립되어 그에게 염각지가 생기고, 그것을 닦아 염각지를 완성하게 된다.

그 비구가 그렇게 알아차리기를 지니고 머물면서 지혜로 몸-마음의 현상들을 고찰하고 검토하고 사색할 때, 그에게 택법각지가 생기고, 그것을 닦아 택법각지를 완성하게 된다.

그 비구가 지혜로 몸-마음의 현상들을 고찰하고 검토하고 사색할 때, 그에게 지칠 줄 모르는 정진이 생기고, 그때 그에게 정진각지가 생기며, 그것을 닦아 정진각지를 완성하게 된다.

정진을 일으켜 수행에 몰두하는 그 비구에게 세간에서 맛볼 수 없는 기쁨이 생기고, 그때 그에게 희각지가 생기며, 그것을 닦아 희각지를 완성하게 된다.

기쁨을 느끼는 그 비구는 몸-마음이 편안하다. 그때 그에게 경안각지가 생기고, 그것을 닦아 경안각지를 완성하게 된다.

몸-마음이 편안한 그 비구는 더욱 집중하게 된다. 그때 그에게 정각지가 생기고, 그것을 닦아 정각지를 완성하게 된다.

이처럼 마음이 집중된 그 비구는 마음의 평온을 잘 유지한다. 그때 그에게 사각지가 생기고, 그것을 닦아 사각지를 완성하게 된다."

〈맛지마 니카야 118, 入出息念經〉

"여래·무소착(無所著)·등정각은 5개(蓋)와 마음의 더러움과 약한 지혜를 끊고 마음을 다잡아 4염처에 바르게 머물고 7각지를 닦아 위없고 바른 깨달음을 얻었다."

〈中阿含經 제24권 念處經〉

5개는 수행하는 과정에서 생기는 장애로, 탐욕·진에(瞋恚, 분노)·수면(睡眠, 혼미와 졸음)·도회(掉悔, 들뜸과 후회)·의(疑, 의심)를 가리킨다. 이 장애가 일어나면 일어났다고 곧바로 알아차리고, 사라지면 사라졌다고 곧바로 알아차리기를 반복하면, 그것들은 점점 소멸되어간다.

앞에서 설명한 4제·3학·4정근·5근·4염처·7각지의 관계를 정리하면 다음과 같다.

8정도에서 정견의 내용은 4제이고, 정정진은 4정근, 정념은 4염처, 정정은 4선이다.

3학에서 정학의 내용은 4선이고, 혜학은 4제이다.

5근에서 정진근의 내용은 4정근이고, 염근은 4염처, 정근은 4선, 혜근의 4제이다.

7각지에서 염각지의 내용은 4염처이고, 정진각지는 4정근, 정각지는 4선이다.

위팟사나−무상·고·무아를 통찰하는 수행

그때 아난존자가 상좌(上座)에게 가서 공경히 인사하고 안부를 물은 뒤 한쪽에 물러나 앉아서 물었다.

"비구가 한적한 삼림이나 조용한 방에서 사유하려면 어떤 방법으로 세밀하게 사유해야 합니까?"

상좌가 대답했다.

"아난존자여, 사마타[止]와 위팟사나[觀]의 두 가지 방법으로 사유해야 합니다."

"사마타를 거듭거듭 수행하면 무엇이 이루어지고, 위팟사나를 거듭거듭 수행하면 무엇이 이루어집니까?"

"아난존자여, 사마타를 거듭 수행하면 결국 위팟사나가 이루어지고, 위팟사나를 거듭 수행하면 사마타가 이루어집니다. 거룩한 제자는 사마타와 위팟사나를 함께 수행해서 모든 해탈의 경지에 이릅니다."

〈雜阿含經 제17권 제9경〉

"비구들아, 탐욕을 알기 위해서는 두 가지를 닦아야 한다. 두 가지가 무엇인가? 사마타와 위팟사나이다.

비구들아, 탐욕을 알기 위해서는 반드시 이 두 가지를 닦아야 한다."

〈앙굿타라 니카야 1 : 17, 品〉

"비구들아, 사마타를 닦아 무엇을 성취하고, 마음을 닦고 닦아 무엇을 성취하는가?

탐욕이 끊어진다.

비구들아, 위팟사나를 닦아 무엇을 성취하고, 지혜를 닦고 닦아 무엇을 성취하는가?

무명이 끊어진다."

〈앙굿타라 니카야 2 : 3, 愚人品〉

초기 불교의 수행법은 크게 세 가지로 나뉜다. 사마타를 닦은 후 위팟사나를 닦는 방법, 사마타 없이 바로 위팟사나를 닦는 방법, 사마타와 위팟사나를 함께 닦는 수행법이다.

사마타(Ⓟsamatha)는 '고요함'이라는 뜻이다. 한곳에 집중해서 마음의 동요와 산란이 가라앉고 그친 상태이므로 '지(止)'라고 번역했다.

위팟사나(Ⓟvipassanā)는 '뛰어난, 특별한(vi) 봄, 관찰(passanā)'이라는 뜻이다. 그냥 보는 게 아니라 모든 현상의 본성을 꿰뚫어 보아, 그것이 모두 무상·고·무아라고 통찰하는 수행이다. 그래서 '관(觀)'이라 번역했다.

사마타는 집중하는 삼매[定]이고, 위팟사나는 모든 현상을 무상·고·무아라고 통찰하는 지혜[慧]의 수행이다. 그런데 사마타만으로는 열반에 이를 수 없다. 왜냐하면 사마타에서는 탐·진·치가 '고요함'에 눌려 잠복되어 있는 상태여서 삼매에서 나오면 다시 탐·진·치가 일어나기 때문이다. 위팟사나는 이들의 뿌리를 뽑는 수행이다. 그래서 무상·고·무아를 열반으로 가는 세 관문이라 한다.

사마타와 위팟사나는 사티를 바탕으로 하는데, 사티는 '지금 이 순간의 현상에 집중해서 어떠한 판단이나 통제를 하지 않고 그것을 지속적으로 알아차리고 그냥 지켜보기만 하는 것'이다.

'지금 이 순간의 현상'이란 지금 지각하거나 의식하는 대상·이미지·관념을 뜻하고, '어떠한 판단이나 통제를 하지 않고'는 그 현상에 대해 '좋다/나쁘다' 등의 분별을 하지 않고, 생각이 일어나면 거기에 저항해서 없애려거나 바꾸려고 애쓰지 않고 그대로 수용하고 허용한다는 뜻이다. '그냥 지켜보기만 한다'는 그 현상에서 한 발짝 물러나 관조한다는 뜻이다. 그러니까 지금 안팎에서 일어나고 사라지는 현상을 분별하지 않을 뿐만 아니라 통제하지도 않고, 그냥 내버려두고 지켜보기만

하는 것이다. 분별하고 통제하려거나 저항하면 그것과 싸우게 되고, 그 싸움이 불안과 갈등, 긴장의 원인이 되기 때문이다.

위팟사나는 사티와 사마타를 기반으로 해서 모든 현상을 있는 그대로 꿰뚫어 보아 해탈의 지혜를 얻는 수행이다. 특히 4염처나 5온에서 매 순간 일어났다가 사라지고 사라졌다가 일어나는 그 순간순간을 놓치지 않고 알아차림(®sati)으로써 무상과 고를 절감하고, 4염처와 5온에 독자적으로 존속하는 실체도 없고, 고유한 본질도 없고, 독립된 개체적 자아도 없다고 통찰하는 것이다. 몸-마음이 무상·고·무아이다. 이것을 거듭 알아차리고 거듭 통찰함으로써 몸-마음에 대한 집착이 점점 떨어져 나가 그 속박에서 벗어나게 된다.

열반-탐욕과 분노와 어리석음의 소멸

잠부카다카가 사리불(舍利弗)에게 물었다.
"사리불이여, '열반(涅槃), 열반'이라 하는데, 열반이란 대체 무엇을 말합니까?"
"벗이여, 무릇 탐욕[貪]의 소멸, 분노[瞋]의 소멸, 어리석음[癡]의 소멸, 이것을 열반이라 합니다."

〈상윳타 니카야 38 : 1, 涅槃〉

염부차가 사리불에게 물었다.
"어떤 것을 열반이라 합니까?"
사리불이 말했다.

"열반이란 탐욕이 다 없어지고, 분노가 다 없어지고, 어리석음이 다 없어져, 모든 번뇌가 다 없어진 것을 말합니다."

또 물었다.

"사리불이여, 거듭거듭 수행하면 열반을 얻는 길이 있고 방법이 있습니까?"

"있습니다. 그것은 8정도이니, 즉 바르게 알기·바르게 사유하기·바르게 말하기·바르게 행하기·바르게 생활하기·바르게 노력하기·바르게 알아차리기·바르게 집중하기입니다."

〈雜阿含經 제18권 제1-③경〉

붓다께서 사위성의 기타(祇陀) 숲에 계실 때 어떤 사람이 찾아와서 물었다.

"세존이시여, 세존의 제자들이 해탈했을 때 그들은 어디에 가서 태어납니까?"

"어디에 가서 태어나는 게 아니다."

"그러면 어디에도 가지 않는다는 말씀입니까?"

"내가 묻겠으니 대답해보아라. 만약 여기에 불이 타고 있다면 그것을 어떻게 생각하느냐?"

"그것은 세존이시여, 다만 불이 타고 있을 뿐입니다."

"그대의 말이 옳다. 그러면 그 불이 왜 타고 있느냐고 묻는다면 어떻게 대답하겠는가?"

"그것은 나무가 있기 때문입니다."

"옳은 말이다. 그러면 다 타고 불이 꺼졌을 때, 그 불은 어디로 갔느냐고 묻는다면 그대는 어떻게 대답하겠는가?"

"세존이시여, 그것은 적당한 물음이 아닙니다. 불은 나무가 있으니까 탔고, 나무가 다 탔으니까 꺼진 것뿐이지 꺼진 불이 어디로 갔느냐는 물음은 좀 이상한 듯합니다."

"그와 마찬가지다. 이 인생은 괴로움으로 가득 차 있다. 그것은 탐욕과 분노와 어리석음 때문이다. 나는 괴로움을 없애는 방법을 가르친다. 격렬한 탐욕의 불꽃이 없어지면 불안이나 괴로움도 없어진다. 훨훨 타오르는 불도 그 땔감이 다하면 꺼져버리는 것과 같다.

그것을 나는 열반이라 한다."

〈맛지마 니카야 72, 婆蹉衢多火喩經〉

라타가 세존에게 물었다.

"세존이시여, 무엇을 위해 세속을 떠납니까?"

"지나친 탐욕을 버리기 위해서다."

"무엇을 위해 탐욕을 버립니까?"

"열반을 위해서다."

"그러면 세존이시여, 무엇을 위해 열반을 얻는 겁니까?"

"라타야, 너의 질문은 너무 지나치다. 묻는 데 끝을 모르는구나.

라타야, 나의 가르침은 열반에 이르는 게 목적이다. 우리들이 이 거룩한 수행을 하는 것도 모두 열반에 이르기 위한 것이고, 열반에서 끝난다."

〈상윳타 니카야 23 : 1, 魔〉

열반은 Ⓢnirvāṇa Ⓟnibbāna를 소리 나는 대로 적은 것이고, '불어서 끈 상태'라는 뜻이다. 불어서 불을 끄듯, 탐욕과 분노와 어리석음이 완전히 소멸된 마음 상태를 말한다.

열반에 유여열반(有餘涅槃)과 무여열반(無餘涅槃)이 있는데, 전자는 열반에 이르렀으나 아직 5온이 남아 있는 열반이라는 뜻이고, 후자는 5온이 남아 있지 않은 열반, 즉 죽음을 뜻한다. 그러니까 살아서 탐·진·치가 소멸된 상태가 유여열반이고, 죽음은 무여열반이다.

수학자 목건련(目犍連)이 물었다.

"세존이시여, 열반은 있고 거기에 이르는 길도 있는데, 왜 거기에 이르는 사람도 있고, 이르지 못하는 사람도 있습니까?"

"목건련아, 그대에게 왕사성으로 가는 길을 묻는 사람이 있다고 하자. 그대는 자세히 길을 일러줄 것이다. 그러나 어떤 사람은 무사히 왕사성에 이르고, 어떤 사람은 길을 잘못 들어 헤매기도 할 것이다. 그것은 왜 그런가?"

"세존이시여, 저는 길을 가르쳐주었을 뿐입니다. 그것을 제가 어떻게 하겠습니까?"

"목건련아, 그대의 말대로 열반은 있고 거기에 이르는 길도 있다. 그러나 나의 제자 중에는 열반에 이르는 이도 있고, 이르지 못하는 이도 있다. 그것을 내가 어떻게 하겠는가. 나는 오직 길을 가르쳐주는 스승일 뿐이다."

〈맛지마 니카야 107, 算數家目犍連經〉

4무량심-네 가지 한량없는 마음, 자·비·희·사

모든 존재들이 행복하기를 바라는 자(慈), 모든 존재들이 고통에서 벗어나기를 바라는 비(悲), 남이 즐거우면 함께 기뻐하려는 희(喜), 남을 평등하게 대하려는 사(捨)를 닦으면, 탐욕과 분노와 남을 해치려는 마음과 미워하는 마음이 점점 약화되어 평온에 이르게 된다. 따라서 한 량없이 중생에게 베푸는 자비희사, 즉 4무량심(無量心)은 자신을 돌보고 남을 돌보는 수행이다.

> 그때 세존께서 사위성에서 걸식하여 식사를 하고 나서 기원정사에서 산 책하다가 나운(羅雲 : 라훌라)에게 가서 말씀하셨다.
>
> "너는 반드시 들숨과 날숨에 집중하는 수행을 하라. 그것을 닦으면 온갖 근심·걱정이 다 사라질 것이다. 또 육신은 깨끗하지 못하다는 부정관(不 淨觀)을 닦으라. 탐욕이 다 소멸될 것이다.
>
> 나운아, 모든 존재들이 행복하기를 바라는 마음[慈心]을 닦으라. 그것을 닦으면 성냄이 다 소멸될 것이다.
>
> 나운아, 모든 존재들이 고통에서 벗어나기를 바라는 마음[悲心]을 닦으라, 그것을 닦으면 남을 해치려는 마음이 다 소멸될 것이다.
>
> 나운아, 남이 즐거우면 함께 기뻐하려는 마음[喜心]을 닦으라. 그것을 닦 으면 질투하는 마음이 다 소멸될 것이다.
>
> 나운아, 남을 평등하게 대하려는 마음[護心 : 捨心]을 닦으라. 그것을 닦으 면 교만한 마음이 다 소멸될 것이다."
>
> 〈增一阿含經 제7권, 安般品〉

붓다께서 말씀하셨다.

"라훌라야, 자에 대해 명상하라. 이것으로 성냄이 사라진다.

라훌라야, 비에 대해 명상하라. 이것으로 남을 해치려는 마음이 사라진다.

라훌라야, 희에 대해 명상하라. 이것으로 미워하는 마음이 사라진다.

라훌라야, 사에 대해 명상하라. 이것으로 마음의 흔들림이 사라진다.

라훌라야, 부정에 대해 명상하라. 이것으로 탐욕이 사라진다.

라훌라야, 무상에 대해 명상하라. 이것으로 아만(我慢)이 사라진다."

〈맛지마 니카야 62, 教誡羅睺羅大經〉

"선남자야, 보살의 4무량심은 진실한 사유이다.

선남자야, 어찌하여 진실한 사유라고 하는가? 모든 번뇌를 끊어버리기 때문이다.

선남자야, 모든 존재들이 행복하기를 바라는 마음을 닦으면 탐욕이 끊어지고, 모든 존재들이 고통에서 벗어나기를 바라는 마음을 닦으면 성냄이 끊어지고, 남이 즐거울 때 함께 기뻐하려는 마음을 닦으면 즐겁지 않음이 끊어지고, 남을 평등하게 대하려는 마음을 닦으면 탐욕과 성냄과 중생이라는 생각이 끊어진다. 그래서 진실한 사유라고 한다.

선남자야, 보살마하살의 4무량심은 모든 선근의 근본이다."

〈36권본 大般涅槃經 제14권, 梵行品〉

세존께서 말씀하셨다.

"아난아, 내가 이전에 너에게 4무량을 설했다. 비구는 모든 존재들이 행복하기를 바라는 마음을 4방·사유·상·하에 가득 채운다. 그 마음과 함께하면 번뇌도 없고, 원한도 없고, 성냄도 없고, 다툼도 없나니, 지극히 광대하고 한량없이 잘 닦아 모든 세간을 가득 채우고 지낸다.

이와 같이 모든 존재들이 고통에서 벗어나기를 바라는 마음과 남이 즐거우면 함께 기뻐하려는 마음과 남을 평등하게 대하려는 마음도 그러하여, 번뇌도 없고, 원한도 없고, 성냄도 없고, 다툼도 없나니, 지극히 광대하고 한량없이 잘 닦아 모든 세간을 가득 채우고 지낸다.

아난아, 너는 젊은 비구들에게 이 4무량을 설하여 그들을 가르쳐야 한다. 만약 젊은 비구들에게 이 4무량을 설하여 가르치면, 그들은 평온을 얻고 힘을 얻고 즐거움을 얻어, 번뇌의 열기로 뜨거워지지 않고 일생 동안 청정한 행을 닦을 것이다."

〈中阿含經 제21권, 長壽王品 說處經〉

탐욕이나 분노를 일으키고, 남을 해치거나 미워한 결과는 결국 자기 자신에게 돌아와 마음의 상처로 남는다. 따라서 남을 소중히 여기는 게 자신을 소중히 여기는 일이고, 자신을 소중히 여기는 게 남을 소중히 여기는 일이다. 이 일은 자신과 남을 질책하지 않고 너그럽게 보살피는 데서 시작한다.

누구나 결함이나 허물이 있기 마련인데 그것을 그냥 받아들여 용해시키지 않고 싸우기를 계속하면, 자신은 긴장 속에서 분열되고, 남에게는 저항하게 된다. 이 저항이 분노이고 증오이다. 따라서 자신에 대한 배려가 곧 남에 대한 배려이고, 남을 배려하지 않는 사람은 자신도 배려하지 못하는 법이다.

계율-악을 방지하고 선을 쌓기 위한 규율

불교를 세 가지로 요약한 3학에서 첫 번째가 계학이고, 보살(菩薩)의 수행 가운데 가장 중요한 6바라밀(波羅蜜)에서 두 번째가 지계바라밀(持戒波羅蜜)이듯이, 불교의 수행은 계율(戒律)을 바탕으로 하고, 계율은 해탈의 근본이다.

계율은 불교에 귀의한 자가 악을 막고 선을 쌓기 위해 지켜야 할 규율·규정을 말한다. 계(戒, ⑤sīla ⑫sīla)는 습성·행위·몸가짐을 뜻하고, 율(律, ⑤⑫vinaya)은 규율·규정을 뜻하지만 보통 계율이라고 복합어로 사용한다.

⑤sīla ⑫sīla는 시라(尸羅), ⑤⑫vinaya는 비나야(毘奈耶)·비니(毘尼·比尼)라고 소리 나는 대로 적는다.

계는 율장(律藏 : 계율을 기록한 문헌)에 있는 낱낱의 조항을 가리키고, 그 낱낱 조항의 전체를 바라제목차(波羅提木叉)라고 한다. 율장의 내용은 크게 ① 비구·비구니(比丘尼)의 어떤 행위를 금지한 조문(條文)을 열거한 바라제목차와 그것을 금지한 유래와 또 그것을 범했을 때에 죄의 가벼움과 무거움을 상세히 설한 부분, ② 교단의 의식·생활·예의 등의 여러 규범을 설한 건도(犍度)로 나눌 수 있다.

율장에는 《팔리율장(vinaya pitaka)》, 법장부(法藏部)의 《사분율(四分律)》, 유부(有部)의 《십송률(十誦律)》, 화지부(化地部)의 《오분율(五分律)》, 대중부(大衆部)의 《마하승기율(摩訶僧祇律)》 등이 있다.

바라제목차는 ⑤prātimokṣa ⑫pātimokkha를 소리 나는 대로 적은 것이고, 별해탈(別解脫)이라 번역한다. 불살생계(不殺生戒)를 지켜 살생에서 벗어나고, 불망어계(不妄語戒)를 지켜 거짓말에서 벗어나는 것처럼, 계를 지켜 거기서 벗어난다는 뜻이다.

5계(戒)

재가 신도가 지켜야 할 다섯 가지 계율이다.

① 불살생계. 살아 있는 것을 죽이지 마라.

② 불투도계(不偸盜戒). 훔치지 마라.

③ 불사음계(不邪婬戒). 음란한 짓을 하지 마라.

④ 불망어계. 거짓말하지 마라.

⑤ 불음주계(不飮酒戒). 술 마시지 마라.

10계(戒)

사미(沙彌) · 사미니(沙彌尼)가 지켜야 할 열 가지 계율이다.

① 불살생계. 살아 있는 것을 죽이지 마라.

② 불투도계. 훔치지 마라.

③ 불사음계. 음란한 짓을 하지 마라.

④ 불망어계. 거짓말하지 마라.

⑤ 불음주계. 술 마시지 마라.

⑥ 부도식향만계(不塗飾香鬘戒). 향유(香油)를 바르거나 머리를 꾸미지 마라.

⑦ 불가무관청계(不歌舞觀聽戒). 노래하고 춤추는 것을 보지도 듣지도 마라.

⑧ 부좌고광대상계(不坐高廣大床戒). 높고 넓은 큰 평상에 앉지 마라.

⑨ 불비시식계(不非時食戒). 때가 아니면 먹지 마라. 즉, 정오가 지나면 먹지 마라.

⑩ 불축금은보계(不蓄金銀寶戒). 금은보화를 지니지 마라.

구족계(具足戒)

비구 · 비구니가 받아 지켜야 할 계율로, 비구는 250계, 비구니는

348계이다.

10선계(善戒)

10선업도(善業道)라고도 한다. 대승의 계율 가운데 가장 중요한 것으로, 몸과 말과 뜻으로 짓는 열 가지 청정한 것을 말한다. 5계 중에서 불음주를 제외한 네 가지에 여섯 가지의 새로운 조목을 첨가한 것이다.

① 불살생(不殺生). 살아 있는 것을 죽이지 않는다.
② 불투도(不偸盜). 훔치지 않는다.
③ 불사음(不邪婬). 음란한 짓을 저지르지 않는다.
④ 불망어(不妄語). 거짓말하지 않는다.
⑤ 불악구(不惡口). 남을 괴롭히는 나쁜 말을 하지 않는다.
⑥ 불양설(不兩舌). 이간질하지 않는다.
⑦ 불기어(不綺語). 교묘하게 꾸미는 말을 하지 않는다.
⑧ 불탐욕(不貪欲). 탐욕을 부리지 않는다.
⑨ 부진에(不瞋恚). 화내지 않는다.
⑩ 불사견(不邪見). 그릇된 견해를 일으키지 않는다.

삼취정계(三聚淨戒)

대승의 보살이 받아 지녀야 할 세 가지 계율로, 대승의 계율을 총괄한다.

① 섭율의계(攝律儀戒). 악을 방지하기 위해 제정한 것으로, 비구의 250계와 비구니의 348계를 중심으로 한 여러 가지 계율을 말한다. 이

것은 대승 이전에 교단 내에 제시되어 있던 모든 금지 조항으로 흔히 '하지 마라'고 하는 계율이다.

② 섭선법계(攝善法戒). 모든 선(善)을 행한다는 적극적인 의미의 계율이다. 보살이 계를 받은 다음 선을 쌓아가는 것을 말한다.

③ 섭중생계(攝衆生戒). 선을 쌓아가면서 중생에게 이익을 베푸는 행위이다.

삼취정계가 지니는 의의는 섭율의계로써 마음의 안정을, 섭선법계로써 불법(佛法)의 성숙을, 섭중생계로써 중생을 제도하는 데 있다. 이 세 가지는 초기 불교의 계율을 포용하면서 그 위에 적극적으로 선을 행하는 것으로, 계율을 수동적인 금지 조항으로만 받아들이지 말고 적극적이고 능동적으로 선을 행할 것을 강조한 규범이다.

바라제목차에는 죄를 가벼움과 무거움에 따라 여러 가지로 나누는데, 그 가운데 다섯 가지만 소개하면 다음과 같다.

① 바라이(波羅夷). ⑤Ⓟpārājika를 소리 나는 대로 적은 것으로, 타불여(墮不如)·타승(他勝)·무여(無餘)라고 번역한다. 승단에서 추방되어 비구·비구니의 자격이 상실되는 가장 무거운 죄이다. 비구의 바라이에 네 가지가 있는데, 그것은 음란한 짓을 하거나 도둑질하거나 사람을 죽이거나 깨닫지 못하고서 깨달았다고 거짓말하는 것이다.

② 승잔(僧殘). ⑤saṃghāvaśeṣa Ⓟsaṃghādisesa '승단에 남겨둔다'는 뜻이다. 비구·비구니의 자격이 일시적으로 상실되지만 정해진 벌칙을 받고 참회하면 그 자격이 회복되는 죄이다.

③ 바일제(波逸提). ⑤pāyattika Ⓟpācittiya를 소리 나는 대로 적은 것

으로, 타(墮)라고 번역한다. 사소한 거짓말이나 욕설 등을 한 가벼운 죄이다. 이 죄를 저지른 비구·비구니는 비구들에게 참회하면 죄가 소멸되지만 참회하지 않으면 죽어서 지옥에 떨어진다고 하여 타라고 한다.

④ 바라제제사니(波羅提提舍尼). Ⓢpratideśanīya Ⓟpāṭidesanīya를 소리 나는 대로 적은 것으로, 향피회(向彼悔)라고 번역한다. 걸식 때와 식사 때의 규칙을 어긴 가벼운 죄로, 비구에게 참회하면 죄가 소멸된다.

⑤ 돌길라(突吉羅). Ⓢduṣkṛta Ⓟdukkaṭa를 소리 나는 대로 적은 것으로, 악작(惡作)·악설(惡說)이라 번역한다. 행위와 말로 저지른 가벼운 죄이다. 좁은 뜻으로는 악작만을 뜻하고, 넓은 뜻으로는 악작과 악설을 뜻한다. 고의로 이 죄를 저질렀을 때는 한 명의 비구 앞에서 참회하고, 고의가 아닐 때는 마음속으로 참회하면 죄가 소멸된다.

반열반-호흡을 거두고 정적 속으로

붓다는 마가다 국의 우루벨라 마을에 있는 네란자라 강변의 보리수 아래서 깨달음을 이룬 후, 40여 년 동안 갠지스 강의 중류 유역을 중심으로 여러 곳을 다니면서 가르침을 설했다.

80세가 되던 해, 붓다는 왕사성의 영취산(靈鷲山)을 뒤로하고 북쪽으로 향했다. 아난(阿難)과 여러 비구들이 뒤따랐다. 날란다에서 잠시 머문 후, 갠지스 강을 건너 바이샬리에 도착하여 대나무 숲에서 여름 안거(安居)를 보낸다. 그때 붓다는 더위와 장마를 이기지 못해 병에 걸려 심한 고통을 겪었다.

장마철이 거의 끝나갈 무렵, 병에서 회복한 붓다가 나무 그늘에서 쉬고 있을 때, 아난이 곁에 앉아 "세존께서 병이 깊어 심한 고통을 당하실 때, 저는 눈앞이 캄캄했습니다. 그러나 세존께서 교단에 대해 아무런 유언도 없으셔서 아직 돌아가시지 않을 것이라 여겨 안심했습니다"(《디가 니카야 16, 大般涅槃經》)라고 말했다. 그는 붓다가 입멸(入滅)하기 전에 교단의 후계자를 지명할 것이라고 생각했던 것이다.

붓다께서 아난에게 말씀하셨다.

"교단이 내게 바라는 것이라도 있느냐?

만약 어떤 이가 스스로 '나는 교단을 거느리고 있다, 나는 교단을 다스리고 있다'고 말한다면, 그는 교단에 대해 할 말이 있겠지만 여래는 '나는 교단을 거느리고 있다, 나는 교단을 다스리고 있다'고 말하지 않았다. 그러니 어찌 교단에 대해 할 말이 있겠는가.

아난아, 나는 설해야 할 가르침을 안팎으로 이미 다 설했지만 '보이는 것에 모두 통달했다'고 자칭한 적은 한번도 없다. 나는 이미 늙어 나이가 80이다. 낡은 수레를 수리하면 좀 더 갈 수 있는 것처럼 내 몸도 그러하다. (······)

아난아, 스스로 맹렬히 정진하되 가르침에 맹렬히 정진하고 다른 것에는 맹렬히 정진하지 마라. 스스로 귀의하되 가르침에 귀의하고 다른 것에 귀의하지 마라.

이것은 어떻게 하는 것인가?

아난아, 몸의 안팎을 부지런히 관찰하여 알아차림으로써 세상에 대한 탐욕과 근심을 없앤다.

느낌과 마음과 현상도 이렇게 관찰한다.

아난아, 이것을 스스로 맹렬히 정진하되 가르침에 맹렬히 정진하고 다른 것에 맹렬히 정진하지 말며, 스스로 귀의하되 가르침에 귀의하고 다른 것에 귀의하지 말라는 것이다.

아난아, 내가 입멸한 뒤에 이렇게 수행하는 자가 있으면, 그는 곧 나의 참 제자이고 제일가는 수행자일 것이다." (······)

그때 세존께서 강당으로 가서 자리에 앉아 여러 비구들에게 말씀하셨다.

"너희들은 알아야 한다. 나는 이러한 수행법으로 스스로 증득하여 최정각(最正覺)을 이루었다. 4염처·4정근·4신족(神足)·4선·5근·5력·7각지·8정도가 그것이다.

너희들은 이 수행법 가운데서 서로 화합하고 공경하고 순종하며 다투지 마라. 같은 스승에게서 가르침을 받았으니, 물과 우유처럼 섞여 내 가르침 가운데서 부지런히 공부하고 맹렬히 정진하면서 함께 즐겨라. (……)

너희들은 이를 잘 받아 지녀서 가늠하고 분별하여 상황에 따라 알맞게 수행해야 한다. 여래는 3개월 뒤에 반열반할 것이다."

여러 비구들은 이 말씀을 듣고 모두 깜짝 놀라 숨이 막히고 정신이 아찔하여 땅바닥에 몸을 던지고 큰 소리로 탄식했다. (……)

붓다께서 여러 비구들에게 말씀하셨다.

"그만 두어라, 걱정하거나 슬퍼하지 마라. 이 세상 만물로 생겨나서 끝나지 않는 것은 하나도 없다. 변하는 것을 변하지 않게 할 수는 없는 법이다. 전에도 말했지만 인정과 애정은 영원하지 않고, 모이면 흩어지기 마련이다. 몸은 자기 소유가 아니고 목숨은 오래 가지 않는다." (……)

그때 세존의 얼굴 모습은 평온했고 위엄스러운 광명이 타오르듯 빛났으며, 6근(根)은 청정했고 얼굴빛은 평화롭고 기쁨에 넘쳤다. 아난이 그 모습을 보고 생각했다.

'내가 세존을 모신 지 25년이나 되었지만 세존의 얼굴빛이 저렇게 밝게 빛나는 것을 본 적이 없다.'

그러고는 자리에서 일어나 오른쪽 무릎을 땅에 꿇고 차수합장(叉手合掌)하여 붓다에게 여쭈었다.

"제가 세존을 모신 지 25년이나 되었지만 지금처럼 세존의 얼굴이 빛나는 것을 보지 못했습니다. 무슨 까닭인지 듣고 싶습니다."

붓다께서 말씀하셨다.

"여래의 얼굴빛이 보통 때보다 빛나는 경우는 두 번 있다. 하나는 붓다가 처음 도(道)를 얻어 무상정진각(無上正眞覺)을 이루었을 때이고, 둘은 멸도(滅度)에 임박해서 목숨을 버리고 반열반하려 할 때이다."

〈長阿含經 제2-3권, 遊行經〉

붓다와 그 일행은 바이샬리에서 며칠을 머문 뒤 쿠시나가라(kuśinagara)로 향했다. 붓다는 바이샬리를 떠나면서 아난에게 "내가 바이샬리를 보는 것도 마지막이 되리라"(〈디가 니카야 16, 大般涅槃經〉) 하고는 코끼리처럼 천천히 바이샬리를 뒤돌아보았다.

간다키 강을 건넌 붓다는 쿠시나가라 근처의 어느 마을에 이르렀다. 거기서 그는 대장장이의 아들 춘다가 바친 버섯 요리를 먹은 후, 피를 토하는 심한 통증을 일으켰다. 병의 고통을 참고 견디면서 쿠시나가라에 이르러 사라(沙羅)나무숲으로 들어갔다.

그때 세존께서 쿠시나가라에 들어가 말라족(末羅族)이 사는 곳으로 향하셨다. 그리고 쌍수(雙樹) 사이로 가서 아난에게 말씀하셨다.

"쌍수 사이에 누울 자리를 마련하는데 머리는 북쪽을 향하도록 하고 얼굴은 서쪽을 향하도록 해라. 왜냐하면 장차 내 가르침이 널리 퍼져 북쪽에서 오래 머물 것이기 때문이다."

아난이 세존의 머리를 북쪽으로 향하도록 자리를 마련하자 세존께서 몸소 승가리(僧伽梨)를 네 번 접어 그 위에 누우셨는데, 사자처럼 오른쪽 옆구리를 땅에 대고 발을 포개셨다. (······)

그때 세존께서 울다라승(鬱多羅僧)을 헤치고 금빛 팔을 내보이며 여러 비구들에게 말씀하셨다.

"너희들은 우담발화(優曇鉢華)가 드물게 피는 것처럼, 여래도 그렇게 드물게 출현한다고 생각하라."

그리고는 이 뜻을 거듭 밝히려고 게송으로 말씀하셨다.

오른팔은 자금색(紫金色)

붓다 출현 영서(靈瑞) 같고

가고 오는 의식 작용 무상하니

방일(放逸)하지 않으면 열반 얻으리라.

"그러므로 비구들아, 방일하지 마라. 나는 방일하지 않았기 때문에 정각(正覺)을 이루었다. 한량없는 온갖 선도 방일하지 않음으로써 얻는다. 이 세상 만물로서 영원히 존재하는 것은 없다. 이것이 여래가 남기는 최후의 말이다."

〈長阿含經 제3-4권, 遊行經〉

반열반(般涅槃)은 Ⓢparinirvāṇa Ⓟparinibbāna를 소리 나는 대로 적은 것이고, 입멸·멸도라고 번역한다. 육신의 소멸, 곧 죽음을 뜻한다.

'몸의 안팎을 부지런히 관찰하여 알아차림으로써 세상에 대한 탐욕과 근심을 없앤다. 느낌과 마음과 현상도 이렇게 관찰한다'는 4염처 수행을 말한다.

차수합장은 두 손바닥을 합하고 오른손 다섯 손가락의 끝과 왼손 다섯 손가락의 끝을 약간 교차시키는 예법이다.

쌍수는 두 그루의 사라나무를 말한다. 이 나무는 교목으로, 잎은 긴 타원형에 끝이 뾰족하고, 옅은 노란색의 꽃이 핀다.

승가리는 큰 가사(袈裟)이고, 울다라승은 윗도리로 입는 옷이다.

우담발화는 ⑤ⓟudumbara를 소리 나는 대로 적은 것이고, 영서라고 번역한다. 인도 북부와 데칸고원에서 자라는 우담발의 꽃이다. 우담발은 낙엽 관목으로 잎은 긴 타원형이고, 열매는 여러 개가 모여 맺힌다. 작은 꽃이 항아리 모양의 꽃받침에 싸여 보이지 않기 때문에 3천 년 만에 한 번 꽃이 핀다고 하여, 그 꽃을 희귀한 것이나 만나기 어려운 것에 비유한다.

방일(放逸)은 자제와 집중을 하지 못하고 온갖 욕망·감정·충동 등에 계속 끌려다닌다는 뜻이다. 불방일(不放逸)은 그 반대로, '마음을 다잡다, 마음을 지키다, 마음을 단속하다, 마음을 단단히 하다, 마음의 산란을 가라앉히다, 제멋대로 하지 않다' 등으로 풀이할 수 있다.

따라서 불방일은 알아차리기[念. ⓟsati]와 같은 말이다. 그리고 정진(精進)의 반대말은 나태(懈怠)이다. 이게 불방일과 정진의 차이다.

제2장

—

꺼지지
않는
등불

불교 교단과 경전의 성립

붓다는 깨달음을 얻은 후 녹야원에서 처음으로 가르침을 설했다. 가르침을 들은 교진여를 비롯한 다섯 명의 수행자들은 붓다의 첫 제자가 되었는데, 이것이 불교 교단의 시초이다. 그 후 붓다의 가르침을 듣고 집을 나와 수행하는 출가자(出家者)와 집에서 수행하는 재가자(在家者)가 점점 늘어났다.

출가자와 재가자는 각각 성별을 나누어 사부대중(四部大衆)으로 구분한다. 출가해서 구족계를 받은 남자 승려는 비구(比丘), 출가해서 구족계를 받은 여자 승려는 비구니(比丘尼), 출가하지 않고 재가(在家)에서 붓다의 가르침을 따르는 남자 신도는 우바새(優婆塞), 재가 여자 신도는 우바이(優婆夷)라고 한다.

이 사부대중을 '화합의 집단', 즉 승가(僧伽)라고 한다. 비록 출신이나 성별 등은 다르지만 붓다의 가르침을 받들면서 화합하는 집단이라는 뜻이다. 이러한 승가는 붓다에게 귀의하는 사람들이 점차 늘어나면서 크게 확장되었다. 그러나 붓다가 입멸한 후 교단에 변화가 일어나기 시작했다.

붓다가 사라나무 아래서 입멸했을 때, 마하가섭(摩訶迦葉) 일행은 스승의 곁으로 가기 위해 북쪽으로 향하고 있었다. 도중에 그들은 어떤 사람을 통해 붓다의 죽음을 알게 되었다. 그때 많은 비구들이 탄식하고 슬퍼하는데, 한 늙은 비구가 말했다.

"벗들이여, 슬퍼하지 말고 근심하지 마라. 우리는 이제 붓다로부터 해방되었다. 이제까지 우리는 붓다가 '이것은 너희에게 허락한다', '이것은 너희에게 마땅치 않다'고 해서 괴로움과 구속을 당했다. 그러나 이제 우리는 하고 싶은 일을 하고, 하고 싶지 않은 일은 하지 않아도 된다."

〈디가 니카야 16, 大般涅槃經〉

붓다의 다비식(茶毘式 : 화장)이 끝나자 가섭은, 그릇된 가르침이 일어나 바른 가르침이 쇠하고 그릇된 계율이 일어나 바른 계율이 쇠하는 일이 없도록 하기 위해 가르침과 계율을 결집(結集)할 것을 비구들에게 제안했다. 그리하여 얼마 후 가르침과 계율에 대한 결집이 제자들에 의해 착수되었다. 결집이라는 말은 '모으는 것', 즉 편집이라는 뜻인데, 오늘날의 편집과는 다르다. 그것은 문자를 사용하는 것이 아니라, 모두 함께 외우고 기억하는 형식으로 진행되었다. 그래서 결집을 합송(合誦)이라고도 한다.

붓다가 입멸한 직후 가섭은 5백여 명의 비구들을 왕사성 부근의 비파라산(毘婆羅山)에 있는 칠엽굴(七葉窟)에 모이게 했다. 가섭이 의장으로 윗자리에 앉았고, 가르침에 대해서는 아난이 기억을 더듬어가며 붓다가 설한 대로 소리 내어 외웠다. 아난은 25년 동안 붓다의 시중을 들었으므로 스승이 어디서 누구에게 어떤 가르침을 설했는지를 잘 알았다. 그는 "나는 이렇게 들었다. 어느 때 붓다께서는……"이라는 말을 시작으로 외우기 시작했다. 여러 비구들은 아난의 기억이 맞는지를 확인하여 잘못이 있으면 정정한 후 그것을 모두 함께 외웠다. 붓다의 첫 설법의 경위와 내용을 외울 때는 비구들이 모두 눈물을 흘리며 그 자리에 엎드렸다고 한다.

계율은 계율을 가장 잘 지켰다는 우파리(優波離)가 소리 내어 외우면 비구들 전원이 합송했다.

이런 합송을 통해 붓다의 가르침은 각자의 기억 속에 일정한 형태로 간직되었다. 이것이 그들의 편집 양식이었다. 이것을 제1차 결집이라 한다.

그런데 붓다가 입멸한 후 1백 년경에 바이샬리에 거주하는 비구들—대중부(大衆部)—이 계율에 대해 열 가지 새로운 주장을 했다. 예를 들면, 비구는 어떠한 음식도 비축해서는 안 된다는 계율에 대해 소금만은 비축해도 된다는 주장, 한 취락에서 한 번만 먹어야 한다는 계율에 대해 다른 취락에 가서는 다시 먹어도 된다는 주장, 오후에는 먹지 말라는 계율에 대해 오후에 우유는 마셔도 된다는 주장 등이었다. 이것을 판정하기 위해 바이샬리의 파리가(婆利迦) 동산에 7백여 명의 비구들—상좌부(上座部)—이 모였다. 그들은 붓다가 설한 계율을 기억으로 확인한 후, 계율에 대한 새로운 주장을 붓다의 가르침이 아니라고 판정했다. 이것을 제2차 결집이라 한다.

그런데 이 판정에 반기를 든 1만여 명이나 되는 대중들이 별개의 모임을 가졌는데, 그들이 대중부라는 부파이다. 이로써 불교 교단은 상좌부와 대중부로 분열되었다. 그 후 상좌부 안에서도 분열이 일어났고, 대중부 안에서도 분열이 일어났다.

> 처음 1백 년 동안에는 아무런 분열도 없었으나 다음 1백 년에 들어서자,
> 붓다의 교단 내에 18개의 분파가 생겼다.
>
> 〈島王統史(dipavamsa) 第五章〉

  기원전 3세기경에 아쇼카 왕의 주선으로 화씨성(華氏城)의 아육승가람(阿育僧伽藍)에 1천여 명의 비구들이 모여 결집했는데, 여기서는 가르침과 계율뿐 아니라 그에 대한 주석서인 논(論)을 정리했다. 이것을 제3차 결집이라 한다.

  그리하여 경(經)·율(律)·논의 3장(藏, ⓢtri-pitaka)이 이때부터 갖추어지게 되었다. 트리 피타카(tri-pitaka)에서 tri는 '3', pitaka는 '바구니'라는 뜻이다. 고대 인도인들은 이 세 가지를 나뭇잎에 새겨 각각 바구니 속에 보관했기 때문에 3장이라 한다. 그리고 제3차 결집 이후부터 그때까지 합송으로 구전되어 오던 가르침을 문자로 기록하기 시작했다.

  2세기경에는 건타라국(乾陀羅國) 카니슈카 왕의 주선으로 가습미라(迦濕彌羅)에 5백여 명의 비구들이 모여 3장을 정리했는데, 이것을 제4차 결집이라 한다. 건타라국은 지금의 펀자브 북쪽, 카불 동쪽에 있던 고대 국가이다.

불교 개혁운동 - 대승불교의 출현

　제2차 결집 이후, 계율의 문제로 의견을 달리해오던 비구들은 마침내 보수적인 장로 중심의 상좌부와 진보적인 비구 중심의 대중부 이렇게 두 파로 분열되었는데, 이를 근본 2부의 분열이라고 한다.

　근본 분열 이후 교단은 상좌와 대중의 2부에서 각각 또 분열이 일어나, 1백 년이 지나자 18분파가 되었다. 붓다가 입멸한 후 1백 년경에서 4백 년경 사이에 분열된 불교 교단을 부파불교(部派佛敎)라고 한다.

　이 시기의 특징은 각 부파마다 붓다의 가르침에 대한 주석적인 연구가 활발해져 수많은 논서(論書)가 저술되었다는 점이다. 많은 논서의 출현으로 붓다의 가르침을 체계화한 것은 부파불교의 큰 업적이었으나, 그것은 또 지나친 분석과 복잡하고 추상적인 이론으로 불교를 난해하고 무미건조하게 했다.

　이처럼 부파불교가 출가자 중심으로 이론적인 연구에 치우쳐 있을 때, 붓다의 참뜻으로 돌아가자는 개혁운동이 일어났다. 기원 전후로 혁신적인 불교인들 사이에 퍼져 나간 이 새로운 불교를 대승불교라고 한다.

대승불교는 깨달음보다 중생의 구제를 중시한다. 대승에도 여러 경전이 있고 여러 사상의 흐름이 있지만 중생의 구제가 앞서야 한다는 데는 예외가 없다. 그들이 대승이라 일컫는 이유도 여기에 있다. 대승이란 마하야나(ⓢmahā-yāna)를 번역한 것으로 '큰 수레'라는 뜻이다. 그들의 주장은 큰 수레이고, 광대한 가르침이라는 것이다. 대승불교에서는 보디삿트바(ⓢbodhi-sattva)라는 불교인의 새로운 이상이 생겨났다. 이것을 소리 나는 대로 적어 보리살타(菩提薩埵)라 하고, 줄여서 보살이라 한다. 그런데 이 말은 초기 경전에도 나온다.

> 내가 아직 깨달음을 이루지 못한 보살이었을 때…….
>
> 〈맛지마 니카야 26, 聖求經〉

여기서 보살이라는 말은 단순히 '수행자'라는 뜻이다. 그런데 대승불교인들은 이 말에 새로운 뜻을 부여해서 불교인의 이상으로 내세웠다. 보살은 위로는 깨달음을 구하는 자리행(自利行)과 아래로는 중생을 구제하는 이타행(利他行)을 추구하지만 중생 구제를 우선에 둔다. 이 보살사상은 거의 모든 대승경전에 나타나는데, 그 중 가장 대표적인 것이 《법화경(法華經)》이다. 초기의 대승경전들은 불탑의 숭배를 설하고, 불상 앞에서 참회하고 예배하길 권하며, 경전 자체의 공덕을 찬양하기도 한다. 대승불교 운동이 활발하게 전개됨에 따라 많은 대승경전들이 성립되었다.

기원 전후부터 반야부(般若部) 경전들이 성립되기 시작했는데, 이 경전들의 주제 가운데 하나가 공(空)이다. 이 공을 체계적으로 정리한 사람이 용수(龍樹, ⓢnāgārjuna, 2~3세기)다. 그는 고유한 실체와 개념을 상정하는 부파불교와 외도들의 학설을 간단명료하고 예리한 논법으로 비판했는데, 용수 일파를 중관파(中觀派)라고 한다.

용수는 남인도 출신으로, 출가해서 남인도 지역에 있던 불교 문헌을 섭렵하고, 중인도에 가서 대승경전을 연구했다. 저서에 《중론(中論)》·《십이문론(十二門論)》·《회쟁론(廻諍論)》 등이 있다.

4세기 후반에는 세친(世親, ⓢvasubandhu)이 모든 현상은 마음의 작용에 지나지 않는다는 유식학(唯識學)의 체계를 완성했는데, 그의 저술 《유식삼십론송(唯識三十論頌)》은 불교심리학의 중요한 텍스트다.

세친은 북인도 출신으로, 상좌부에서 갈라져 나온 설일체유부(說一切有部)에 출가했으나 형 무착(無著)의 권유로 대승으로 전향해서 유식학에 정통했다.

7세기경에는 밀교(密敎)가 일어나 인도의 대승불교계를 휩쓸었다. 밀교는 중관(中觀)과 유식(唯識)을 하나의 이론 체계로 결합하고, 부처와 보살의 본래 서원을 나타내는 비밀스런 말이라는 진언(眞言), 부처의 깨달음이나 서원을 형상으로 나타낸 인계(印契), 부처의 깨달음의 경지를 그린 만다라(曼茶羅)와 여러 가지 의식을 통해 종교적 경지를 실현하려 했다.

그러나 8세기에 접어들면서 인도 불교는 서서히 쇠퇴하기 시작했다.

중국의 불교 수용과 경전 번역

인도에서 남쪽으로 전해진 불교는 상좌부 계통이었고, 북쪽으로 퍼져 나간 불교는 대승이 주류를 이루었다.

기원전 2세기경, 한(漢) 무제(武帝)의 서역(西域) 진출 정책으로 동서의 교통로가 열리게 되었는데, 이것이 실크로드이다. 서역이란 중국의 서쪽 지역, 좁게는 타클라마칸 사막 주변 지역과 파미르 고원 지역을 가리키지만, 넓게는 인도·파키스탄·아프가니스탄·이란 지역을 포함한다.

불교가 실크로드를 따라 점점 동쪽으로 전해져 중국에 처음 전래된 시기는 기원후 1세기경이라고 한다. 중국에 불교를 전한 서역의 승려들은 먼저 산스크리트(sanskrit)와 서역어로 된 경전을 한문으로 옮기는 일에 착수했다. 불교가 중국에 뿌리를 내릴 수 있었던 것은 이러한 번역이 잘 이루어졌기 때문이다.

중국에서의 원전 번역은 약 1천 년에 걸쳐 이루어졌는데, 이 일은 주로 왕의 보호 아래 국가 사업으로 추진되었다. 장안의 소요원(逍遙園)에서 번역에 종사한 사람만도 8백 명에 달할 정도였다고 한다.

《불조통기(佛祖統紀)》는 번역하는 자리에 참석한 사람들의 직책과 임무를 다음과 같이 상세히 전한다.

① 역주(譯主). 역장(譯場)의 정면에 앉아 원전을 읽고 설명한다. 경전에 번역자가 있는데, 그가 역주이다.

② 증의(證義). 역주의 왼쪽에 앉아 역주와 함께 원전의 구성과 뜻을 검토한다.

③ 증문(證文). 역주의 오른쪽에 앉아 역주가 읽은 원전에 잘못이 없는가를 검토한다.

④ 서자(書字). 낭독하는 원전을 듣고 그 음을 그대로 한자로 옮긴다. 예를 들어 hṛdaya를 흘리타야(紇利陀耶)로, sūtra를 수다라(修多羅)로 옮기는 따위이다.

⑤ 필수(筆受). 서자가 한자로 옮긴 것을 번역한다. 예를 들어 흘리타야를 심(心)으로, 수다라를 경으로 번역하는 따위이다.

⑥ 철문(綴文). 번역된 단어들을 늘어놓고 한문의 문법에 맞게 순서를 배열한다.

⑦ 참역(參譯). 번역문을 원문과 대조하여 검토한다.

⑧ 간정(刊定). 쓸데없이 긴 글귀를 간결하게 줄인다. 예를 들어 무명이 없음을 무무명(無無明)이라 했으면, 두 무(無)를 삭제하여 명(明)이라 하는 따위이다.

⑨ 윤문(潤文). 번역문을 좋은 문장으로 다듬어 마무리한다.

이러한 직책은 번역이 실제로 어떻게 이루어졌는가를 잘 보여준다. 이를테면 《법화경》의 번역자는 구마라집(鳩摩羅什)으로 되어 있으나 그가 서역의 승려임을 감안하면 그렇게 좋은 문장으로 번역할 수 있으리라고 생각되지 않는다. 거기에는 우수한 협력자가 있었을 것이고, 특히 윤문에는 탁월한 문장력을 지닌 인재가 배치되었을 것이다.

수많은 번역가들이 원전을 번역하고 있는 동안, 한편에서는 그에 대한 전문적인 연구가 뒤따랐고 이러한 불교학의 연구로 많은 종파가 생겨났다. 남북조시대의 열반종·지론종(地論宗)·섭론종(攝論宗)을 비롯해서, 수·당시대의 삼론종·천태종·삼계교(三階敎)·정토종·율종·선종(禪宗)·법상종(法相宗)·화엄종·밀교 등이다. 이 가운데 삼론종·법상종·밀교는 인도 불교의 중관·유식·밀교를 그대로 옮겨놓은 것이라 할 수 있으나 그 밖의 종파들은 대부분 인도 불교의 변형이다.

특히 중국 불교의 성격을 구체적으로 잘 드러낸 것은 천태·화엄·정토·선(禪)의 네 종파라고 할 수 있다. 대승불교가 찬란하게 발전한 것은 바로 이들 종파에 의해서였다. 천태와 화엄은 대승불교의 교리를 가장 체계적으로 완성시켰고, 정토와 선은 실천에 중심을 둔 종파로서, 특히 선은 중국 불교 중에서도 가장 중국화된 것이라고 할 수 있다.

6세기 초에 인도에서 중국에 온 보리달마(菩提達摩)에서 시작된 중국 선종은, 혜가(慧可)·승찬(僧璨)·도신(道信)·홍인(弘忍)·혜능(慧能)을 거쳐 5가7종(五家七宗)의 여러 종파를 형성했다.

제3장

—

대승의
세계

보살

대승불교를 실천하는 이상적인 인간상을 보살이라 하는데, 이는 ⓢ bodhi-sattva를 소리 나는 대로 적은 보리살타의 준말이다. 보디(bodhi)는 '깨달음', 삿트바(sattva)는 '중생'을 뜻하므로 보살은 '깨달을 중생', '깨달음을 구하는 중생', '구도자(求道者)'라는 뜻이다.

보살을 높여 불러 보살마하살(菩薩摩訶薩)이라 하는데, 마하살(摩訶薩)은 ⓢmahā-sattva를 소리 나는 대로 적은 것으로, '위대한 중생'이라는 뜻이다.

보살의 수행을 '위로는 깨달음을 구하고, 아래로는 중생을 교화한다[上求菩提 下化衆生]'는 말로 표현한다. 이 말은 먼저 깨달은 다음에 중생을 교화한다는 뜻이 아니라 깨달음을 구하는 그 자체가 중생 교화이고, 중생 교화가 곧 깨달음을 구하는 것이라는 의미이다. 그래서 보살은 사홍서원(四弘誓願)·삼취정계(三聚淨戒)·사섭법(四攝法)·6바라밀(波羅蜜)을 실천한다.

사홍서원

보살이 세우는 네 가지 넓고 큰 서약이다.

가없는 중생을 다 건지오리다[중생무변서원도(衆生無邊誓願度)]
끝없는 번뇌를 다 끊으오리다[번뇌무진서원단(煩惱無盡誓願斷)]
한없는 법문을 다 배우오리다[법문무량서원학(法門無量誓願學)]
위없는 불도를 다 이루오리다[불도무상서원성(佛道無上誓願成)]

대승불교는 남을 위하는 그 자체가 나를 위하는 것이라 한다. 이러한 견해는 더욱 적극적으로 나아가 나를 구제하기에 앞서 남을 구제한다는 서원으로 이어진다. 예를 들어 지장보살(地藏菩薩)은 지옥에서 고통 받고 있는 많은 중생들을 구제하기 전에는 결코 성불하지 않겠다고 서원했고, 법장보살(法藏菩薩)은 자신이 부처가 된다고 해도 모든 중생이 극락정토에 태어나지 못한다면 부처가 되지 않겠다고 서원했다.

삼취정계

보살이 받아 지녀야 할 계율을 세 가지로 분류한 것이다.

① 섭율의계(攝律儀戒). 악을 방지하기 위해 제정한 모든 금지 조항으로, 흔히 '하지 마라'고 하는 계율이다.
② 섭선법계(攝善法戒). 선(善)을 행하는 계율이다.
③ 섭중생계(攝衆生戒). 선을 행하면서 중생에게 이익을 베푸는 계율이다.

이 세 가지는 금지 조항을 지키면서 적극적으로 선을 행할 것을 강조한다.

사섭법

중생을 불법(佛法)에 끌어들이기 위한 보살의 네 가지 행으로, ① 남에게 부처의 가르침이나 재물을 베푸는 보시(布施), ② 부드럽고 온화한 말을 하는 애어(愛語), ③ 남을 이롭게 하는 이행(利行), ④ 서로 협력하고 고락을 같이하는 동사(同事)를 말한다.

6바라밀

> "아난아, 모든 보살마하살이 바르고 원만한 깨달음을 얻고자 한다면 6바라밀을 닦아야 한다. 왜냐하면 6바라밀은 보살마하살의 어머니로서 모든 보살을 낳기 때문이다."

〈摩訶般若波羅蜜經 제20권, 累教品〉

위로는 깨달음을 구하고 아래로는 중생을 교화하는 보살의 수행 가운데 가장 대표적인 것이 6바라밀이다. 바라밀은 ⑤pāramitā를 소리 나는 대로 적은 것이고, 도피안(到彼岸)·도(度)라고 번역한다. '저 언덕으로 건너감', '완전한 성취', '완성', '수행의 완성'이라는 뜻이다. 따라서 6바라밀은 보살이 이루어야 할 여섯 가지 완전한 성취이다.

보살의 6바라밀은 괴로움의 '이 언덕'에서 지혜와 자비로 가득 찬 깨달음의 '저 언덕'으로 건너가는 배라고 할 수 있다.

① 보시바라밀(布施波羅蜜). 보시는 남에게 베푼다는 뜻이다. 남에게 재

물을 베풀고[財施], 남에게 부처의 가르침을 베풀고[法施], 남을 온갖 두려움에서 벗어나게 해주는 것[無畏施]이다.

② 지계바라밀(持戒波羅蜜). 지계는 계율을 지킨다는 뜻이다. 살아 있는 것을 죽이지 않고, 훔치지 않고, 음란한 짓을 하지 않고, 거짓말하지 않고, 남을 괴롭히는 나쁜 말을 하지 않는 것이다.

③ 인욕바라밀(忍辱波羅蜜). 자기에게 거슬리는 일이 있어도 마음을 가라앉혀 참고 견뎌 노여워하지 않는 것이다.

④ 정진바라밀(精進波羅蜜). 게으르지 않고 힘써 수행하는 것을 말한다.

⑤ 선정바라밀(禪定波羅蜜). 선정(禪定)은 ⓢdhyāna를 소리 나는 대로 적은 선(禪)과 그 번역인 정(定)의 합성어이다. 산란한 마음을 고요히 가라앉히고 한곳에 집중하는 수행이다.

⑥ 지혜바라밀(智慧波羅蜜). 지혜는 분별과 집착이 끊긴 상태에서 모든 현상을 있는 그대로 주시하는 마음 작용이다.

중관

불교 교단이 상좌부와 대중부로 분열한 후, 대중부에서는 ① 공(空) 사상, ② 언어에 대한 불신(不信), ③ 역사적 인물인 고타마 붓다를 초인 적으로 사유하는 불신론(佛身論) 등을 전개했는데, 이것은 그대로 대승 불교로 이어진다.

기원 전후부터 반야부 경전들이 성립되기 시작했고, 이들 경전에서는 공을 강조했다. 공이란 아무 것도 없다는 뜻이 아니라 모든 현상은 서 로 의존해서 인연 따라 모였다가 흩어지고 인연 따라 나타났다가 사라 지는 과정이므로 불변하는 경계와 실체가 없다는 뜻이다.

이러한 공을 체계적으로 정리한 사람이 용수이다. 그는 어떤 의미에 서든 고유한 실체와 개념을 상정하는 여러 견해들을 비판했다. 만약 그것을 상정한다면 끊임없이 변화하면서 흘러가는 현상을 설명할 수 없다고 주장한다.

깨끗함에 의존하지 않고는

더러움이 없고

깨끗함에 의존하여 더러움이 있나니

그러므로 더러움은 없다.

더러움에 의존하지 않고는

깨끗함이 없고

더러움에 의존하여 깨끗함이 있나니

그러므로 깨끗함은 없다.

〈中論 제4권, 제23 觀顚倒品〉

　하나의 현상은 거기에 대립하는 현상을 전제로 하고, 그 대립하는 현상이 없을 때는 하나의 현상도 성립하지 않는다. '좋다'가 없으면 '나쁘다'도 없고, '아름답다'가 없으면 '추하다'도 없고, '착하다'가 없으면 '악하다'도 없다. 또 '꽃'은 '꽃 아닌 것'과의 분별이고, '사과'는 '사과 아닌 것'과의 분별이다.

　모든 현상은 그냥 흘러가는데, 인간이 괜히 언어로 2분의 분별을 일으키는 것이다. 그러니까 풀은 그냥 자라고, 돌멩이는 그냥 있고, 시냇물은 그냥 흘러가는데, 인간이 언어로 '좋다/나쁘다' 등으로 분별한다는 말이다. 게다가 풀, 돌멩이, 시냇물도 경계이고 분별이다. 이 2분법은 언어의 결함이 아니라 언어의 본질이다. 즉, 언어 자체가 분별이다. 따라서 현상 그 자체는 언어로 표현할 수 없고, 다만 부정적으로 표현할 수밖에 없다고 용수는 주장한다.

　용수가 언어로 표현하고 규정하기를 거부하면서 억지로 공(空)이라 한 것은, 그가 인간의 언어를 불신했기 때문이다. 현상 그 자체에 관해서 무슨 말을 하든, 그것은 습관적인 분별에 지나지 않고 현상 그 자체에 관해서는 어떠한 언급도 할 수 없다는 것이다.

용수의 부정은 부정을 위한 부정이 아니라 그릇됨을 깨뜨려[破邪] 바름을 드러냄[顯正]에 있었다. 그러나 부정이 아닌 긍정으로, 즉 현정(顯正)을 언어로 표현할 경우에는 언어의 허구성 때문에 또다시 비판의 대상이 될 수 있다. 그래서 그는 파사(破邪)에만 치중할 뿐 현정에 대해서는 언급하지 않고 있는데, 파사를 거듭하다 보면 현상 그 자체가 자연히 드러나게 될 것이라 기대했다. 그래서 파사가 곧 현정이다.

분별이 끊긴 상태에서, 있는 그대로 파악된 진리를 진제(眞諦)라 하고, 분별과 차별로 인식한 진리를 속제(俗諦)라고 한다. 그리고 이 둘을 2제(諦)라고 한다.

> 속제에 의하지 않고는
> 진제를 얻을 수 없고
> 진제를 얻지 않고는
> 열반을 얻을 수 없다.
>
> 〈中論 제4권, 제24 觀四諦品〉

그러므로 속제는 진제의 수단이기는 하지만 진제도 열반의 수단이다. 따라서 2제는 열반의 수단으로서의 구별이고, 열반은 2제 밖의 경지이다. 열반은 있는 것도 없는 것도 아닌 공이다. 그래서 용수는 부정에 부정을 거듭한다. 이를테면 '속박과 해탈이 있다'고 하면 속박이 있고, '속박도 없고 해탈도 없다'고 통찰하면 해탈이다.

여러 인연으로 일어나는 것을

나는 공(空)이라 하나니

이것은 또 임시로 붙인 이름이고

중도의 뜻이다.

일찍이 한 가지도

인연을 좇아 일어나지 않은 것이 없나니

그러므로 모든 현상은

공 아닌 것이 없다.

〈中論 제4권, 제24 觀四諦品〉

　모든 현상은 여러 인연의 일시적인 화합으로 일어나고 소멸한다. 거기에 독자적으로 존속하는 고유한 실체도 없고, 고정된 경계나 틀도 없기 때문에 용수는 공이고 중도라고 했다. 《중론》의 이름은 여기서 유래한다. 그래서 용수의 학파를 중관파라고 한다.

　이 《중론》은 〈중송(中頌)〉이라 불리는 용수의 간결한 게송을 청목(青目)이 풀이한 저술로, 〈중송〉은 27품 445개의 게송으로 구성되어 있는데, 8불(不)·연기·무자성·공·중도·제법실상·진속이제·4제·열반 등에 대해 간단명료하게 서술하면서 예리한 논법으로 부파불교와 외도들의 학설을 비판했다.

　대승에서 여러 가지 불신론을 설하고 있지만 용수는 그것에 의해서는 여래를 볼 수 없다고 한다.

　온갖 분별을 초월한 여래를

분별하는 사람은
분별로 혜안(慧眼)이 깨져
모두 여래를 보지 못한다.

여래의 본성은
곧 세간의 본성이나니
여래는 자성이 없으므로
세간도 자성이 없다.

〈中論 제4권, 제22 觀如來品〉

유식

유식(唯識)은 위즈냐프티 마트라(Ⓢvijñapti-mātra)의 번역이다. vijñapti는 '마음 작용', mātra는 '오직'이라는 뜻이다. 따라서 유식이란 '모든 현상은 오직 마음 작용에 지나지 않는다'는 뜻이다.

초기 불교에서는 마음 작용을 안식·이식·비식·설식·신식·의식의 6식(識)으로 분류했다. 그런데 유식논사들은 마음의 심층에서 6식에 영향을 미치는 아뢰야식(阿賴耶識)을 발견했고, 또 6식과 아뢰야식 사이에서 매개 역할을 하는 말나식(末那識)을 자각해서 마음 작용을 여덟 가지로 분류했다.

① 안식
② 이식
③ 비식 ── 전5식(前五識)
④ 설식
⑤ 신식

⑥ 의식 　　─　　제6식

⑦ 말나식 　　─　　제7식

⑧ 아뢰야식 　─　　제8식

안식에서 신식까지의 다섯 가지를 묶어서 전5식이라 하고, 의식을 제6식, 말나식을 제7식, 아뢰야식을 제8식이라 한다.

전5식은 눈·귀·코·혀·몸의 감각기관으로 각각 형상·소리·냄새· 맛·감촉의 대상을 지각하는 마음 작용이다.

제6식은 의식 기능으로 의식 대상을 인식하는 마음 작용이다.

제7 말나식의 말나(末那)는 ⑤manas를 소리 나는 대로 적은 것이고, 의(意)라고 번역한다. 끊임없이 분별하고 생각하고 헤아리고 비교하는 마음 작용으로, 아치(我癡)·아견(我見)·아만(我慢)·아애(我愛)의 네 번뇌와 항상 함께 일어나는 자의식이다.

제8 아뢰야식의 아뢰야(阿賴耶)는 ⑤ālaya를 소리 나는 대로 적은 것으로, '저장'을 뜻한다. 그래서 '장식(藏識)'이라 한다. 과거에 경험한 인식·행위·학습 등을 저장하고 있는 마음 작용으로, 심층에 잠재하고 있다. 과거의 경험들이 아뢰야식에 잠복 상태로 저장되어 있는 잠재력을 종자(種子) 또는 습기(習氣)라고 한다.

유식학의 가장 중요한 텍스트는 세친이 유식의 요점을 30개의 게송으로 밝힌 《유식삼십론송》이다. 이 《유식삼십론송》에 대한 10대논사(十 大論師)들의 주석서가 《성유식론(成唯識論)》이다.

　　5식은 근본식(아뢰야식)에 의지해서

　　조건에 따라 일어난다.

어느 때는 함께 일어나고 어느 때는 함께 일어나지 않는데

이는 파도(전5식)가 물(아뢰야식)에 의지하는 것과 같다.

〈唯識三十論頌 제15송〉

안식·이식·비식·설식·신식, 즉 전5식은 조건에 따라 심층에 잠재하고 있는 아뢰야식의 영향을 받기 때문에 바깥 대상을 있는 그대로 파악하지 못하고 자동적으로 그 대상을 채색하여 자기 나름대로 지각한다. 즉, 그 전5식은 아뢰야식이라는 색안경을 통해 바깥 대상을 지각한다.

여기서 '채색한다'는 말은 자신의 선입견이나 감정으로 그 대상을 덮어씌운다는 뜻이다. 따라서 어떤 대상에 대한 판단도 제각각이고, 어떤 사람에 대한 평가도 제각각일 수밖에 없다. 이것은 심층에 잠재하고 있는 아뢰야식이 다 다르기 때문이다.

위의 게송에서 '어느 때는 함께 일어나지 않는데'는 아뢰야식의 작용이 끊겨 바깥 대상을 있는 그대로 직관하는 상태이다.

의식은 항상 일어난다.

마음 작용이 소멸된 경지와

무심(無心)의 두 선정과

잠잘 때와 기절했을 때는 제외한다.

〈唯識三十論頌 제16송〉

제6 의식의 내용은 말나식과 아뢰야식이 직접 의식에 작용하거나 그 두 식이 전5식을 거쳐서 작용한 결과이다. 전자인 경우 의식의 내

용은 과거 어떤 일을 떠올리는 허상이거나 미래에 대한 상상이고, 후자인 경우 의식의 내용은 지금 바깥에 있는 대상을 자신의 색안경으로 채색한 지각이다. 그러나 '마음 작용이 소멸된 경지'와 '무심'의 두 선정에서는 말나식과 아뢰야식의 영향을 받지 않는다.

> 다음은 두 번째 마음 작용이다.
>
> 이것을 말나식이라 하고
>
> 그것(아뢰야식)에 의지해서 일어나고 작용한다.
>
> 생각하고 헤아리고 따지는 것을 본질로 삼는다.
>
> 〈唯識三十論頌 제5송〉

> 네 가지 번뇌와 항상 함께하는데
>
> 곧 아치와 아견과
>
> 아만과 아애이다.
>
> 그 외에 감촉 등과도 함께한다.
>
> 〈唯識三十論頌 제6송〉

> 선도 악도 아니지만 수행에 방해가 되는 번뇌이고
>
> 생존 상태에 따라 얽매인다.
>
> 아라한과 멸진정(滅盡定)과
>
> 출세간도(出世間道)에서는 말나식이 작용하지 않는다.
>
> 〈唯識三十論頌 제7송〉

위의 게송에서 '다음은 두 번째 마음 작용이다'라는 말은 앞의 게송에서 아뢰야식에 대해 언급했기 때문에 두 번째로 말나식에 대해 언급한다는 뜻이다.

말나식은 바깥 대상을 인식하는 게 아니라 아뢰야식을 대상으로 해서 일어나고, 생각하고, 헤아리고, 비교하는 것을 본질로 삼는다. 자신에 대해 어리석은 아치, 자신을 독립적인 존재라고 착각하는 아견, 자신을 높이고 남을 낮추는 아만, 자신만 아끼고 소중히 여기는 아애와 항상 함께 일어나기 때문에 '에고'의 본바탕이다. 게다가 말나식은 아뢰야식에 의지해서 일어나기 때문에 과거의 경험들과 함께한다. 따라서 말나식의 내용은 '에고'를 바탕으로 한 상상·허상이고, 이것은 바깥 대상과 관계없이 그냥 내면에서 떠오르는 번뇌이고 분별이고 자의식이다.

그래서 수행자는 말나식이 일어나면 곧바로 알아차리고 잠깐 '틈'을 가져야 한다. 이 틈이야말로 말나식을 약화시키는 유일한 길이다. 예를 들어 남에게 화를 내려거나 부정적인 말을 하려고 할 때, 그것을 즉각 알아차리고 잠깐만 틈을 가지면 그 충동이 누그러진다. 이 틈을 계속 반복해서 가지면, 에고가 점점 약화되고 감소되어간다. 이게 유식학의 지향점이다.

다시 말하면, 상상과 허상을 따라가지 않고, 자신의 선입견이나 감정으로 대상을 채색하지 않는 게 마음의 소음을 줄이는 길이지만, 그보다 더 중요한 것은 말나식이 일어날 때, 즉각 그것을 알아차리고 한 발짝 물러서서 잠깐 관조하는 게 말나식을 약화시키는 길이다. 말나식은 '에고'의 본바탕이고, 이 에고가 괴로움의 뿌리이다.

에고는 자신을 드러내고 내세우려는 마음의 소음이다. 열반에 이르는 데 장애가 되는 가장 근본적인 번뇌인 탐욕과 분노와 어리석음도

에고를 바탕으로 해서 일어나고, 괴로움의 원인인 갈애도 에고에서 일어난다. 그래서 말나식이 일어나자마자 자동으로 반응하지 않고, 그것을 자각해서 누그러뜨리는 게 수행의 시작이다.

모든 번뇌를 완전히 끊어 열반을 성취한 아라한, 모든 마음 작용이 소멸된 멸진정, 모든 번뇌를 떠난 출세간도에서는 말나식이 일어나지 않는다.

> 이것(아뢰야식)은 선도 악도 아니고
> 감촉 등도 그러하다.
> 항상 유전(流轉)하는 것이 급류 같고
> 아라한의 경지에서 멈춘다.
>
> 〈唯識三十論頌 제4송〉

아뢰야식은 너무나 미세하고 마음의 심층에 잠복된 상태에서 움직이기 때문에 감지할 수 없고, 괴롭지도 즐겁지도 않으며, 끊임없이 흐르는 것이 급류 같다. 그런데 잠복 상태에 있는 아뢰야식의 종자가 어떤 자극으로 의식에 떠오르면 탐욕·분노·고락·선악 등으로 나타난다. 비유하면 무슨 씨앗인지 잘 구별되지 않는 좁쌀 같은 갖가지 씨앗이 바구니에 가득 담겨 있는데, 그 하나를 집어내어 물을 주면 싹이 돋아나 그 본색을 드러내는 것과 같다.

그래서 수행자는 분노가 일어날 때 즉각 알아차려서 그것에 휘둘리지 않고, 따라가지 않으며, 한 걸음 물러서서 그냥 지켜보기만 해야 한다. 즉 분노의 종자에 물을 주지 않음으로써 그 종자의 잠재력을 약화시키는 것이다. 이런 통찰을 반복하면 그 종자는 말라 죽게 되는데, 그 온갖 종자가 다 말라 죽은 경지에 이른 성자가 아라한이다.

흔히 유식학의 핵심을 '유식무경(唯識無境)'이라 한다. 즉, '오직 마음 작용뿐이고 대상은 없다'는 뜻이다. 그러나 전5식의 대상[境]마저 부정해서는 안 된다. 왜냐하면 전5식은 감각기관으로 지금 여기에 실제로 존재하는 바깥 대상, 즉 형상·소리·냄새·맛·감촉을 지각한 결과이기 때문이다. 단 전5식은 그 대상을 있는 그대로 파악한 게 아니라 말나식과 아뢰야식에 의지해서 일어나기 때문에 자기 나름대로 채색한 결과이다.

말나식과 아뢰야식의 내용은 이미 지나가버린 과거나 아직 오지 않은 미래의 어떤 일이 떠오르는 허상·상상이지만, 전5식의 내용은 지금 여기에 존재하는 바깥 대상에 대한 지각이다.

'무경(無境)'에서 부정하는 대상은 말나식과 아뢰야식의 상상·허상과 전5식이 채색한 대상이다. 그 대상은 허구이다. 그 대상은 객관적으로 실재하는 게 아니라 모두 마음이 지어낸 것이다. 그래서 '유식(唯識)'이고, '일체유심조(一切唯心造)'이다.

'일체유심조', 즉 모든 것은 오직 마음이 지어낸 것이라는 말은 말나식과 아뢰야식의 내용, 전5식의 채색 모두 마음이 지어낸 것이라는 뜻이지, 전5식의 대상 그 자체도 마음이 지어낸 것이라는 뜻은 아니다.

산과 바다, 나무와 풀, 꽃과 나비 등은 마음이 지어낸 게 아니다. 단, 그것들을 보는 사람마다 생각과 느낌이 다 다른데, 그것은 말나식과 아뢰야식이 제각기 달라 채색하는 종류와 정도가 다 다르기 때문이다. 그것들을 직접 보고 집에 와서 그것들을 떠올리면, 그건 허상이고 상상이다.

'매사는 마음먹기 나름'이라든가 '매사는 마음먹기에 달렸다'는 말은 허상과 상상, 채색에 해당하는 말이지 전5식의 대상 그 자체에 해당하는 말이 아니다. 지금 내 호주머니에 금반지가 없는데, 마음먹기에 따라 있는가.

지금 여기에 실제로 존재하는 바깥 대상의 채색된 지각과 지금 여기의 바깥 대상 없이 떠오르는 허상·상상은 다르다. 예를 들면, 전자는 어떤 사람이 지금 직접 어떤 대상을 지각하는 경우이고, 후자는 그 사람이 그 대상을 직접 지각하고 나서 집에 와서 그것을 떠올리는 경우이다. 욕설을 듣고 나중에 그것을 떠올리고, 어떤 냄새를 맡고 나중에 그것을 떠올리고, 어떤 음식을 먹고 나중에 그것을 떠올리고, 어떤 것을 만져보고 나중에 그것을 떠올리는 것이다.

중생이 괴로움에 시달리는 것은, 채색된 지각 때문이기도 하지만 그보다 더 큰 원인은 '지금 이 순간'에 머물지 못하고 이미 지나가버린 과거의 일을 떠올려 거기에 얽매이고, 아직 오지도 않은 미래의 일을 떠올려 거기에 사로잡히기 때문이다.

이상의 여덟 가지 마음 작용이 각각 대상과 작용은 다르지만, 그 각각을 단절된 것으로 사유해서는 안 된다. 전5식과 의식과 말나식은 아뢰야식에 의지해서 일어나지만, 그들이 작용한 결과는 아뢰야식에 종자로 저장되기 때문에 서로서로 영향을 주고받는 관계이다.

이래저래 분별함으로써
갖가지 대상을 두루 분별한다.
이 변계소집성(遍計所執性)은
실재하지 않는다.

〈唯識三十論頌 제20송〉

의타기성(依他起性)의

분별은 조건에 의해서 생긴다.

원성실성(圓成實性)은 그것(의타기성)에서

앞의 것(변계소집성)을 멀리 떠난 성품이다.

〈唯識三十論頌 제21송〉

이 3성(性)에 의거해서

3무성(無性)을 세운다.

그래서 붓다께서 모든 현상에는

자성이 없다고 본뜻을 말씀하셨다.

〈唯識三十論頌 제23송〉

이것(원성실성)은 모든 현상의 궁극적인 이치이고

또 진여(眞如)다.

불변하고 분별이 끊긴 상태이기 때문에

유식의 참다운 성품이다.

〈唯識三十論頌 제25송〉

　마음에 떠오르는 모든 현상은 온갖 분별에 의한 상상·허상이고 채색된 지각이다. 이 상상·허상을 바깥에 실제로 존재한다고 착각해서 거기에 집착하고, 채색된 지각도 참모습이라고 착각해서 거기에 집착한다. 즉, 변계소집성이다. 마음 작용은 여러 조건에 의해 일어나므로 의타기성이고, 의타기성에서 분별하고 집착하는 변계소집성이 떨어져 나간 청정한 성품이 원성실성이다. 이 3성에는 다 고유한 실체가 없으므로 3무성이라 한다.

> 마음이 없어 생각하거나 헤아리지 않으니
> 이는 출세간의 지혜이다.
> 주관과 객관을 버림으로써
> 문득 전의(轉依)를 증득한다.
>
> 〈唯識三十論頌 제29송〉

> 이것은 번뇌가 없는 상태이고
> 불가사의하고 선(善)이고 불변이고
> 안락이고 해탈신(解脫身)이고
> 위대한 성자이니, 이를 법신(法身)이라 한다.
>
> 〈唯識三十論頌 제30송〉

> 전의의 경지는 불가사의하다. 살펴서 생각하고 언어로 표현하는 길을 초월
> 했기 때문이다. 또 미묘하고 매우 심오하며, 스스로 체득한 내면의 깨달음
> 이기 때문이고, 세간의 어떤 비유로도 표현할 수 없기 때문이다.
>
> 〈成唯識論 제10권〉

전의는 번뇌에 오염되어 있는 여덟 가지 마음 작용이 청정한 상태로
변혁된다는 뜻이다. 전의는 온갖 분별이 끊겨 마음도 없고 대상도 없
기 때문에 2분법의 언어로 표현할 수 없는, 스스로 체득한 내면의 깨
달음이다. 상상과 허상이 일어나지 않고, 대상을 채색하지 않고, 있는
그대로 직관하는 상태이다.

이 전의로 얻은 네 가지 청정한 지혜를 4지(智)라고 한다. 전5식은 질적으로 변혁되어 중생을 구제하기 위해 해야 할 것을 모두 성취하는 성소작지(成所作智)로 바뀌고, 제6 의식은 모든 현상을 잘 관찰하고 자유자재로 가르침을 설하여 중생의 의심을 끊어주는 묘관찰지(妙觀察智)로 바뀐다. 또 말나식의 아치·아견·아만·아애가 소멸됨으로써 자타(自他)의 평등을 깨달아 대자비심을 일으키는 평등성지(平等性智)를 얻고, 아뢰야식의 모든 종자가 소멸되어 마치 온갖 것을 있는 그대로 비추어내는 크고 맑은 거울 같은 청정한 대원경지(大圓鏡智)를 성취한다.

여래장

여래장(如來藏)은 '본래부터 중생의 마음속에 간직되어 있는 여래의 청정한 성품'을 말한다.

그 내용은 중생의 마음속에는 본래부터 여래의 청정한 성품이 갈무리되어 있지만 번뇌에 가려 드러나지 않으므로 번뇌만 제거하면 그 성품이 드러나 깨달음을 이룬다는 것이다. 따라서 자신의 마음에 본래부터 여래의 청정한 성품이 내재되어 있다는 자각이 중요하다.

"선남자야, 모든 중생이 갖가지 갈래에 머물면서 번뇌에 싸여 있지만 항상 오염되지 않은 여래장을 지니고 있어서 나(여래)와 다를 바 없다."

내가 중생들을 보니
모두 여래장을 간직했으나
더러움에 뒤덮인 꽃처럼
한량없는 번뇌에 덮여 있네.

내 모든 중생들의

번뇌를 없애주기 위해

두루 바른 가르침을 설하여

속히 불도를 이루게 하리라. (……)

낭떠러지의 나무에 꿀이 있는데

수많은 벌들에 둘러싸였네.

훌륭한 솜씨로 꿀을 따는 자

저 벌떼를 먼저 제거하네.

중생의 여래장은

나무에 있는 꿀과 같은 것

온갖 번뇌에 얽힌 것이

벌떼가 에워싼 것 같네.

나는 모든 중생들을 위해

방편으로 바른 가르침을 설하여

벌떼 같은 번뇌를 제거해

여래장을 열어젖히리라.

〈大方等如來藏經〉

부처님이 말씀하셨다.

"대혜(大慧)야, 내가 설하는 여래장은 외도가 설하는 자아와 다르다.

대혜야, 여래·응공·정등각은 성공(性空)·실제(實際)·열반·불생(不生)·무상·무원(無願) 등의 여러 말로 여래장을 설했다. 어리석은 범부들을 무아에 대한 두려움에서 벗어나게 하기 위해 분별이 없는 여래장을 설했다. 미래·현재의 모든 보살마하살들은 이(여래장)를 자아로 집착해서는 안 된다. (……)

대혜야, 내가 여래장을 설한 것은 자아에 집착하는 여러 외도들을 다스려서 허망한 견해를 떠나 3해탈에 들어가 속히 바르고 원만한 깨달음을 얻게 하기 위해서였다. 그러므로 모든 부처님께서 설하신 여래장은 외도가 설하는 자아와 다르다. 만약 외도의 견해를 떠나고자 하면, 무아인 여래장의 뜻을 알아야 한다."

〈大乘入楞伽經 제2권〉

밀교

밀교(密敎)는 '대일여래(大日如來)의 비밀스런 가르침'이라는 뜻으로, 7세기경에 체계를 갖춘 대승불교의 한 갈래이다.

밀교에서는 진리를 있는 그대로 드러낸 우주 그 자체를 의인화하여 대일여래라 하고, 모든 부처와 보살은 대일여래의 화신이며, 우주 그 자체가 바로 그 여래의 법문이라 한다. 이 법문은 금강과 같이 견고하다고 하여 금강승(金剛乘)이라 한다.

밀교의 근본 경전은 《대일경(大日經)》과 《금강정경(金剛頂經)》인데, 《대일경》에서는 대일여래의 지혜는 보리심(菩提心)을 원인으로 하고 대비(大悲)를 근본으로 하며 방편(方便)을 궁극으로 한다고 설하고, 만다라(曼荼羅)·아자관(阿字觀)·인계(印契)·호마(護摩) 등에 대해 설하고 있다.

《금강정경》에서는 인계·진언·3밀(密)의 수행과 즉신성불(卽身成佛)을 설하고, 만다라·관정(灌頂)·공양법 등에 대해 설하고 있다.

만다라는 ⓢmaṇḍala를 소리 나는 대로 적은 것이다. maṇḍa는 '본질'을 뜻하고, la는 소유를 나타내는 접미사이다. 만다라는 우주의 진리, 깨달음의 경지, 부처나 보살의 서원·가르침·세계를 상징적으로 묘사한 그림이다. 불경이 깨달음의 경지를 언어로 표현한 것이라면, 만다라는 그것을 그림으로 묘사한 것이라고 할 수 있다. 《대일경》과 《금강정경》의 세계를 묘사한 그림이 만다라이다.

이 만다라의 세계를 체득하기 위한 수행이 3밀이다. 3밀은 신밀(身密)·구밀(口密)·의밀(意密)로, 대일여래의 몸과 말과 뜻은 불가사의하기 때문에 밀(密)이라 한다. 대일여래는 진리 그 자체 또는 진리를 있는 그대로 드러낸 우주 그 자체이고, 우주 그 자체가 그 여래의 법문이다. 그러나 중생은 그 법문을 이해할 수 없다. 다만 수행으로 대일여래와 합일되는 길뿐이다. 이 길이 3밀 수행이다.

이 수행은 인계를 맺고, 진언을 외우며, 대일여래를 깊이 사유함으로써, 그 여래의 몸·말·뜻과 수행자의 몸·말·뜻이 수행자의 체험 속에서 하나가 되게 하려는 것이다. 이런 수행으로 대일여래와 합일될 때, 이 몸이 그대로 성불하는 즉신성불이다.

인계는 부처나 보살의 깨달음 또는 서원을 나타낸 여러 가지 손 모양을 말하고, 진언은 부처나 보살 등의 서원이나 덕, 또는 가르침이나 지혜를 나타내는 신비로운 주문을 말한다.

또 글자는 우주의 근원이므로 이것을 응시하여 우주의 근원을 체득하려는 수행이 《대일경》에서 설하는 아자관(阿字觀)이다.

밀교에서는 의궤(儀軌), 즉 의식을 행할 때의 규칙을 중요시하는데, 마음으로 대일여래를 사유하면서 불경을 읊는 염송법(念誦法), 정수리에 물을 붓는 관정법(灌頂法), 그리고 공양법(供養法)·호마법(護摩法) 등이 있다. 호마는 ⑤homa를 소리 나는 대로 적은 것이고, '분소(焚燒)'·'화제(火祭)'라는 뜻이다. 제단에 마련한 화로에 불을 피우고 진언을 외우면서 그

불 속에 물건을 던져 공양하고 소원을 비는 의식이다. 후기 밀교에 이르면 이 의궤가 중심이 되는데, 수행자가 어떤 목적으로 의식을 행할 때, 경전에서 설한 작법에 한 치라도 어긋나면 그 목적을 성취할 수 없다고 한다.

천태

천태(天台)학은 수(隋)의 지의(智顗, 538~597)가 《법화경》을 이론과 수행의 부분으로 나누어, 전자를 《법화현의(法華玄義)》와 《법화문구(法華文句)》에서, 후자를 《마하지관(摩訶止觀)》에서 체계적으로 정립한 불교 사상이다. 이 세 저술은 지의의 강설을 그의 제자 관정(灌頂, 561~632)이 기록한 것이다.

지의는 《법화현의》에서 《법화경》의 본체를 제법실상(諸法實相), 즉 모든 현상의 있는 그대로의 참모습이라 하고, 이 경의 요지는 1불승(一佛乘), 이 경의 작용은 의심을 끊고 믿음을 일으키는 것이라 했다.

《마하지관》에서는 산란한 마음을 가라앉히고 지혜로써 있는 그대로의 참모습을 주시하는 지관(止觀)의 수행을 상세히 설명했다.

지의는 모든 현상의 있는 그대로 참모습을 공제(空諦)·가제(假諦)·중제(中諦)의 3제(諦)로 파악했다. 모든 현상에는 불변하는 실체가 없으므로 공제이고, 모든 현상은 여러 인연의 일시적인 화합으로 존재하므로 가제, 공(空)이나 가(假)의 어느 한쪽에 치우치지 않으므로 중제라는 것이다.

즉공(卽空)·즉가(卽假)·즉중(卽中)은 셋이면서 하나이고 하나이면서 셋이
니, 서로 방해하지 않는다. 셋을 모두 '공'이라 함은 언어와 생각의 길이
끊어졌기 때문이고, 셋을 모두 '가'라고 함은 이름으로만 있기 때문이고,
셋을 모두 '중'이라 함은 바로 참모습이기 때문이다.

〈摩訶止觀 제1권 하〉

즉공·즉가·즉중은 서로 걸림 없이 원만하게 하나로 융합되어 있어
서 각각 별개의 진리가 아니라 공은 동시에 가·중이고, 가는 동시에
공·중이고, 중은 동시에 공·가라는 뜻이다. 그래서 지의는 모든 현상
의 참모습을 '3제원융(三諦圓融)'이라 했다.

이 공·가·중은 서로 원만하게 하나로 융합되어 있으므로 한마음으
로 동시에 닦는 수행을 '1심3관(一心三觀)'이라 한다. 그리고 우주의 역동
적인 전체의 모습, 3천 세계가 한순간의 마음에 있다는 것이 지의의
'1념3천설(一念三千說)'이다.

지의는 《마하지관》에서 처음부터 곧바로, 있는 그대로의 참모습을 주
시하는 원돈지관(圓頓止觀)을 설하고 있는데, 지관은 마음을 한곳에 집중
해서 산란을 멈추고 평온하게 된 상태[止]에서, 바른 지혜를 일으켜 대
상을 있는 그대로 자세히 주시[觀]하는 수행을 말한다.

원돈(圓頓)이란 처음부터 있는 그대로의 참모습[實相]을 대상으로 하는 지
관으로, 그 경지에 들면 그대로 중도이고 진실하지 않은 게 없다. (……)
있는 그대로의 순수한 모습 외에 어떠한 것도 없다. 있는 그대로 고요한

것을 지(止)라 하고, 고요한 그대로 항상 비추는 것을 관(觀)이라 한다. 처음과 뒤를 말하지만 둘도 없고 차별도 없다. 그래서 원돈지관이라 한다.

〈摩訶止觀 제1권 상〉

지의는 이 지관으로 3제원융과 1심3관과 1념3천설을 체득할 수 있다고 했다.

또 지의는 바른 지혜를 얻기 위해 마음을 한곳에 집중하는 수행을 동작에 따라 네 가지로 나눈 4종 삼매를 제시했다. 그것은 90일을 기한으로 해서 항상 하나의 부처를 향하여 단정히 앉아서 마음을 가라앉히고 우주의 참모습을 주시하는 상좌삼매(常坐三昧), 90일을 기한으로 해서 항상 도량이나 불상의 주위를 돌면서 오로지 아미타불(阿彌陀佛)을 생각하거나 부르는 상행삼매(常行三昧), 7일 또는 21일을 기한으로 해서 불상 주위를 돌기도 하고 좌선도 하면서 예불·참회·독경 등을 하는 반행반좌삼매(半行半坐三昧), 일정한 기한이나 어떠한 동작에도 구애받지 않고 자신의 뜻대로 닦는 비행비좌삼매(非行非坐三昧)이다.

화엄

《화엄경(華嚴經)》은 세존이 이 경의 교주(教主)인 비로자나불(毘盧遮那佛)과 한몸이 되어 광채를 발하고 있고, 보현보살과 문수보살을 비롯한 수많은 보살들이 장엄한 비로자나불의 세계를 온갖 보살행으로 드러내는 형식으로 전개된다. 깨달음을 구하려고 발심(發心)한 중생이 곧 보살이다.

비로자나(毘盧遮那)는 ⑤vairocana를 소리 나는 대로 적은 것이고, 진리를 있는 그대로 드러낸 우주 그 자체를 뜻한다. 그러니까 이 비로자나불의 세계를 구체적으로 드러내는 것이 바로 《화엄경》의 보살행이다.

이 《화엄경》을 바탕으로 해서 당(唐)의 현수 법장(賢首法藏. 643~712)이 화엄(華嚴)학을 체계적으로 정립했다. 화엄종의 제1조는 두순(杜順. 557~640)이고, 제2조는 지엄(智儼), 제3조가 현수 법장이다.

화엄학의 핵심은 법계연기(法界緣起)이다. 즉, 모든 현상은 함께 의존하여 일어나, 걸림 없이 서로가 서로를 받아들이고 서로가 서로를 비추면서 끊임없이 흘러가는 장엄한 세계라는 관점이다. 이 법계연기를 4법계(法界)·10현연기(玄緣起)·6상(相) 등으로 설명한다.

4법계

이 우주를 현상과 본체의 두 측면에서 관찰하면 네 가지로 파악된다는 것이다.

① 사법계(事法界). 낱낱의 차별 현상을 말한다. 사(事)는 '현상'을 뜻한다. 낱낱 현상은 인연으로 화합된 것이므로 서로 구별된다.

② 이법계(理法界). 모든 현상의 본체는 동일하다. 이(理)는 '본체'를 뜻한다.

③ 이사무애법계(理事無礙法界). 본체와 현상은 둘이 아니라 하나이고, 걸림 없이 서로 의존하고 있다. 마치 물이 곧 물결이고, 물결이 곧 물이어서 서로 걸림 없이 융합하는 것과 같다. 일체는 평등 속에서 차별을 보이고, 차별 속에서 평등을 나타내고 있다.

④ 사사무애법계(事事無礙法界). 모든 현상은 걸림 없이 서로가 서로를 받아들이고, 서로가 서로를 비추면서 융합하고 있다. 이것이 곧 화엄의 무궁무진한 법계연기(法界緣起)이다. 일체의 대립을 떠난 화합과 조화의 세계이고, 걸림 없는 자재한 세계이다. 이것이 비로자나불의 세계이고, 화엄의 보살행은 이 사사무애의 세계를 드러내고 있다.

10현연기

법계연기를 열 가지 방면으로 설명한 것으로, 10현문(玄門)이라고도 한다.

① 동시구족상응문(同時具足相應門). 낱낱의 현상은 동시에 서로 원만히 조화를 이루고 있다.

② 광협자재무애문(廣狹自在無礙門). 모든 현상에 넓음과 좁음이 있으나 서로 자유롭고 걸림이 없다.

③ 일다상용부동문(一多相容不同門). 하나와 많은 것이 서로 융합하면서 각각의 특징을 잃지 않는다.

④ 제법상즉자재문(諸法相卽自在門). 모든 현상의 본체는 서로 자유롭다.

⑤ 은밀현료구성문(隱密顯了俱成門). 숨은 것과 드러난 것이 함께 이루어져 있다. 즉, 하나가 많은 것을 포섭하면 하나가 드러나자 많은 것이 숨고, 많은 것이 하나를 포섭하면 많은 것이 드러나자 하나가 숨는다.

⑥ 미세상용안립문(微細相容安立門). 미세한 현상이 다른 현상에 포용되고 또 다른 현상을 포용하면서 서로 질서정연하다.

⑦ 인다라망경계문(因陀羅網境界門). 인다라(因陀羅, ⓢindra)는 제석(帝釋)을 말한다. 제석의 궁전에 걸려 있는 보배 그물의 마디마디에 있는 구슬이 끝없이 서로가 서로를 반사하고, 그 반사가 또 서로를 반사하여 무궁무진하듯이, 모든 현상은 서로가 서로를 끝없이 포용하면서 또 포용된다.

⑧ 탁사현법생해문(託事顯法生解門). 마치 나무를 보고 장엄한 우주를 느끼듯, 한 현상으로 무궁무진한 진리를 알게 된다.

⑨ 10세격법이성문(十世隔法異成門). 과거·현재·미래의 각각에 3세(世)가 있어 9세가 되고, 이 9세는 한 생각에 지나지 않으므로 9세와 한 생각을 합하여 10세라고 한다. 따라서 한 생각이 한량없는 겁(劫)이고, 한량없는 겁이 한 생각이지만 10세는 또 각각 뚜렷이 구별된다.

⑩ 주반원명구덕문(主伴圓明具德門). 모든 현상은 서로서로 주체가 되고 객체가 되어 모든 덕을 원만히 갖추고 있다.

6상

법계연기의 여섯 가지 상태이다.

① 총상(總相). 여러 특성을 포함하고 있는 전체.
② 별상(別相). 전체를 구성하고 있는 각각의 특성.
③ 동상(同相). 여러 모습이 서로 어울려 이루어진 전체의 모습.
④ 이상(異相). 여러 모습이 서로 어울려 전체를 이루면서도 잃지 않고 있는 각각의 모습.
⑤ 성상(成相). 여러 역할이 모여 이루어진 전체의 역할.
⑥ 괴상(壞相). 여러 역할이 모여 전체를 이루면서도 유지되고 있는 각각의 역할.

예를 들어, 얼굴의 특성을 총상이라 한다면 눈·귀·코·입 등의 특성은 별상, 눈·귀·코·입 등이 서로 어울려 얼굴 모습을 하고 있는 것을 동상이라 할 수 있다. 또 눈·귀·코·입 등이 각각 다른 모습을 하고 있는 것은 이상, 눈·귀·코·입 등의 역할이 서로 의존하여 얼굴의 역할을 하고 있는 것을 성상이라 한다면 눈·귀·코·입 등이 각각 다른 역할을 하고 있는 것은 괴상이라 할 수 있다.

이 여섯 가지는 하나가 다른 다섯을 포함하면서도 여섯이 그 나름의 상태를 잃지 않고, 서로 걸림 없이 원만하게 융합되어 있다고 하여 '6상원융(六相圓融)'이라 한다.

정토

정토(淨土) 사상은 서방 극락정토에 태어나기 위한 아미타불(阿彌陀佛)의 가르침이다. 이 가르침에 해당하는 많은 경전 가운데 《무량수경》·《관무량수경》·《아미타경(阿彌陀經)》을 '정토3부경(淨土三部經)'이라 한다.

아미타(阿彌陀)는 Ⓢamitāyus Ⓢamitābha를 소리 나는 대로 적은 것이고, amitāyus는 무량수(無量壽), amitābha는 무량광(無量光)이라 번역한다.

> 그때 부처님이 장로 사리불에게 말씀하셨다.
> "여기에서 10만억 불국토를 지나 극락(極樂)이라는 세계가 있다. 그 국토에 부처님이 계시는데, 아미타불이라 하고 지금도 설법하고 계신다.
> 사리불아, 그 국토를 왜 극락이라 하는가?
> 그 나라의 중생들은 어떤 괴로움도 없고, 온갖 즐거움만 누리므로 극락이라 한다. (……)
> 사리불아, 너는 저 부처님을 왜 아미타불이라 부른다고 생각하느냐?

사리불아, 저 부처님은 광명이 한량없어 시방 세계를 모두 비춘다. 그래서 아미타불이라 한다.

또 사리불아, 저 부처님의 수명과 그 나라 사람들의 수명은 한량없고 끝없는 아승기겁(阿僧祇劫)이다. 그래서 아미타불이라 한다. (······)

사리불아, 선남자 선여인이 아미타불에 대한 말을 듣고 그 이름을 마음에 깊이 새겨 하루나 이틀, 혹은 사흘, 나흘, 닷새, 엿새, 이레 동안 흐트러지지 않고 한결같은 마음으로 생각하면, 그 사람의 수명이 다할 때 아미타불이 제자들과 함께 그 사람 앞에 나타나신다. 그 사람은 죽을 때에도 마음이 흔들리지 않고 바로 아미타불의 극락국토에 태어나게 된다."

〈阿彌陀經〉

아득한 옛날에 국왕이 출가해서 이름을 법장(法藏)이라 하고 세자재왕불(世自在王佛) 밑에서 수행하던 중 세자재왕불이 법장에게 210억 불국토를 보여주니, 법장은 자신도 불국토를 건설하기로 발심하고 세자재왕불 앞에서 중생을 구제하기 위해 마흔여덟 가지 서원을 세우고 오랜 수행 끝에 그것을 성취하여 아미타불이 되었다고 한다.

마흔여덟 가지 서원 가운데 가장 중요한 내용은 제18원과 제19원이다.

'제가 부처가 된다고 해도, 시방의 중생들이 지극한 마음으로 믿고 원해 저의 국토에 태어나려고 아미타불을 열 번 불러도 태어나지 못한다면, 저는 부처가 되지 않겠습니다. 다만 5역죄(逆罪)를 저지른 사람과 정법을 비방하는 사람은 제외하겠습니다.

제가 부처가 된다고 해도, 시방의 중생들이 깨달으려는 마음을 내어 온갖 공덕을 닦고 지극한 마음으로 발원해서 저의 국토에 태어나려 하고, 어떤 사람의 수명이 다할 때에 제가 대중에게 둘러싸여 그 사람 앞에 나타날 수 없다면, 저는 부처가 되지 않겠습니다.'

〈無量壽經 상권〉

극락정토에 태어나기를 원하는 사람들은 상배(上輩)·중배(中輩)·하배(下輩)로 나뉜다.

부처님이 아난에게 말씀하셨다.

"시방 세계의 여러 천신과 사람 중에서 지극한 마음으로 저 국토에 태어나려는 이들은 세 무리가 있다.

상배는 집을 버리고 욕심을 버리고 사문이 되어 깨달으려는 마음을 일으켜 한결같이 무량수불을 생각하고, 온갖 공덕을 닦아 저 국토에 태어나려는 이들이다.

이런 중생은 수명이 다할 때 무량수불이 대중과 함께 그의 앞에 나타나신다. 그는 곧바로 그 부처님을 따라 저 국토에 가서 7보(寶)로 된 연꽃 속에 저절로 태어난다. (……)

중배는 시방 세계의 여러 천신과 사람 중에서 지극한 마음으로 저 국토에 태어나기를 원하는데, 비록 사문이 되어 큰 공덕을 닦지는 못하지만 최상의 깨달음에 이르려는 마음을 내어 한결같이 무량수불을 생각하고, 약간이라도 착한 일을 행하고, 계율을 받들어 지키고, 탑을 세우고, 불상을 조성하고, 사문에게 공양하고, 향을 사르고는 이 공덕을 회향하여 저 국토에 태어나려는 이들이다. (……)

하배는 시방 세계의 여러 천신과 사람 중에서 지극한 마음으로 저 국토에 태어나려고 하는데, 갖가지 공덕을 짓지는 못하지만 최상의 깨달음에 이르려는 마음을 내고, 한결같이 생각을 가다듬어 열 번만이라도 무량수불을 생각하여 저 국토에 태어나려는 이들이다. 또 깊은 가르침을 듣고 환희하면서 믿어 의혹을 일으키지 않고 한번만이라도 그 부처님을 생각하여 지극히 정성스런 마음으로 저 국토에 태어나려는 이들이다.

이런 사람이 임종할 때에는 꿈에 그 부처님을 뵙고 왕생한다. 이들의 공덕과 지혜는 중배에 다음간다."

〈無量壽經 하권〉

그때 세존께서 위제희(韋提希)에게 말씀하셨다.

"저 국토에 태어나려는 이는 세 가지 복을 닦아야 한다. 하나는 부모에게 효도하고, 스승과 어른을 받들어 모시고, 자비로운 마음으로 살아 있는 목숨을 죽이지 않고, 10선업(善業)을 닦는 것이다. 둘은 3보(寶)에 귀의하고, 여러 가지 계율을 지키고, 규율에 맞는 몸가짐을 지니는 것이다. 셋은 깨달으려는 마음을 내어 인과(因果)를 깊이 믿고, 대승경전을 독송하고, 수행자에게 정진하기를 권하는 것이다. 이러한 세 가지를 청정한 업이라 한다."

〈觀無量壽經〉

제4장
—
선

선의 기원

옛날 세존이 영산회상(靈山會上)에서 꽃을 들어 대중에게 보이니, 모두 잠잠히 말이 없었으나 가섭(迦葉) 존자만이 빙긋 미소 지었다.

세존이 말했다.
"나에게 정법을 간직한 눈
열반에 든 묘한 마음
형상을 떠난 진실한 모습
미묘한 법문이 있다.
문자에 있지 않아서
교설 밖에 별도로
마하가섭에게 그것을 전한다."

〈無門關, 世尊拈花〉

선(禪)은 한 송이 꽃과 한 번의 미소 사이에서 비롯되었다.

여기서 세존이 꽃을 들었다는 '세존염화(世尊拈花)', 꽃을 드니 미소 지었다는 '염화미소(拈花微笑)', 대중에게 꽃을 들어 보인다는 '염화시중(拈花示衆)', 마음으로 마음을 전한다는 '이심전심(以心傳心)'이라는 말이 생겼다.

　가섭은 선의 시조이고, 28조 보리달마가 인도의 마지막 조사이다.

　선(禪)은 ⑤dhyāna ⑫jhāna를 소리 나는 대로 적은 것이고, 정(定)이라 번역한다. 마음을 고요히 가라앉히고 한곳에 집중한다는 뜻이다. 그러나 선종(禪宗)에서의 선은 분별심을 끊고, 자신이 본래 갖추고 있는 부처의 성품을 꿰뚫어보려는 수행을 뜻한다. 즉, 문자에 의존하지 않고, 오로지 좌선하여 자신이 본래 갖추고 있는 부처의 성품을 몸소 체득하여 깨달음에 이르려는 수행이다.

보리달마

달마는 6세기 초에 중국에 와서 선종 1조가 되었다. 그는 인도에서 바닷길로 광동성 광주(廣州)에 이르고, 남경(南京)에 가서 양(梁)의 무제(武帝)를 뵙고 문답한 후, 양자강을 건너 북위(北魏)의 숭산(崇山) 소림사(少林寺)에 가서 9년 동안 벽관(壁觀)했다고 한다. 이 벽관은 번뇌가 들어오지 못하도록 마음을 집중시켜 벽과 같이한다는 뜻이다.

　달마는 벽관으로 사람들에게 안심(安心)을 가르쳤다. 밖으로 온갖 인연을 쉬고 안으로 헐떡임이 없어서 마음이 장벽 같아야 비로소 도(道)에 들 수 있다.

〈禪源諸詮集都序, 上2〉

　안심이란 벽관이다.

〈敦煌本 二入四行論〉

안심(安心)이란 마음을 집중함으로써 번뇌가 들어오지 못하도록 장벽같이 하여, 온갖 인연과 망상을 쉬고 몸과 마음을 탈락시켜 자신의 청정한 본성으로 돌아간 상태이다.

달마가 전한 선법(禪法)의 요점은 '2입(入)4행(行)'이다. 2입은 도에 이르는 방법을 이입(理入)과 행입(行入)으로 나눈 것이고, 4행은 행입을 다시 네 가지로 나눈 것이다.

> 도에 들어가는 길은 많으나 요약해서 말하면 두 가지에 지나지 않는다. 하나는 이입이고, 둘은 행입이다.
>
> 이입이란 경전에 의거해서 불교의 근본 요지를 깨닫는 것이다. 모든 중생이 똑같이 청정한 성품을 지니고 있으나 번뇌와 망상에 덮여서 드러나지 못한다는 것을 깊이 믿고서, 망상을 버리고 청정한 성품으로 돌아가 집중하여 벽관하면 나도 없고 남도 없어 범부와 성인이 평등하다. 여기에 굳건히 머물러 흔들리지 않으면 다시는 문자나 교리에 이끌리지 않는다. 이것이 바로 이치에 그윽이 부합해서 분별이 없고 고요하여, 있는 그대로의 참모습이기 때문에 이입이라 한다.
>
> 행입이란 네 가지 행을 말하니, 그 밖의 모든 행은 다 여기에 포함된다. 무엇이 네 가지인가?
>
> 하나는 보원행(報冤行)이고, 둘은 수연행(隨緣行), 셋은 무소구행(無所求行), 넷은 칭법행(稱法行)이다.
>
> 〈景德傳燈錄 제30권, 菩提達摩略辨大乘入道四行〉

① 보원행은 수행자가 고통을 당할 때는 과거에 자신이 저지른 행위의 과보라고 생각하여 남을 원망하지 않는 수행이고, ② 수연행은 즐

거움이나 괴로움은 인연 따라 일어나고 소멸하므로 거기에 동요하지 않고 순응하는 수행, ③ 무소구행은 밖에서 구하는 것을 그치고, 탐욕과 집착을 버리는 수행, ④ 칭법행은 자신의 성품이 본래 청정하다는 공(空)의 입장에서, 공의 실천에 적합한 6바라밀을 닦는 수행이다. 칭(稱)은 '적합하다'는 뜻이다.

능가종

혜가가 달마대사를 밤낮으로 섬겼으나 대사는 면벽만 할 뿐 아무런 가르침도 주지 않았다. 눈 오는 어느 날 밤, 혜가가 대사의 거처 앞에 꼼짝 않고 서 있으니 새벽녘에는 눈이 무릎까지 쌓였다.

대사가 물었다.

"오랫동안 눈 속에 서서 무엇을 구하는가?"

"화상께서는 자비로 가르침을 베푸셔서 중생들을 제도해주십시오."

"부처님의 도는 오랜 겁을 정진해서 행하기 어려운 일을 행하고 참기 어려운 일을 참아야 하거늘, 어찌 작은 공덕과 작은 지혜와 경솔한 마음과 교만한 마음으로 가르침을 바라는가. 헛수고일 뿐이다."

이에 혜가가 칼을 뽑아 자신의 왼쪽 팔을 잘라 대사 앞에 놓았다.

혜가가 말했다.

"제 마음이 편하지 않습니다. 부디 대사께서 편하게 해주십시오."

"마음을 가지고 오너라. 그러면 편하게 해주마."

"마음을 찾아보았으나 끝내 찾을 수가 없습니다."

"이미 너의 마음을 편안하게 했느니라."

<景德傳燈錄 제3권, 菩提達摩章>

마음을 찾는 일 그 자체가 헛고생이었다. 혜가(慧可, 487~593)는 마음이 너무나 불안하고 괴로워서 마음에 질려버렸다. 그래서 내려놓았다. 2분으로 분별하는 마음이 녹아버리니, 모든 경계가 사라졌다. 그래서 그저 편안했다. 비로소 혜가는 안심했다.

능가종(楞伽宗)은 달마가 2조 혜가에게 전한 선법으로, 《4권 능가경》이 근본 경전이다. 이 경의 요점은 세존께서 한 자(字)도 설하지 않았으니, 문자에 집착하지 말고 유심을 체득하여 자내증(自內證)하라는 가르침이다. 자내증이란 자신이 직접 체득한 내면의 깨달음으로, 언어로 표현할 수 없는 직접 체험 그 자체이다.

'한 자도 설하지 않았다'는 것은, 석가세존이 직접 체득한 깨달음은 언어로 표현할 수 없다는 뜻이다. 그래서 자내증은 언어와 분별을 떠나 자신이 직접 증득할 수밖에 없고, 경전의 언어는 그것을 가리키는 나침반에 불과한 것이다.

이러한 내용은 세존이 가섭에게 문자에 의존하지 않고 마음으로 마음을 전한 것과 다르지 않고, 달마도 번뇌가 들어오지 못하도록 마음을 장벽같이 하여 움직이지 않으면 다시는 문자나 교리에 이끌리지 않는다고 했다.

그래서 달마를 초조로 하는 선종에서는 문자에 있지 않아서[不立文字] 교설을 떠나 따로 전하니[教外別傳], 인간의 마음을 곧바로 가리켜[直指人心] 그 성품을 보고 깨달음을 이룬다[見性成佛]는 것을 근본 취지로 한다.

"어리석은 사람은 손가락으로 달을 가리키면 달을 보지 않고 손가락을 보는 것과 같이, 문자에 집착하는 자는 나의 진실을 보지 못한다."

〈楞伽阿跋多羅寶經 제4권〉

동산법문

승찬선사(僧璨禪師)는 혜가선사(慧可禪師)의 후계자다. 그는 사공산(思空山)에 은거해서 그지없이 좌선에만 전념할 뿐, 글도 쓰지 않고 불법도 설하지 않았다. 다만 도신(道信)이라는 수행자만이 승찬선사를 사사(師事)하기 12년 만에, 한 그릇의 물을 다른 그릇에 옮겨 붓듯이, 한 등(燈)의 불을 다른 등으로 옮겨 붙이듯이 법을 남김없이 전해 받았다.

〈楞伽師資記, 僧璨章〉

　선종의 3조는 승찬(僧璨, ?~606)이다. 그의 전기와 선법에 대해서는 알 수 없다. 《신심명(信心銘)》의 저자라고 전하지만, 이것은 후대의 어떤 작자가 그의 이름을 빌린 것이라는 게 정설이다.

　승찬은 도신(道信, 580~651)에게 그의 법을 전했다.

　동산법문(東山法門)이란 4조 도신과 5조 홍인(弘忍, 601~674)의 선법을 말한다. 동산(東山)은 도신이 머물렀던 호북성 쌍봉산(雙峰山)의 동쪽에 있는 풍무산(馮茂山)을 말한다. 도신이 입적한 후, 홍인은 이곳으로 옮겨 그의 선법을 선양했기 때문에 동산법문이라 한다.

> 홍인은 도신의 후계자다. 홍인이 전한 미묘한 법을 그때 사람들이 동산의 청정한 법문이라 했다. 또 장안과 낙양의 사람들이 "동산에는 도를 이룬 사람들이 많다"고 찬탄했기 때문에 동산법문이라 했다.

〈楞伽師資記, 弘忍章〉

도신의 선법은 좌선하여 만물의 근원에 마음을 집중하는 일행삼매(一行三昧)와 한 물건을 응시하면서 마음을 가다듬어 움직이지 않는 수일불이(守一不移)로 요약할 수 있고, 홍인의 선법은 자신이 본래부터 갖추고 있는 청정한 성품을 확인하여 잘 지키는 수심(守心)에 있다.

> 내가 설하는 요점은 《능가경》에서 '모든 부처는 마음을 근본으로 한다'는 가르침과 《문수설반야경(文殊說般若經)》의 일행삼매에 근거한다. 염불하는 마음이 부처요, 망념이 범부다. 《문수설반야경》에 다음과 같이 설한다.
> 문수가 물었다.
> "세존이시여, 어떤 것을 일행삼매라고 합니까."
> "만물의 근원은 하나이다. 그 근원에 마음을 집중하는 것을 일행삼매라고 한다.
> 일행삼매에 들어가려면 한적한 곳에서 마음의 산란을 떨쳐버리고 대상의 모습에 사로잡히지 말고, 마음을 한 부처님에게 집중해서 오로지 그 이름을 불러야 한다. 그것을 계속하면 과거·현재·미래의 부처님을 볼 수 있다."

〈楞伽師資記, 道信章〉

도신은 수일불이를 구체적으로 설했다.

> 수일불이란 훤하고 깨끗한 눈으로 한 물건을 응시하면서 밤낮으로 마음
> 을 가다듬어 항상 움직이지 않는 것이다.
> 그 마음이 흩어지려 할 때는 곧바로 가다듬기를, 마치 끈으로 새의 발을
> 묶어놓고 새가 날아가려 하면 끈을 당기듯이 해서 온종일 지켜보기를
> 그치지 않는다면, 모든 것이 사라져 저절로 마음이 안정될 것이다.
>
> 〈楞伽師資記, 道信章〉

이러한 내용은 달마가 설한 안심의 가르침과 다르지 않고, 달마의
벽관을 수일불이로 표현한 것이라고 할 수 있다.

> 가르침의 바다는 한량없지만 그것을 행하는 것은 한마디 말에 있다. 뜻
> 을 얻었으면 말을 잊어야 하니, 한마디 말도 또한 필요 없다.
> 이와 같이 분명하게 체득한다면, 부처의 마음을 얻었다고 할 수 있다.
>
> 〈楞伽師資記, 道信章〉

'한마디 말'이란 수일불이를 가리키고, '한마디 말도 필요 없다'는 것
은 수일불이도 결국 안심을 위한 방편이라는 뜻이다. 왜냐하면 안심이
란 2분법으로 분별하는 마음이 사라져 자신의 청정한 본성으로 돌아
간 상태인데, 말이 곧 분별이기 때문이다. 결국 말은 다 방편일 수밖에
없다.

홍인이 동산에서 설법할 때, 무려 1천여 명의 대중이 운집했다고
한다.

십여 년 동안 그의 가르침을 받은 사람이 전국의 8~9할에 이를 정도였다. 중국의 선사들이 가르침을 편 이래로 이렇게 번창한 적은 없었다.

그는 사람을 가르칠 때 방법을 미리 생각하지 않고 상대의 움직임을 적절히 관찰해서 메아리치듯 했고, 침묵 속에서 조용히 교화했다.

〈傳法寶紀, 弘忍章〉

그의 저술인 《최상승론(最上乘論)》의 요점은 자신이 갖추고 있는 청정한 성품을 확인하여 굳게 지키는 수심이다.

수심은 열반의 근본이고, 도에 들어가는 요긴한 문이다. 모든 경의 본질이고, 모든 부처의 근원이다.

〈最上乘論〉

홍인은 수심의 구체적인 수행법을 다음과 같이 설했다.

처음 좌선하는 사람은 《관무량수경》에 의지하는 것이 좋다. 먼저 단정히 앉아서 심신을 바르게 하고, 눈을 감고 입을 다물고, 마음을 좌선하는 앞쪽에 집중해서 일정한 거리를 정해놓고 태양을 생각한다. 자신의 진실한 마음을 지켜 잡념을 일으키지 말고, 호흡을 잘 조절해야 한다.

〈最上乘論〉

'태양을 생각한다'는 것은 《관무량수경》에서 설하는 일상관(日想觀)으로, 지는 해를 보고 서쪽에 있는 극락정토와 아미타불을 마음속으로 그리는 수행법이다.

홍인은 다음과 같이 결론지었다.

> 본심(本心)이 바로 부처임을 너희들이 스스로 알게 되기를 바란다. 수많은
> 경론의 가르침은 본래 청정한 마음을 지키는 데 지나지 않는다. 이것이
> 요점이다.
>
> 〈最上乘論〉

도신과 홍인에 의해 전개된 동산법문은 북종선(北宗禪)의 근간을 이루
게 된다.

북종선

북종이라는 명칭은 혜능(慧能, 638~713)의 제자 하택 신회(荷澤神會, 684~758)가 선종의 전통을 문제 삼아 달마(達摩)의 직계는 혜능이고, 북종의 신수(神秀, ?~706)는 거기서 갈라져 나온 계통이라고 한 데서 비롯되었다. 그러나 홍인의 선법을 동산법문이라 한 것은 북쪽 계통의 사람들이었고, 그들 스스로 북종이라 한 적은 없다. 다음은 신수가 측천무후(則天武后)의 부름을 받고 입궐하여 나눈 대화이다.

측천대성(則天大聖) 황후가 신수선사에게 물었다.
"누구의 법을 이어받았소?"
"동산법문을 이어받았습니다."
"무슨 경전에 의거하오?"
"《문수설반야경》의 일행삼매에 의거합니다."
"수도(修道)에 관한 한, 동산법문을 능가할 것은 없을 것이오."

〈楞伽師資記, 神秀章〉

신회 이후, 일반적으로 신수 문하를 북종(北宗)이라 하고, 혜능 문하를 남종(南宗)이라 한다. 신수와 북종선의 선법은 〈관심론(觀心論)〉과 《대승무생방편문(大乘無生方便門)》에 잘 나타나 있다.

어떤 사람이 불도(佛道)를 구할 때, 어떤 수행이 가장 중요한가?

오직 마음을 관조하는 그 하나의 법이 일체를 포섭하므로 가장 중요하다.

〈少室六門, 第二門 觀心論(破相論)〉

〈관심론〉을 〈파상론〉이라고도 하는데, 예로부터 달마의 저술로 알려져 왔으나 달마의 것이 아니라 신수의 저술이다(觀心論 大通神秀作 〈一切經音義 제100권〉).

관심(觀心)은 자신의 마음을 관조하는 수행법인데, 신수는 관심으로 자신의 청정한 본래 성품을 자각하면 해탈에 이른다고 했다.

이 관심의 구체적인 수행법을 신수는 다음과 같이 제시했다.

모든 중생은 3독과 6적(賊) 때문에 갖가지 괴로움을 받는다. 이것은 마치 옹달샘의 물이 흘러 바다를 이루는 것과 같다.

해탈을 구하는 자는 3독을 전환시켜 삼취정계로 하고, 6적을 전환시켜 6바라밀로 하면 모든 괴로움에서 벗어날 수 있다.

〈少室六門, 第二門 觀心論(破相論)〉

여기서 6적은 안(眼)·이(耳)·비(鼻)·설(舌)·신(身)·의(意)의 6근을 말한다. 이 6근은 번뇌를 일으키는 근원이어서 청정한 마음을 해치므로 도둑에 비유한 것이다.

삼취정계는 보살이 받아 지녀야 할 세 가지 계율로, 대승의 계율을 총괄한다.

① 섭율의계. 악을 방지하기 위해 제정한 것으로, 비구의 250계와 비구니의 348계를 중심으로 한 모든 금지 조항으로 흔히 '하지 마라'고 하는 계율이다.

② 섭선법계. 모든 선(善)을 행한다는 적극적인 의미의 계율이다. 보살이 계를 받은 다음 선을 쌓아가는 것을 말한다.

③ 섭중생계. 선을 쌓아가면서 중생에게 이익을 베푸는 행이다.

이와 같이 신수는 대승의 계율에 의거해서 자신의 성품이 본래 청정하다는 것을 자각케 했고, 또 3독은 따로 있는 게 아니라 청정한 마음의 다른 측면이라 했다. 그는 〈관심론〉을 다음과 같이 결론지었다.

> 다만 마음을 안으로 응시해서 깨달아 밝게 되면 3독은 다 끊어지고, 6적의 문을 닫아 흔들리지 않으면 자연히 수많은 공덕과 갖가지 장엄과 한량없는 법문을 하나하나 성취하게 된다.
>
> 범부의 경지를 떠나 성자의 경지를 깨닫는 것은 눈앞에서 직접 보는 것이지 멀리 있는 게 아니다. 깨달음은 순식간에 있는 것이니 어찌 머리를 어지럽히랴. 진실한 법문은 깊고 미묘하다. 그러므로 어떻게 다 말할 수 있겠는가.
>
> 간단히 관심을 설하여 그 일부를 밝히는 바이다.
>
> 〈少室六門, 第二門 觀心論(破相論)〉

다음, 《대승무생방편문(大乘無生方便門)》은 북종선의 요점을 다섯 가지 대승경론(大乘經論)에 의거해서 체계화한 저술이다.

제1 방편문에서는 《기신론》에 의거해서 깨달음의 본질은 생각을 떠나는 것[離念]이라 했고, 제4 방편문에서는 《사익경》에 의거해서 모든 현상의 본질을 밝히고 있다. 즉, 마음이 일어나지 않으면[心不起] 항상 청정하니, 이것이 모든 현상의 성품이라 했다.

'생각을 떠나고[離念]', '마음이 일어나지 않는다[心不起]'는 두 구절은 북종선의 핵심이라 할 수 있다.

남종선

신회가 혜능의 문하를 달마의 직계라고 주장한 이후, 거기에 동조하는 수행승들이 많이 나타나 혜능의 문하, 즉 남종은 크게 번창하여 혜능이 선종 제6조가 되었다.

혜능의 전기와 법문은 그의 제자 법해(法海)가 엮은 《육조단경》에 잘 나타나 있다.

> 혜능대사가 대범사(大梵寺) 강당의 높은 자리에 올라 마하반야바라밀법을 설하고 무상계(無相戒)를 줄 때, 그 자리 아래에 1만여 명의 대중이 있었다.
>
> 〈敦煌本 六祖壇經〉

혜능대사가 말했다.

"선지식들아, 나의 법문은 예로부터 모두 무념(無念)을 주된 요지로 하고, 무상을 본질로 하며, 무주(無住)를 근본으로 한다.

어떤 것을 무상이라 하는가?

무상이란 차별 속에 있으면서 차별을 떠난 것이다.

무념이란 생각 속에 있으면서 생각하지 않는 것이다.

무주란 사람의 본성이 찰나마다 얽매이지 않는 것이다."

〈敦煌本 六祖壇經〉

　무념이란 아무런 생각이 없다는 뜻이 아니라 생각을 떠나지 않으면서 그 생각에 얽매이지 않고, 물들지 않고, 집착하지 않는다는 뜻이다. 그래서 '생각 속에 있으면서 생각하지 않는다'고 했다. 이 무념이 지혜의 완성, 곧 반야바라밀(般若波羅蜜)이다. 생각을 일으켜 보거나 듣거나 느끼거나 알더라도 그것에 오염되지 않아 항상 자유롭고, 대립하는 2분법이 모조리 사라져 생각이 더 이상 갈 곳이 없는 게 무념이다.

　무상에서 상(相)은 '차별'이라는 뜻이다. '차별 속에 있으면서 차별을 떠난다'는 것은 대립과 차별 속에 있으면서도 어느 쪽에도 얽매이지 않고, 물들지 않고, 집착하지 않는다는 뜻이다.

　온갖 차별 현상에 얽매이지 않는 것이 무주다. 모든 찰나에 대상이 이어지지만 대상과 단절하지도 않고 얽매이지도 않고 속박되지도 않는 것이다.

　　찰나마다 어떤 생각이 일어나도 그 어디에도 얽매이지 않는다. 한 찰나라도 얽매이게 되면 모든 찰나에 얽매이게 되니, 이것을 속박이라 한다. 모든 것에서 어떤 찰나에도 얽매이지 않으면 속박이 없으니, 그래서 무주를 근본으로 삼는다.

〈敦煌本 六祖壇經〉

선종에서 《금강경(金剛經)》의 '어디에도 얽매이지 않고 그 마음을 내야 한다[應無所住而生其心]'는 구절이 자주 인용되는 것은 혜능의 법문에 기인한다. 그래서 달마가 혜가에게 《4권 능가경》을 전한 이래로, 이 경이 선종의 근본 경전으로 이어져오다가 혜능 이후에는 《금강경》이 근본 경전으로 되었다.

'어디에도 얽매이지 않고 그 마음을 내야 한다'는 마음을 일으키되 형상·소리·냄새·맛·감촉·의식 내용에 얽매이지 않고, 남에게 베풀되 베푼다는 생각을 갖지 않고, 남에게 가르쳐주되 가르쳐준다는 생각을 갖지 않는다는 뜻이다.

> 무엇을 좌선이라 하는가?
> 이 법문에는 막힘도 없고 걸림도 없다. 밖으로는 온갖 경계에 있어도 망상이 일어나지 않는 것을 좌(坐)라 하고, 안으로 자신의 흔들리지 않는 본성을 보는 것을 선(禪)이라 한다.
>
> 〈敦煌本 六祖壇經〉

'흔들리지 않는 본성을 본다'는 것은 견성(見性)을 말한다. 혜능은 좌선을 중시했던 이전의 선법에서 나아가 온갖 경계에 물들지 않아 자신의 청정한 성품이 항상 자재하고, 마음을 일으켜 대상 속에서 움직여도 그것에 속박되지 않고, 가거나 머물거나 앉거나 눕거나 항상 곧은 마음[直心]이 드러나는 것을 선이라 했다.

남종선(南宗禪)의 핵심은 자신의 청정한 성품을 단박에 꿰뚫어보아 깨닫는 돈오견성(頓悟見性)이다.

모든 것이 다 자신의 마음속에 있거늘 어찌 그곳에서 진여(眞如)의 본성을 단박에 보지 못하는가.

〈敦煌本 六祖壇經〉

나는 홍인화상의 처소에서 한 번 듣고 그 말끝에 크게 깨쳐 진여의 본성을 단박에 보았다. 그래서 이 교법을 후대에 널리 퍼뜨려 도를 배우는 이에게 각자 마음을 관조해서 자신의 본성을 단박에 깨치게 했다.

〈敦煌本 六祖壇經〉

일반적으로 남돈북점(南頓北漸)이라 하여, 신수의 북종은 점점 깨쳐 나가는 점오(漸悟), 혜능의 남종은 단박에 깨치는 돈오(頓悟)라고 한다.

혜능은 반야바라밀의 실천과 더불어 무상계(無相戒)를 설하고 있는데, 이 무상계는 무념·무상·무주에 의거해서 형식적인 장엄이나 의례를 배척하고, 자신의 청정한 성품에 귀의하는 것이다.

모두 자신의 몸으로 무상계를 받도록 하라. 모두 나를 따라 말하라. 자신의 3신불(三身佛)을 보게 하리라.

"내 육신의 청정한 법신불(法身佛)에 귀의하고,

내 육신의 천백억 화신불(化身佛)에 귀의하고,

내 육신의 원만한 보신불(報身佛)에 귀의합니다"라고 하라.

(이상 세 번 반복함)

육신은 집과 같다. 3신(身)으로 돌아간다고 말할 수 없는 까닭은 그것이 자신의 성품 속에 있기 때문이다. 누구에게나 다 있으나 어리석어 보지 못하고 밖에서 3신을 찾는다. 그래서 자신의 육신 속에 있는 3신불을 보지 못한다.

〈敦煌本 六祖壇經〉

자신의 육신 속에 있는 청정한 법신(法身)에 따라 생각하는 작용이
화신(化身)이고, 생각마다 선하면 보신(報身)이다. 이 도리를 스스로 깨닫
고 스스로 닦는 게 귀의이다.

선종 계보도

1조 보리달마 菩提達摩 ?~?

2조 혜가 慧可 487~593

3조 승찬 僧璨 ?~606

4조 도신 道信 580~651

5조 홍인 弘忍 601~674

6조 혜능 慧能 638~713

대통 신수 大通神秀 ?~706

청원 행사 靑原行思 ?~740

남악 회향 南嶽懷讓 677~744

하택 신회 荷澤神會 684~758

석두 희천 石頭希遷 700~790

마조 도일 馬祖道一 709~788

천황 도오 天皇道悟 748~807

약산 유엄 藥山惟儼 745~828

백장 회해 百丈懷海 749~814

남전 보원 南泉普願 748~834

용담 숭신 龍潭崇信 ?~?

운암 담성 雲巖曇晟 782~841

위산 영우 潙山靈祐 771~853

황벽 희운 黃蘗希運 ?~?

덕산 선감 德山宣鑑 780~865

동산 양개 洞山良价 807~869

양산 혜적 仰山慧寂 807~883

임제 의현 臨濟義玄 ?~867

조주 종심 趙州從諗 778~897

설봉 의존 雪峰義存 822~908

조산 본적 曹山本寂 840~901

운거 도응 雲居道膺 ?~902

운문 문언 雲門文偃 864~949

현사 사비 玄沙師備 835~908

석상 초원 石霜楚圓 807~888

나한 계침 羅漢桂琛 867~928

법안 문익 法眼文益 885~958

양기 방회 楊岐方會 992~1049

황룡 혜남 黃龍慧南 1002~1069

천태 덕소 天台德韶 891~972

투자 의청 投子義靑 1032~1083

오조 법연 五祖法演 ?~1104

설두 중현 雪竇重顯 980~1052

영명 연수 永明延壽 904~975

단하 자순 丹霞子淳 1064~1117

원오 극근 圓悟克勤 1063~1135

진헐 청료 眞歇淸了 1088~1151

굉지 정각 宏智正覺 1091~1157

대혜 종고 大慧宗杲 1089~1163

조사선

보리달마에서 비롯된 선종은 능가종과 동산법문, 북종선과 남종선의 시대를 거쳐 강서(江西)의 마조 도일(馬祖道一, 709~788) 문하에서 뛰어난 선승(禪僧)들이 많이 배출되어 그 지방을 중심으로 조사선(祖師禪)이 전개되었다.

마조.도일은 사천성 한주(漢州) 출신으로, 성(姓)이 마(馬)이므로 마조(馬祖)라 불린다. 고향의 나한사(羅漢寺)에 출가하고 혜능의 제자인 남악 회양(南嶽懷讓, 677~744)의 법을 이었다. 769년부터 강서성 홍주(洪州) 개원사(開元寺)에 머물면서 크게 선풍을 일으켰는데, 그의 문하에 1천여 명의 수행승들이 운집했다고 한다.

조사선은 일상 속에서 선을 실천하는, 평범하면서도 소탈한 시골풍의 불교이다. 그래서 선문답(禪問答)에 평범한 말이나 농작물의 이름이 많이 나온다.

강서의 주인은 마조, 호남의 주인은 석두(石頭), 서로 왕래가 끊이지 않았다.

그 당시 두 대사(大士)를 찾아뵙지 못한 자를 무지한 사람이라 했다.

〈宋高僧傳 제9권, 石頭希遷章〉

조사선의 핵심은 평상심이 도(道)라는 '평상심시도(平常心是道)'와 마음이 곧 부처라는 '즉심시불(卽心是佛)'이라 할 수 있다.

마조가 말했다.

"도는 수행을 필요로 하지 않는다. 다만 오염시키지만 마라.

무엇을 오염이라 하는가?

나고 죽는 마음을 일으켜 꾸며대고 취향을 갖는 것은 모두 오염이다. 곧바로 말하면 평상심이 도이다.

평상심이란 꾸밈도 없고, 옳음과 그름도 없고, 취함과 버림도 없고, 연속과 단절도 없고, 천함과 성스러움도 없는 것이다.

다만 지금 가고 머물고 앉고 눕는 행위가 다 도이다.

〈景德傳燈錄 제28권, 馬祖道一章〉

학인이 대주(大珠)에게 물었다.

"어떤 것이 수행입니까?"

"다만 자신의 성품을 오염시키지만 마라. 이것이 수행이다."

〈景德傳燈錄 제28권, 大珠慧悔章〉

위의 인용문은 조사선의 선법을 잘 드러낸 법문이다.

2분의 분별을 일으켜 뭔가를 꾸며대고, 어딘가에 마음이 쏠리는 그 자체가 모두 오염이다. 평상심은 그 분별이 끊겨 꾸밈도 없고, 옳음과 그름도 없고, 취함과 버림도 없고, 연속과 단절도 없고, 속됨과 성스러움도 없는 상태이다. 걸을 때는 걷기만 하고, 머물 때는 그냥 머물기만 하고, 앉을 때는 앉기만 하고, 누울 때는 눕기만 하는 게 평상심이다.

밥 먹을 땐 밥만 먹는 게 평상심이다. 허나 범부들은 밥 먹을 때 밥만 먹는 게 아니라 천만 가지 생각을 하고, 걸을 때도 앉아 있을 때도 온갖 생각들이 허공을 떠돈다. 몸은 '지금 여기'에 있는데, 생각은 '여기'를 떠나 안 가는 곳이 없다.

'지금 하고 있는 이것', 이게 전부다. 그 외는 모두 오염이다.

이러한 일상의 마음이 곧 부처라고 마조는 단적으로 표현하고, 그 근원을 달마의 일심(一心)에 두었다.

> 마조가 대중에게 말했다.
>
> "너희들 각자의 마음이 부처임을 확신하라. 이 마음이 곧 부처의 마음이다.
>
> 달마대사께서 인도에서 중국으로 오셔서 최상의 가르침인 일심을 전하여 너희들을 깨닫게 하셨고, 또 《능가경》을 인용해서 중생의 마음 바탕을 보이신 것은 너희들이 잘못되어 스스로를 믿지 않을까 봐 염려하셨기 때문이다."
>
> 〈景德傳燈錄 제6권, 馬祖道一章〉

> 어떤 학인이 마조에게 물었다.
>
> "화상께서는 어찌하여 마음이 곧 부처[卽心卽佛]라고 합니까?"
>
> "아기의 울음을 그치기 위해서다."

"울음을 그친 뒤에는 어떻게 합니까?"

"마음도 아니고 부처도 아니다[非心非佛]."

"이 두 가지를 제외한 사람이 오면 어떻게 합니까?"

"그에게는 그 무엇도 아니라[不是物]고 말하겠다."

〈景德傳燈錄 제6권, 馬祖道一章〉

마조의 이 법문에 대해 남전 보원(南泉普願, 748~834)은 다음과 같이 말했다.

"강서의 화상은 '마음이 곧 부처'라고 했지만, 이건 일시적인 방편이다. 이것은 바깥에서 도를 구하는 병을 치료하기 위한 것이고, 노란 나뭇잎으로 아기의 울음을 그치게 하는 것과 같다. 그래서 '마음도 아니고, 부처도 아니고, 그 무엇도 아니다'라고 했다."

〈祖堂集 제16권, 南泉章〉

'노란 나뭇잎으로 아기의 울음을 그치게 한다'는 구절은 《열반경》에 나오는 말이다.

아기가 울 때 어머니가 버드나무의 노란 나뭇잎을 주면서 달래기를 "아가야 울지 마라. 금을 줄 테니 울지 마라"하니 아기는 진짜 금인 줄 알고 울음을 그쳤다.

〈涅槃經 제20권, 梵行品〉

부처를 밖에서 찾는 이에게는 '마음이 곧 부처다[卽心是佛]', 여기에 집착하는 이에게는 '마음도 아니고 부처도 아니다[非心非佛]', 울음을 그친 아기에게는 노란 나뭇잎이 필요 없듯이, 마음과 부처를 말할 필요가 없는 이에게는 '그 무엇도 아니다[不是物]'이다.

지붕에 오르려면 사다리가 필요하고, 개울을 건너려면 징검다리를 디뎌야 하지만, 사다리와 징검다리에 집착해서 그것을 이리저리 궁리하느라 사다리에서 떨어지고 개울에 빠지지는 않을까, 마조는 그것을 염려했다. 언어의 덫에 걸려.

어떤 학인이 대매 법상(大梅法常)에게 물었다.

"화상께서는 마조대사를 뵙고 무엇을 얻었기에 이 산에 삽니까?"

"대사께서 '마음이 곧 부처[卽心是佛]'라고 하셨기에 여기 와서 삽니다."

"대사의 요즘 불법은 다릅니다."

"어떻게 다르오?"

"요즘은 '마음도 아니고 부처도 아니다'라고 합니다."

"그 늙은이가 사람을 혼란시키기를 그치지 않는구나. 마음도 아니고 부처도 아니라고 해도, 나는 오로지 마음이 부처요[卽心卽佛]."

이 얘기를 마조가 전해 듣고 말했다.

"매실이 멋지게 익었구나."

〈景德傳燈錄 제7권, 大梅法常章〉

5가7종

당(唐) 무종(武宗)은 840년에 즉위하여 불교를 탄압하는 정책을 단행했는데, 약 4만 6천 곳의 사찰을 파괴하고, 약 30만 명의 승려 가운데 26만여 명을 강제로 환속했다고 한다.

무종이 죽은 846년 이후, 선종의 세력이 회복되는 과정에서 분열 또한 가속화되어 불과 수십 년 사이에 석두와 마조의 문하에서 위앙종(潙仰宗)·임제종(臨濟宗)·조동종(曹洞宗)·운문종(雲門宗)·법안종(法眼宗)의 5가(家)가 생기고, 송(宋)에 이르러 임제종에서 양기파(楊岐派)·황룡파(黃龍派)가 갈라져 나와 7종(宗)을 이루었다. 이들의 계보는 168쪽과 같다.

이들의 근본 취지는 별 차이가 없고, 제자들을 지도하는 방법에서 다른 가풍을 형성했을 뿐이다. 이들에 대해 원(元)의 중봉 명본(中峰明本, 1263~1323)은 다음과 같이 서술했다.

달마는 도(道)만 전했을 뿐이니, 무엇으로 5가로 나눌 수 있겠는가.
이른바 5가란 사람을 가리키는 것이지, 도가 다섯 가지라는 뜻은 아니다.

5가7종 계보도

6조 혜능六祖慧能
638~713

청원 행사青原行思
?~740

남악 회향南嶽懷讓
677~744

석두 희천石頭希遷
700~790

마조 도일馬祖道一
709~788

천황 도오天皇道悟
748~807

약산 유엄藥山惟儼
745~828

백장 회해百丈懷海
749~814

남전 보원南泉普願
748~834

용담 숭신龍潭崇信
?~?

운암 담성雲巖曇晟
782~841

위산 영우潙山靈祐
771~853

황벽 희운黃蘗希運
?~?

덕산 선감德山宣鑑
780~865

동산 양개洞山良价
807~869

앙산 혜적仰山慧寂
807~883

임제 의현臨濟義玄
?~867

조주 종심趙州從諗
778~897

설봉 의존雪峰義存
822~908

조산 본적曹山本寂
840~901

운문 문언雲門文偃
864~949

현사 사비玄沙師備
835~908

석상 초원石霜楚圓
807~888

나한 계침羅漢桂琛
867~928

법안 문익法眼文益
885~958

양기 방회楊岐方會
992~1049

황룡 혜남黃龍慧南
1002~1069

운문종
雲門宗

법안종
法眼宗

위앙종
潙仰宗

임제종
臨濟宗

조동종
曹洞宗

양기파
楊岐派

황룡파
黃龍派

그러나 그들의 지엽적인 가풍은 조금 다르다. 위앙종은 근엄, 임제종은
통쾌, 조동종은 세밀, 운문종은 고고(高古), 법안종은 간단명료하고 할 수
있다.

〈中峰廣錄 제11권〉

위앙종

위산 영우(潙山靈祐, 771~853)와 그의 제자 앙산 혜적(仰山慧寂, 807~883)에 의
해 비롯된 종파이다.

위산은 복건성 복주(福州) 출신으로 15세에 출가하여 백장 회해(百丈懷
海, 749~814)의 법을 이었고, 호남성 담주(潭州) 대위산(大潙山)에서 선풍을 일
으켰다.

앙산은 광동성 소주(韶州) 출신으로 17세에 출가하여 위산의 법을 이
었고, 강서성 앙산(仰山)에 머물렀다.

어느 날 백장(百丈)이 위산에게 말했다.

"화로에 불씨가 있는지 헤쳐보았는가?"

헤쳐보고서 말했다.

"불씨가 없습니다."

백장이 몸소 일어나 화로 속을 샅샅이 뒤져 작은 불씨 하나를 꺼내들었다.

"이게 불씨가 아니고 무엇이냐."

위산이 깨닫고서 절을 한 뒤에 자신의 견해를 펴니, 백장이 말했다.

"그것은 잠시 나타난 갈림길일 뿐이다. 경(經)에 이르기를 '불성(佛性)을 보

려거든 시절 인연을 관찰해야 한다'고 했다. 시절이 이르면, 잊었다가 갑자기 생각난 듯하여 본래 자기의 물건이지 남에게서 얻은 것이 아님을 알게 된다."

〈景德傳燈錄 제9권, 潙山靈祐章〉

불씨는 자신에게 감추어져 있는 불성을 뜻한다. 이 불성은 애타게 구할 게 아니라 인연이 되면 볼 수 있다고 했다. 즉, 무심해야 된다는 것이다.

아래의 글은 위앙종의 종풍을 드러낸 법문이다.

앙산이 대중에게 말했다.

"그대들은 예로부터 빛을 등지고 어둠을 쫓아다녔기 때문에 망상의 뿌리가 깊어 단박에 그것을 없애기는 힘들 것이다. 그래서 방편으로 그대들의 거친 의식을 제거하려 하니, 마치 노란 나뭇잎을 금이라 하면서 아기의 울음을 그치게 하는 것과 같다. 또 어떤 사람이 갖가지 물건으로 가게를 차려서 장사하는 것과 같으니, 다만 오는 자들의 경중(輕重)을 헤아릴 뿐이다.

석두선사(石頭禪師)는 금방이고, 나는 만물상이다. 누가 와서 쥐똥을 찾으면 쥐똥을 팔 것이고, 금을 찾는다면 금을 팔 것이다."

"자, 이제 분명히 말하겠다.

거룩한 일에도 마음을 두지 말고, 오직 자신의 성품 바다를 닦되 3명(明)과 6통(通)을 바라지 마라. 왜냐하면 이는 성인들의 자질구레한 일이기 때문이다. 지금 필요한 것은 마음을 알아채고 근본을 통달하는 것이니, 오직 그 근본을 얻어야지 지엽적인 일을 근심하지 마라.

그대는 보지 못했는가?

위산 화상이 말하기를 '천하다든가 성스럽다는 감정이 없어지고, 있는 그대로의 모습이 나타나 본체와 현상이 둘 아닌 그것이 부처이다'라고 했다."

〈景德傳燈錄 제11권, 仰山慧寂章〉

위산이 향엄(香嚴)에게 말했다.

"평소에 배웠거나 경전이나 책을 통해 기억하는 것에 대해서는 묻지 않겠다. 네가 어머니 배 속에서 나오기 이전, 아직 동서(東西)도 가리지 못하던 때의 모습은 어떠했는지, 어디 한마디 해보아라."

향엄이 어리둥절해하면서 대답하지 못하다가 얼마 후 몇 마디 자신의 견해를 말했으나 위산은 그 어느 것도 인정하지 않았다.

향엄이 말했다.

"제발 화상께서 말씀해주십시오."

"내가 말해주더라도 그것은 내 견해일 뿐이니, 너의 안목을 키우는 데 무슨 도움이 되겠는가."

향엄은 위산에게 하직을 고하고 남양(南陽)에 이르러 혜충국사(慧忠國師)의 유적(遺跡)에 머물렀다.

어느 날 풀을 베다가 돌맹이가 튕겨나와 대나무에 부딪치는 소리를 듣고 홀연히 깨달았다. 급히 돌아와 목욕하고 나서 향을 피우고 멀리 계시는 위산을 향해 절을 올리면서 찬탄했다.

"화상의 큰 자비는 부모의 은혜보다 깊었습니다. 그때 만일 저에게 자세히 말씀해주셨다면 어찌 지금의 깨달음이 있었겠습니까."

〈景德傳燈錄 제11권, 香嚴智閑章〉

임제종

임제 의현(臨濟義玄, ?~867)은 산동성 조주(曹州) 출신으로, 어려서 출가하여 각지를 편력하다가 황벽 희운(黃檗希運)의 법을 이었고, 하북성 진주(鎭州) 임제원(臨濟院)에서 선풍을 크게 일으켰다.

송대(宋代)에 이르러 임제종은 양기파와 황룡파로 갈라졌는데, 현재 한국의 간화선은 대부분 양기파 계통이다.

> 임제가 말했다.
> "불법에는 인위적인 꾸밈이 없다. 오직 애써 꾸며대지 않는 평상시의 생활일 뿐이다. 변소에 가고, 옷 입고, 밥 먹고, 피곤하면 눕는다. 어리석은 자는 웃겠지만 지혜로운 자는 알 것이다.
> 이르는 곳마다 주체적이면 머무는 곳마다 모두 참되다[隨處作主 立處皆眞]."
>
> 〈臨濟錄〉

임제는 일상 속에서 자신의 본성을 자각하는 주체적 자유의 실현을 강조했고, 미혹에서 깨달음으로 가는 구체적인 수행을 '밖에서 구하지 마라'로 요약했다.

> 3계(界)는 불난 집과 같아서 평안하지 못하므로 집착할 게 못된다. 무상한 죽음의 손길은 순간순간에 노소귀천을 가리지 않고 목숨을 거두어간다. 그대들이 부처나 조사와 다르지 않고자 하거든 오직 밖에서 구하지 마라.
> 한 생각 위에 빛나는 청정한 광명이 그대 자신 속의 법신불이고, 한 생

각 위의 분별없는 광명이 그대 자신 속의 보신불이고, 한 생각 위의 차별 없는 광명이 그대 자신 속의 화신불이다.

이 세 가지 불신(佛身)은 지금 법문을 듣고 있는 그대 자신이니, 다만 밖에서 구하지 않기 때문에 이런 효용이 있는 것이다.

〈臨濟錄〉

오늘날 그대들이 깨달음을 얻지 못하는 병은 어디에 있는가?

병은 스스로를 믿지 않는 데 있다. 자신이 부처라는 것을 믿지 않으면, 헐떡거리며 바깥 대상에 집착해서 자유를 잃게 될 것이다. 그대들이 순간순간 밖에서 찾는 마음을 다스린다면, 부처나 조사와 다르지 않을 것이다.

〈臨濟錄〉

육신 속에 어떤 것에도 걸림 없는 자유인[無位眞人]이 있어 항상 너희들의 눈·귀·코·입을 드나든다. 아직 보지 못한 자는 똑똑히 보아라.

〈臨濟錄〉

조동종

동산 양개(洞山良价, 807~869)와 그의 제자 조산 본적(曹山本寂, 840~901)에 의해 형성된 종파이다.

동산은 절강성 회계(會稽) 출신으로, 21세에 숭산(嵩山)에서 계(戒)를 받고, 운암 담성(雲巖曇晟, 782~841)의 법을 이었다. 강서성 동산(洞山) 보리원(菩

利院)에 머물렀다.

조산은 복건성 포전(蒲田) 출신으로, 19세에 출가하여 동산의 문하에 들어가 그의 법을 이었고, 강서성 무주(撫州) 조산(曹山)에 머무니 학인들이 운집했다.

동산이 남양 혜충의 무정설법(無情說法)에 대해 운암 담성에게 물었다.

"무정의 설법은 누가 듣습니까?"

"무정이 듣는다."

"화상께서도 듣습니까?"

"내가 듣는다면, 너는 나의 설법을 듣지 못한다."

"어째서 듣지 못합니까?"

운암이 불자(拂子)를 세우고 말했다.

"들리느냐?"

"들리지 않습니다."

"내 설법도 듣지 못하는데 무정의 설법을 어찌 듣겠느냐."

"무정의 설법은 어느 경전의 가르침입니까?"

"《아미타경》에 '물과 새와 나무가 모두 염불하고 설법한다'고 하지 않았느냐."

이 말에 동산은 느낀 바 있어 게송을 지었다.

'신기하고 신기하다.

불가사의한 무정설법이여.

귀로 들으면 끝내 알기 어렵고

눈으로 들어야만 비로소 알 수 있으리.'

〈洞山語錄〉

무정설법은 인간뿐만 아니라 산천초목도 설법한다는 뜻인데, 그 설법은 귀로 듣는 게 아니라 온몸으로 들어야 알 수 있다고 했다.

이 무정설법은 남양 혜충(南陽慧忠, ?~775)이 처음 제기했다. 그는 절강성 월주(越州) 출신으로 혜능의 법을 이었고, 혜능이 입적한 후 각지를 편력하다가 하남성 남양(南陽) 백애산(白崖山)으로 들어갔다. 그곳에 머물기를 40여 년, 명성이 천하에 알려져 당의 숙종과 대종이 그를 국사(國師)로 모셨다.

동산은 수행의 단계를 다섯으로 나눈 공훈오위(功勳伍位)를 제자들에게 제시했는데 이는 다음과 같다.

① 자신이 본래 불성을 갖추고 있다는 것을 확신하고 발심하는 향(向)
② 불성을 깨닫기 위해 오로지 수행에만 전념하는 봉(奉)
③ 불성을 깨닫는 공(功)
④ 깨달음을 의식하는 공공(共功)
⑤ 깨달음도 놓아버려 어디에도 집착하지 않는 자유자재한 공공(功功)

동산은 〈보경삼매(寶鏡三昧)〉라는 게송으로 조산(曹山)에게 그의 법을 전했다. 그 마지막 구절은 다음과 같다.

가만히 행동하고 은밀히 작용하여
어리석고 둔한 듯하라.
그렇게 계속할 수만 있다면
주인 중의 주인이라 할 수 있다.

〈人天眼目 제3권, 寶鏡三昧〉

운문종

운문 문언(雲門文偃, 864~949)은 절강성 가흥(嘉興) 출신으로, 어려서 출가하여 율장(律藏)을 연구하다가 설봉 의존(雪峰義存, 822~908)을 사사하여 그의 법을 이었다. 광동성 운문산 광태선원(光泰禪院)에 30여 년 머물면서 선풍을 드날렸다.

그는 어떠한 고착 관념도 일시에 파괴해버리고, 간결하고 기상천외한 말로 선의 핵심을 드러내었다.

> 내가 오늘 말로 그대들을 속이고 있다고 생각하지 마라. 나는 그대들에게 말해야 하고, 그대들을 혼란케 하지 않을 수 없는 불가피한 입장이다.
>
> 〈雲門廣錄〉

> 너희들이 문자를 따져서 이해하려 애쓰고, 문자로 천차만별의 분별을 일으켜 끝없는 의문과 논란을 벌인다면, 거기서 얻는 것은 말장난뿐이다. 중요한 것은 자신의 본래 성품을 보는 것이다.
>
> 〈景德傳燈錄 제19권, 雲門文偃章〉

지붕에 오르려면 사다리가 필요하고, 개울을 건너려면 징검다리가 필요하지만, 사다리와 징검다리에 집착해서 그것을 분별하느라 지붕에 오르지 못하고 개울을 건너지 못하지는 않을까, 그것을 염려했다. 언어의 덫에 걸려.

어느 날 운문은 마조의 말을 인용했다.

"모든 말은 '이것 하나'를 주제로 하는 제파종(提婆宗)에 속한다."

그러고는 덧붙였다.

"참 멋진 말이야. 한데 아무도 그것을 물어보지 않는단 말이야."

그때 한 제자가 앞으로 나와서 물었다.

"제파종이란 무엇입니까?"

운문이 벌컥 화를 내었다.

"인도에는 아흔여섯 종파가 있는데, 너는 그 중에서 가장 저속한 종파에 속한다."

〈五燈會元 제15권〉

'이것 하나'는 곧 자신의 본래 성품이다.

운문은 수행자들의 질문에 한 글자로 간결하게 대답하는 일자관(一字關)으로 알려져 있다. 그것을 소개하면 다음과 같다.

"무엇이 부처의 뜻입니까?"

"보(普)."

"운문의 하나의 길은 무엇입니까?"

"친(親)."

"도란 어떤 것입니까?"

"거(去)."

〈雲門廣錄〉

운문의 제자 덕산 연밀(德山緣密, ?~?)은 운문종에서 수행자들을 지도하
는 방법을 세 구절로 정리했는데, 이것을 '운문삼구(雲門三句)'라고 한다.
세 구절과 그에 대한 게송은 다음과 같다.

제1구
하늘과 땅을 덮어 포용한다[函蓋乾坤].

하늘과 땅, 그리고 삼라만상
지옥과 천당
모두 진리의 나타남이라
무엇이건 전혀 손상되지 않네.

제2구
모든 흐름을 끊어버린다[截斷衆流].

산처럼 높이 쌓아 올린대도
낱낱이 모두 티끌
다시 오묘한 뜻 헤아리려 하면
얼음 녹듯 기와 갈라지듯 하리라.

제3구
파도를 따라 흐름을 같이한다[隨波逐浪].

물음에 답한 말

어쨌든 모두 흠 없으니

병에 따라 약을 주듯

증상 따라 진찰하네.

〈人天眼目 제2권, 三句〉

제1구는 모든 현상은 진리 그 자체여서 추호도 어긋남이 없다는 뜻이고, 제2구는 수행자의 번뇌·망상을 명쾌하게 끊어버린다는 뜻, 제3구는 수행자의 소질이나 능력에 따라 자유자재로 지도한다는 뜻이다.

법안종

법안 문익(法眼文益, 885~958)에 의해 형성된 종파이다.

법안은 절강성 여항(餘杭) 출신으로, 7세에 출가하고 20세에 구족계를 받았다. 행각하다가 복건성 지장원(地藏院)에 머물렀는데, 그곳을 떠나는 날 스승 나한 계침(羅漢桂琛, 867~928)이 물었다.

"일체가 오직 마음이라 하는데, 저 뜰 아래에 있는 돌은 마음 안에 있는가, 마음 밖에 있는가?"

"마음 안에 있습니다."

"돌아다니는 사람이 왜 무거운 돌을 가지고 다니는가?"

법안은 말문이 막혔다.

이 의문을 풀기 위해 나한을 스승으로 모시고 매일 자신의 견해를 스승에게 말했으나 스승은 "불법은 그런 게 아니다"라고 말할 뿐이었다.

한 달이 될 무렵 스승에게 말했다.

"이제 더 드릴 말씀이 없습니다."

"불법이란 모든 현상의 있는 그대로의 모습이다."

이 말에 법안은 크게 깨달았다.

후에 법안은 때때로 대중에게 이렇게 설법했다.

"진리는 있는 그대로의 모습으로 우리 눈앞에 있다. 그러나 그대들은 이름과 형상으로 받아들인다. 그렇게 해서 어떻게 참모습을 찾을 수 있겠는가."

〈金陵清涼院文益禪師語錄〉

있는 그대로의 모습에 대한 관조는 분별을 떠나 직관에 의해서만 체득되고, 생각과 추리는 눈을 멀게 할 뿐이다. 법안의 제자 천태 덕소(天台德韶, 891~972)는 다음과 같이 읊었다.

통현봉(通玄峰) 정상에는
사람이 없구나.
마음 밖에 법이 없나니
눈앞에 가득한 건 청산뿐이네.

법안이 이 게송을 듣고 "이 게송만으로도 우리 종파를 일으킬 수 있다"고 했다.

〈五家正宗贊 제4권, 天台德韶章〉

천태 덕소는 절강성 처주(處州) 출신으로, 17세에 출가하여 18세에 구족계를 받고 각지를 편력하다가 법안을 사사하여 그의 법을 이었다. 천태산에 머물면서 천태 지의(天台智顗 538~597)의 유적을 복원하고, 선과 천태학(天台學)의 융합을 시도했다. 948년에 오월왕(吳越王) 전홍숙(錢弘俶)이 그를 국사로 모셨다.

양기파와 황룡파

5가의 전개는 매우 불규칙하다. 위앙종은 가장 먼저 쇠퇴해서 송초(宋初)에 이미 소식이 끊겼고, 조동종 가운데 동산의 제자 운거 도응(雲居道膺, ?~902) 문하는 남송(南宋, 1127~1279) 때까지 번성했으나 조산 문하는 4대만 전해졌다.

운거는 하북성 옥전(玉田) 출신으로, 25세에 하북성 범양(范陽) 연수사(延壽寺)에서 구족계를 받았다. 동산의 법을 이었고, 강서성 건창(建昌) 운거산(雲居山)에 30년 동안 머물면서 선풍을 일으켰다.

운문종의 선사들은 북방에서 활약했는데, 비교적 인재가 많아 운문의 3대 제자인 설두 중현(雪竇重顯, 980~1052)이 운문종을 중흥시켜 오랫동안 유지했으나 남송에 이르러 쇠퇴했다.

설두는 사천성 축주(逐州) 출신으로, 어려서 출가하여 지문 광조(智門光祚)의 법을 이었고, 절강성 명주(明州) 설두산(雪竇山) 자성사(資聖寺)에 30여 년 동안 머물렀다. 그는 《경덕전등록(景德傳燈錄)》·《조주록(趙州錄)》·《운문록(雲門錄)》 등에서 100칙의 공안(公案)을 선별해서 각각에 게송을 붙인 《송고백칙(頌古百則)》을 엮었는데, 후에 송의 원오 극근(圜悟克勤, 1063~1135)이

《송고백칙》을 해설한 것이 《벽암록(碧巖錄)》이다.

법안종 천태 덕소의 제자에 영명 연수(永明延壽, 904~975)와 승천 도원(承天道原)이 있는데, 연수는 《종경록(宗鏡錄)》100권을 저술하여 선교일치(禪敎一致)의 체계를 세웠고, 선(禪)과 염불을 함께 닦을 것을 권장한 그의 《만선동귀집(萬善同歸集)》은 송 이후의 염불선(念佛禪)의 터전을 확립하는데 기틀이 되었다. 도원의 《경덕전등록(景德傳燈錄)》30권은 과거7불(過去七佛)에서 서천28조(西天二十八祖)와 동토6조(東土六祖)를 거쳐 법안 문익의 제자에 이르기까지, 불법을 계속 이어온 1701명의 행적, 스승과 제자의 인연, 깨달음에 대한 문답, 어록을 집대성한 저술이다.

임제종은 북방에서 널리 성행했는데, 석상 초원(石霜楚圓, 986~1039) 문하에서 양기 방회(楊岐方會, 992~1049)의 양기파와 황룡 혜남(黃龍慧南, 1002~1069)의 황룡파가 나와, 양기파는 성행했으나 황룡파는 얼마 안 가 쇠퇴했다.

양기는 강서성 원주(袁州) 출신으로, 강서성 구봉산(九峰山)에 출가했다. 석상의 법을 이은 후 원주 양기산(楊岐山)과 호남성 담주(潭州) 운개산(雲蓋山)에서 선풍을 크게 일으켰다.

황룡은 강서성 신주(信州) 출신으로, 11세에 출가하여 19세에 구족계를 받았다. 35세에 석상의 법을 이었고, 강서성 황룡산(黃龍山)에 머물렀다. 양기 방회는 일정한 형식 없이 주장자(拄杖子)와 할(喝)로 설법했다.

"하나가 일체이고, 일체가 하나이다" 하고는 주장자를 세우고 말했다.
"산하대지를 삼켜버렸으니 과거, 미래의 모든 부처와 천하의 노화상(老和尙)이 이 주장자 끝에 있다."

〈楊岐方會和尙後錄〉

"마음이 만 가지 경계를 따라 변하는데, 변하는 그곳은 실로 깊고 묘하다."

선상(禪床)을 한 번 치고 말했다.

"석가 노인이 벌레에게 잡아 먹혔다. 기쁘다, 천하가 태평해졌구나."

그러고는 "할"했다.

〈楊岐方會和尙後錄〉

황룡 혜남은 30여 년 동안 다음과 같은 3관(關)으로 제자들을 시험했다고 한다.

사람마다 모두 태어나는 인연이 있다. 그대의 태어나는 인연은 어디에 있는가?

내 손과 부처의 손, 무엇이 다른가?

내 다리와 당나귀의 다리, 무엇이 다른가?

〈五燈會元 제17권, 黃龍慧南章〉

도는 닦음을 빌리지 않나니, 다만 더럽히지만 마라.

선은 배움을 빌리지 않나니, 마음을 쉬는 것을 중요하게 여긴다.

마음이 쉬었기 때문에 마음마다 생각이 없고, 닦지 않기 때문에 걸음마다 도량이다.

〈黃龍慧南禪師語錄〉

간화선과 묵조선

임제종 양기파의 오조 법연(五祖法演, ?~1104)은 많은 화두(話頭) 가운데 조주(趙州, 778~897)의 '무(無)'자를 수행의 근본으로 삼았다.《벽암록》을 완성한 원오 극근의 제자 중 한 명인 대혜 종고(大慧宗杲, 1089~1163)는 천만 가지 의심도 결국은 하나의 큰 의심에 지나지 않고, 화두의 의심을 깨뜨리면 천만 가지 의심이 일시에 사라진다고 하여 화두와 정면으로 대결할 것을 역설했는데, 그의 선풍을 간화선(看話禪)이라 한다.

화두는 깨달음에 이르려는 참선 수행자가 뚫어야 할 선문답으로, 공안(公案)이라고도 한다.

오조는 사천성 면주(綿州) 출신으로, 35세에 출가하여 유식학을 배우고, 백운 수단(白雲守端, 1025~1072)을 사사하여 그의 법을 이었다. 안휘성 서주(舒州) 백운산(白雲山) 해회사(海會寺)에 머물고, 만년에는 호북성 기주(蘄州) 오조산(五祖山)에서 선풍을 크게 일으켰다.

대혜는 안휘성 선주(宣州) 출신으로, 17세에 출가하여 원오 극근의 법을 이었고, 절강성 경산(徑山) 능인선원(能仁禪院)에서 간화선을 크게 일으컸다. 남송이 금(金)과의 전쟁을 화해하려 할 때 거기에 반대했다는 이유로 1141년에 호남성 형주(衡州)에 유배되고, 1156년에 사면되어 아육왕산(阿育王山)과 경산에 머물렀다. 남송의 효종(孝宗)이 즉위 때(1163년) 대혜선사(大慧禪師)라는 호를 하사했다.

대혜가 말했다.

"천만 가지 의심도 결국 하나의 의심에 지나지 않는다. 화두의 의심을 꿰뚫으면 천만 가지 의심이 일시에 사라진다. 화두가 꿰뚫어지지 않으면 그것과 정면으로 대결하라. 만약 그 화두를 버리고 따로 의심을 일으키면 이미 악마의 무리 속으로 들어간 것과 같다.

결코 자신에게 주어진 화두를 쉽게 긍정해서는 안 된다. 또 제멋대로 분별해서도 안 된다. 오직 모든 의식을 생각이 미치지 않는 곳에 집중시켜, 마치 늙은 쥐가 쇠뿔 속에 들어가 갇히는 것처럼, 마음이 어느 곳으로 달아나지 못하게 하라."

〈大慧普覺禪師語錄 제28권〉

어떤 학인이 조주 화상에게 물었다.

"개도 불성이 있습니까?"

조주가 말했다.

"무."

〈無門關, 趙州狗子〉

어떤 학인이 조주에게 물었다.

"달마가 서쪽에서 온 뜻은 무엇입니까?"

조주가 말했다.

"뜰 앞의 잣나무다[庭前柏樹子]."

〈無門關, 庭前柏樹〉

어떤 학인이 운문(雲門)에게 물었다.

"어떤 것이 부처입니까?"

운문이 말했다.

"마른 똥덩어리다[乾屎橛]."

〈無門關, 雲門屎橛〉

'모든 중생이 다 불성이 있다[一切衆生悉有佛性]'고 했는데 조주는 '무'라고 했으니 큰 의심이고, '뜰 앞의 잣나무'와 '마른 똥덩어리'도 큰 의심이다.

대혜가 말했다.

"오늘날 수행자들은 모두 스스로를 의심하지 않고, 도리어 남을 의심한다.

큰 의심 아래서만 큰 깨달음이 있다."

〈大慧普覺禪師語錄 제17권〉

대혜의 큰 의심은 오직 '무'자를 의심하는 것으로, 이 '무'의 강력한 제창은 그 이후 중국 선종의 주류가 되었다.

대혜가 말했다.

"빨리 깨달으려면 현재의 의식을 뿌리째 타파해야 한다. 그러나 마음을 가다듬어 의식을 타파하려 하면 안 된다. 마음을 가다듬어 의식을 타파하는 데 집중한다면, 의식이 타파될 때는 영영 오지 않을 것이다.

일체의 분별심을 버리고 다음의 공안을 참구하라.

어떤 학인이 조주에게 '개도 불성이 있습니까?' 하니 조주는 '무'라고 했다.

이 무라는 한 글자야말로 무수한 망상과 분별을 타파하는 몽둥이다. 거기에 어떤 판단을 해서는 안 된다. 그렇다고 해서 아무것도 없는 곳에 내던져두어도 안 된다. 더구나 의식의 갖가지 작용을 그것이라 해서도 안 되고, 책 속에서 그것을 찾으려 해서도 안 된다. 오직 일편단심으로, 걸을 때나 머물 때나 앉을 때나 누울 때를 막론하고 항상 그것을 제기하고, 또 거기에 모든 정신을 집중해야 한다."

〈大慧普覺禪師語錄 제26권〉

《벽암록》·《종용록(從容錄)》·《무문관(無門關)》·《전등록(傳燈錄)》 등에 나오는 공안은 약 1천7백 칙(則)에 이르는데, 그 많은 공안 가운데 조주의 '무' 자 하나만을 끄집어내어 철저하게 수행의 근본으로 삼은 것은 오조 법연에서 비롯되었다.

법연(法演)이 말했다.

"그대들은 도대체 평소에 공부를 어떻게 하고 있는가?

나는 언제나 일편단심으로 오직 '무' 자를 참구한다. 너희들 가운데 그것을 일삼을 수 있는 자가 있는가, 없는가?

있다면 누구 하나 여기 나와서 대답해보라. 나는 너희들이 있다고 말하는 것도, 없다고 말하는 것도 바라지 않는다. 또 있는 것도 아니고 없는 것도 아니라고 말하는 것도 바라지 않는다. 너희들은 무엇이라 말할 것인가?

자, 이것뿐이다."

<法演禪師語錄 하>

대혜가 스승 원오(圜悟)의 《벽암록》을 수행에 방해가 된다고 하여 불살라버리고, 법연의 '무' 자 하나만의 수행으로 돌아간 이유를 위의 인용문에서 알 수 있다. 대혜는 오직 이 '무' 자의 의심만 꿰뚫으면 다른 일체의 공안을 투과할 수 있다고 보았다.

법연에서 비롯되고 대혜에 의해 강화된 '무' 자 수행은 남송 선종의 주류를 이루게 되는데, 이러한 상황은 무문 혜개(無門慧開, 1183~1260)의 《무문관》에서 볼 수 있다. 《무문관》은 48칙의 공안을 선별해서 여기에 비평과 게송을 더한 것으로, 형식적으로는 원오의 《벽암록》과 비슷한데 제1칙에 '조주구자(趙州狗子)'를 두었다. '조주구자'란 학인과 조주가 나눈 아래의 문답을 말한다.

어떤 학인이 조주 화상에게 물었다.

"개도 불성이 있습니까?"

조주가 말했다.

"무."

무문이 평했다.

참선은 반드시 조사(祖師)의 관문을 뚫어야 하고, 깨달음을 얻으려면 분별심을 완전히 끊어야 한다. 조사의 관문을 뚫지 못하고 분별심을 끊지 못하면 초목에 붙어 있는 혼령과 다름없다.

자, 말해보라. 어떤 것이 조사의 관문인가?

오직 이 하나의 '무' 자, 이것이 선종 제일의 관문이다. 그래서 이것을 '선종의 무문관'이라 한다. 이 관문을 뚫는 자는 직접 조주를 만나고 역대 조사들과 한몸이 되어, 같은 눈으로 보고 같은 귀로 듣는다. 이 얼마나 통쾌한 일인가.

이 관문을 뚫고 싶은 자 없는가?

3백6십 뼈마디와 8만4천 털구멍을 총동원해서 온몸이 한 개의 의심 덩어리가 되어, 오직 이 '무' 자만 참구하라. 밤낮으로 끊임없이 참구하라. 이 '무'를 허무(虛無)의 무로 이해해서도 안 되고, 유무(有無)의 무로 이해해서도 안 된다. 이 '무'의 참구는 뜨거운 쇳덩이를 삼키고서 토해내려 해도 토해낼 수 없는 것처럼 절박해야 한다.

이제까지의 쓸데없는 앎과 잘못된 깨달음을 다 탕진하고, 오래오래 참구해서 수행이 깊어지면 저절로 '나'와 '무'가 하나로 된다. 그 경지는 벙어리가 꿈꾼 것 같아 오직 자신만 알 뿐 남에게 전할 수 없다.

갑자기 '무'가 폭발하면 하늘을 놀라게 하고 땅을 진동시킨다. 관우 장군의 큰 칼을 빼앗은 듯, 부처를 만나면 부처를 죽이고 조사를 만나면 조사를 죽여 생사의 벼랑에서도 자유자재하고, 어디서 어떻게 살든 걸림 없이 산다.

자, 그러면 어떻게 참구해야 하는가?

온 기력을 다해 오직 '무'가 되라. 그것이 끊어지지 않으면 심지에 살짝 불만 대도 바로 불이 붙듯 광명이 찾아온다.

〈無門關, 趙州狗子〉

여기서 선은 '무' 자에 대한 큰 의심의 응결과 그 타파라는 두 단계로 압축되었다.

원(元)의 고봉 원묘(高峰原妙, 1238~1295)는 다음과 같은 '3요설(要說)'을 남겼다.

> 착실하게 참선하려는 자는 반드시 세 가지 조건을 갖추어야 한다.
>
> 하나는 큰 믿음이다. 마치 수미산(須彌山)에 기대고 있는 것처럼 마음이 확고부동해야 한다.
>
> 둘은 큰 분노이다. 어버이의 원수를 만나면 즉각 한 자루의 큰 칼로 내리쳐 베어버리려는 기개이다.
>
> 셋은 큰 의심이다.
>
> 이 세 가지 가운데 한 가지라도 결여된다면, 마치 다리가 부러진 솥처럼 아무런 쓸모가 없다.
>
> 의심은 믿음을 본질로 삼고, 깨달음은 의심을 작용으로 삼는다. 믿음이 충분하다면 의심도 충분하고, 의심이 충분하다면 깨달음도 충분하다. 마치 강물이 많으면 배의 위치가 높고, 진흙이 많으면 큰 불상을 만들 수 있는 것과 같다. 옛 조사들은 깨달음의 광명을 얻기 위해 하나의 의심을 결정짓지 않은 사람이 없다. 천만 가지 의심도 하나의 의심으로 귀결된다.
>
> 〈高峰和尙禪要〉

묵조선(黙照禪)은 절강성 천동산(天童山)에 머문 조동종의 굉지 정각(宏智正覺, 1091~1157) 문하의 선법으로, 자신이 본래 부처의 청정한 성품을 갖추고 있다는 확고한 믿음으로 묵묵히 좌선만 하면 저절로 그 성품이 드러난다는 것이다.

굉지는 산서성 습주(隰州) 출신으로, 11세에 출가하여 14세에 구족계를 받고, 23세부터 단하 자순(丹霞子淳, 1064~1117)을 사사하여 그의 법을 이었다. 39세부터 28년 동안 절강성 천동산에 머물면서 조동종을 중흥시켰다.

간화선은 오직 화두의 타파에 의한 대오(大悟)지만, 묵조선은 모든 현상의 있는 그대로의 모습이 곧 진리이고 불법이라는 현성공안(現成公案)의 입장이다. 여기서 공안(公案)이란 간화선의 공안이 아니라 진리·불법이라는 뜻이다.

> 5월 중순이라 농사일이 한창이다. 밭을 가는 마음은 가을에 곡식을 거두기 위함이나 우리는 그와 다르다. 벼가 익어도 나가서 거두어들이지 않고 그대로 비바람에 맞게 내버려둔다.
>
> 선승(禪僧)들아, 몸뚱이는 몸뚱이 그대로 완전하고, 두 눈은 두 눈 그대로 있어야 할 곳에 있다. 거기에는 처음부터 털끝만큼의 어긋남도 없다. 늙은 여우 같은 의심이 다한 뒤에 또다시 무엇을 의심하는가.
>
> 다시 좌선하니 술잔에 비친 것은 뱀이 아니라 바로 활의 그림자이네.
>
> 〈宏智禪師廣錄 제1권〉

위의 인용문은 묵조선의 특색을 잘 보여준다.

애써 추수를 하지 않는 것은 이미 우리에게 깨달음의 열매가 익어 있으므로 좌선으로 그것을 체득하기만 하면 된다는 것이다. 그 좌선에서 활의 그림자를 뱀으로 보는 착각은 없다. 왜냐하면 천연 그대로의 심성(心性)을 보기 때문이다.

그냥 묵묵히 앉아서 온갖 인연을 떠나니 환히 밝아서 번뇌가 없어져 곧바로 벗어났다. 그 자리에 원래부터 와 있었던 것일 뿐 오늘에야 새로 성취한 것이 아니다. 옛날 광대한 겁 전부터 어두웠던 적 없이 분명했고, 아주 신령스럽게 홀로 빛났다. 그렇기는 하나 수행하지 않을 수는 없으리.

〈宏智禪師廣錄 제6권〉

꽃을 알고 나니 깨달음의 열매는 원래부터 이루어져 있었다. 그것은 수행에도 증득에도 상관없이 본래 갖추어져 있었고, 오염되지 않고 처음부터 끝까지 청정했다. 청정한 그것을 갖추고 있는 거기에 눈길을 두어 완전히 관조하고 분명히 체득하면, 생사에는 원래 뿌리와 줄기가 없고, 출몰에는 본래 자취가 없어서 본래 성품이 정수리를 비춘다.

〈宏智禪師廣錄 제6권〉

몸과 마음을 탈락시키고 다만 묵묵히 좌선할 때 깨달음의 세계가 드러나는데, 그것은 새로운 세계가 아니라 자신이 본디 갖추고 있던 세계이다. 구하는 마음을 그치고 그냥 좌선만 하면, 그 자리가 해와 달처럼 분명하게 드러난다는 것이다.

오조 법연과 대혜 종고, 굉지 정각의 계보는 다음과 같다.

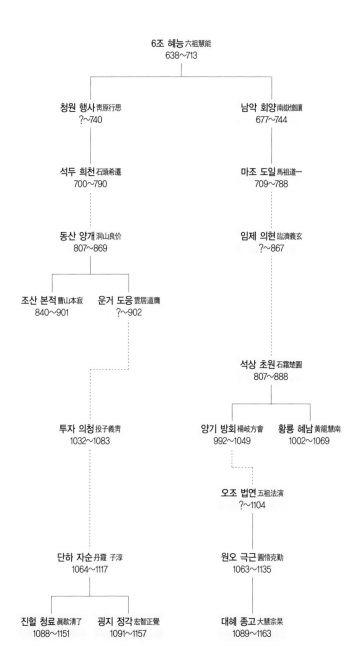

6조 혜능 六祖慧能
638~713

청원 행사 靑原行思
?~740

남악 회양 南嶽懷讓
677~744

석두 희천 石頭希遷
700~790

마조 도일 馬祖道一
709~788

동산 양개 洞山良价
807~869

임제 의현 臨濟義玄
?~867

조산 본적 曹山本寂
840~901

운거 도응 雲居道膺
?~902

석상 초원 石霜楚圓
807~888

투자 의청 投子義靑
1032~1083

양기 방회 楊岐方會
992~1049

황룡 혜남 黃龍慧南
1002~1069

오조 법연 五祖法演
?~1104

단하 자순 丹霞 子淳
1064~1117

원오 극근 圜悟克勤
1063~1135

진헐 청료 眞歇清了
1088~1151

굉지 정각 宏智正覺
1091~1157

대혜 종고 大慧宗杲
1089~1163

제5장

—

불교의식

예불

　사찰에서 아침과 저녁에 불보살(佛菩薩)에게 예배하는 의식을 예불(禮佛)이라 하는데, 사찰마다 약간 차이가 있다.

　아침 예불을 하기 전에 천지 만물을 깨우고 도량을 청정하게 한다는 뜻으로 목탁을 치면서 사찰 주위를 도는 도량석(道場釋)을 하는데, 이때는 주로 《천수경(千手經)》을 독송하거나 아미타불 또는 관세음보살을 부른다.

　도량석이 끝나면 아침 종송(鐘頌)을 한다. 종송은 종을 칠 때 소리 내어 외우는 게송으로, 아침과 저녁에 한다. 종송이 끝나면 불보살을 모신 상단(上壇)부터 예불을 하는데, 아침 예불에는 청정수(淸淨水)를 올리고 다게(茶偈)를 읊는다. 그 다음 다 함께 〈예불문〉을 독송한다.

> 지심귀명례 삼계도사 사생자부 시아본사 석가모니불
> 至心歸命禮 三界導師 四生慈父 是我本師 釋迦牟尼佛

지심귀명례 시방삼세 제망찰해 상주일체 불타야중
至心歸命禮 十方三世 帝網刹海 常住一切 佛陀耶衆

지심귀명례 시방삼세 제망찰해 상주일체 달마야중
至心歸命禮 十方三世 帝網刹海 常住一切 達磨耶衆

지심귀명례 대지문수사리보살 대행보현보살 대비관세음보살
　　대원본존지장보살마하살
至心歸命禮 大智文殊舍利菩薩 大行普賢菩薩 大悲觀世音菩薩
　　大願本尊地藏菩薩摩訶薩

지심귀명례 영산당시 수불부촉 십대제자 십육성 오백성 독수
　　성 내지 천이백제대아라한 무량자비성중
至心歸命禮 靈山當時 受佛咐囑 十大弟子 十六聖 五百聖 獨修
　　聖 乃至 千二百諸大阿羅漢 無量慈悲聖衆

지심귀명례 서건동진 급아해동 역대전등 제대조사 천하종사
　　일체미진수 제대선지식
至心歸命禮 西乾東震 及我海東 歷代傳燈 諸大祖師 天下宗師
　　一切微塵數 諸大善知識

지심귀명례 시방삼세 제망찰해 상주일체 승가야중
至心歸命禮 十方三世 帝網刹海 常住一切 僧伽耶衆

유원무진삼보 대자대비 수아정례 명훈가피력 원공법계제중생
자타일시성불도
唯願無盡三寶 大慈大悲 受我頂禮 冥熏加被力 願共法界諸衆生
自他一時成佛道

3계(界)의 길잡이시고 온갖 생물의 자애로운 아버지이시며
우리의 스승이신 석가모니 부처님께
지극한 마음으로 예배합니다.

시방 3세(世)에 항상 두루 계시는 부처님께
지극한 마음으로 예배합니다.

시방 3세에 항상 두루 하는 가르침에
지극한 마음으로 예배합니다.

지혜 크신 문수사리보살, 행원 크신 보현보살
자비 크신 관세음보살, 원력 크신 지장보살께
지극한 마음으로 예배합니다.

영취산에서 부처님의 부탁 받으신 10대제자와 16성자
5백 성인과 홀로 수행하신 성자 내지 1천2백 모든 아라한
한량없이 자비로우신 성자들께
지극한 마음으로 예배합니다.

인도에서 중국 거쳐 이 땅에 이르도록 가르침을 이어오신
모든 조사와 천하의 종사, 한량없는 선지식들에게
지극한 마음으로 예배합니다.

시방 3세에 두루 하는 승가에
지극한 마음으로 예배합니다.

오직 원하오니
한량없는 3보(寶)께서는 대자대비로 저희의 예배를 받으시고
그윽한 가피를 내리시어
모든 중생이 다 함께 불도를 이루게 하소서.

그 다음 나라와 국민의 안녕을 기원하는 행선축원(行禪祝願)을 하고,
중단독경(中壇讀經)으로 《반야심경》을 독송한다.

반야바라밀다심경

당(唐) 현장(玄奘) 번역

관자재보살 행심반야바라밀다시 조견오온개공 도일체고액 사리자
　색불이공 공불이색
觀自在菩薩 行深般若波羅蜜多時 照見五蘊皆空 度一切苦厄 舍利子
　色不異空 空不異色

색즉시공 공즉시색 수상행식 역부여시 사리자 시제법공상 불생불멸

불구부정 부증불감

色卽是空 空卽是色 受想行識 亦復如是 舍利子 是諸法空相 不生不滅

不垢不淨 不增不減

시고공중무색 무수상행식 무안이비설신의 무색성향미촉법 무안계 내지

무의식계 무무명

是故空中無色 無受想行識 無眼耳鼻舌身意 無色聲香味觸法 無眼界 乃至

無意識界 無無明

역무무명진 내지무노사 역무노사진 무고집멸도 무지역무득

이무소득고 보리살타 의반야

亦無無明盡 乃至無老死 亦無老死盡 無苦集滅道 無智亦無得

以無所得故 菩提薩埵 依般若

바라밀다고 심무가애 무가애고 무유공포 원리전도몽상 구경열반

삼세제불 의반야바라밀

波羅蜜多故 心無罣礙 無罣礙故 無有恐怖 遠離顚倒夢想 究竟涅槃

三世諸佛 依般若波羅蜜

다고 득아뇩다라삼먁삼보리 고지반야바라밀다 시대신주 시대명주

시무상주 시무등등주

多故 得阿耨多羅三藐三菩提 故知般若波羅蜜多 是大神咒 是大明咒

是無上咒 是無等等咒

능제일체고 진실불허고 설반야바라밀다주 즉설주왈
能除一切苦 眞實不虛故 說般若波羅蜜多呪 卽說呪曰

아제아제 바라아제 바라승아제 모지사바하
揭帝揭帝 般羅揭帝 般羅僧揭帝 菩提僧莎訶

관자재보살이 깊은 반야바라밀다(般若波羅蜜多)를 행할 때, 5온이 모두 공(空)임을 꿰뚫어보고 모든 괴로움에서 벗어났다.

사리자야, 색이 공과 다르지 않고 공이 색과 다르지 않고, 색이 곧 공이고 공이 곧 색이다. 수·상·행·식도 그러하다.

사리자야, 이런 것들이 공의 상태이므로 생기지도 않고 소멸하지도 않고, 더럽지도 않고 깨끗하지도 않고, 늘지도 않고 줄지도 않는다.

그러므로 공에는 색도 없고 수·상·행·식도 없고, 안(眼)·이(耳)·비(鼻)·설(舌)·신(身)·의(意)도 없고, 색(色)·성(聲)·향(香)·미(味)·촉(觸)·법(法)도 없고, 안계(眼界)도 없고 내지 의식계(意識界)도 없고, 무명도 없고 무명의 소멸도 없고 내지 노사(老死)도 없고 노사의 소멸도 없고, 고(苦)·집(集)·멸(滅)·도(道)도 없고, 지혜도 없고 성취도 없다.

성취되는 게 없어서 보리살타는 반야바라밀다에 의지하므로 마음에 걸림이 없고, 걸림이 없으므로 두려움이 없고, 그릇되고 헛된 생각을 멀리 떠나 최상의 열반에 이른다. 3세의 모든 부처도 반야바라밀다에 의지하여 아뇩다라삼먁삼보리를 얻었다.

그러므로 알아야 한다. 반야바라밀다의 아주 신비한 진언, 아주 밝은 진언, 가장 뛰어난 진언, 비길 데 없는 진언은 모든 괴로움을 없애주나니 진실하여 헛되지 않다.

그래서 반야바라밀다의 진언을 설한다. 그것은 다음과 같다.

갔네, 갔네, 피안에 갔네, 피안에 완전히 갔네. 깨달음이여, 아! 기쁘구나.

불공

불보살에게 음식·향·꽃 등을 경건한 마음으로 바치거나 그것을 바치며 소원이 성취되기를 바라는 의식이다.

불공(佛供)의 유형은 대상과 기원(祈願)의 내용에 따라 구분된다. 대상에 따른 구분으로는 불보살단에 올리는 상단불공, 신중단(神衆壇)에 올리는 중단불공, 산신단(山神壇)·칠성단(七星壇)에 올리는 하단불공, 그리고 지장단(地藏壇)과 관음단(觀音壇) 등에 올리는 불공이 있다. 기원의 내용으로는 갖가지 재앙을 소멸하기 위한 불공, 장수를 기원하는 불공, 소원을 비는 불공, 나라와 국민의 안녕을 기원하는 불공 등으로 나눌 수 있다.

불공과 재(齋)는 다르다. 불공은 살아 있는 사람의 소원이 성취되기를 기원하는 것이고, 재는 죽은 이의 넋을 위로하는 의식이다. 그리고 불공은 순수한 불교의식으로 행하지만, 재는 거기에 민속 행사를 곁들이기 때문에 불공보다 규모가 크다.

우란분재

음력 7월 15일에 지옥이나 아귀(餓鬼)의 세계에서 고통 받고 있는 영혼을 구제하기 위해 3보(寶)에 공양하는 의식이다.

우란분(盂蘭盆)은 ⑤ullambana를 소리 나는 대로 적은 것으로, 도현(倒懸)이라 번역한다. '거꾸로 매달리는 고통을 받는다'는 뜻이다.

우란분재(盂蘭盆齋)는 《우란분경(盂蘭盆經)》에서 유래한다. 목련(目連)이 신통력으로 돌아가신 어머니를 찾아보니, 아귀가 되어 굶주리는 고통을 겪고 있었다. 목련이 자신의 신통력으로 어머니를 구제하려 했으나 어머니의 죄가 너무 무거워 구제할 수 없었다. 그래서 목련이 부처님에게 간청하니, 부처님이 여름 안거가 끝나는 음력 7월 15일에 여러 승려들에게 갖가지 음식과 과일을 정성스럽게 공양하면 어머니는 아귀의 고통에서 벗어날 것이라고 했다. 목련은 부처님의 가르침대로 해서 어머니를 구제했다고 한다.

이 재는 인도에서뿐만 아니라 중국의 양 무제가 동태사(同泰寺)에서 처음 행한 후, 역대 왕들이 개최했다고 한다.

한반도에서는 고려 때 여러 차례 개최했고, 조선 때는 불교가 탄압을 받았으므로 서민들이 행했다. 성현(成俔, 1439~1504)의 《용재총화(慵齋叢話)》에는 우란분재에 대해 '장안의 사찰에서는 7월 15일에 백 가지 꽃과 과일을 모아서 우란분재를 베푼다. 가정집에서는 돌아가신 부모의 영혼을 위로하는 제사를 지내고, 승려들은 거리로 나가 탁발하였다'고 했고, 이능화(李能和, 1869~1943)의 《조선불교통사》에는 '7월 15일 백중날(百中-)에 각 사찰에서는 죽은 이를 위해 불단에 위패를 세우고 재를 지낸 뒤 그 위패를 불사르는데, 이 의식은 가정집에서 제사 지내는 의식과 똑같았다'고 했다.

현재 사찰에서는 여름 안거가 끝나는 음력 7월 15일을 백중날이라 하고 그에 따른 법회를 행하고 있으나 민간에서는 소멸되었다.

49재

죽은 이의 명복을 빌기 위해 죽은 날로부터 7일마다 7회에 걸쳐 행하는 의식으로, 칠칠재(七七齋)라고도 한다. 불교의 내세관에서 사람이 죽어 다음 생을 받을 때까지의 49일 동안을 중음(中陰)이라 하는데, 이 기간에 다음 생이 결정된다고 해서 이 재를 지낸다. 특히 염라대왕의 심판을 받는 날이 죽은 지 49일째 되는 날이라고 해서 7회째의 재를 장엄하게 행한다.

천도재

천도재(薦度齋)는 죽은 이의 명복을 빌기 위해 독경·시식(施食)·불공 등을 베푸는 의식을 말한다.

수륙재

물과 육지에 떠도는 외로운 영혼을 구제하기 위해 불법을 설하고 음식을 베푸는 의식이다.

먼저 재를 마련하는 취지를 밝히고, 저승의 사자(使者)를 맞이하기 위해 향을 사르고, 사자에게 공양하고 축원한다. 그를 보낸 다음 3보에게 공양하고 나서 구제의 대상인 고혼(孤魂)을 청한다. 불보살에게 공양함으로써 고혼이 불보살의 가호를 받게 한 다음 고혼에게 음식을 올린다.

이 수륙재(水陸齋)의 진행 과정은 예술적 면이 있다. 잘 다듬어진 의식문을 범패(梵唄)라는 불교 음악으로 읊는데, 반주는 목탁·목어·북·종·운판·퉁소·요령 등으로 한다. 그리고 의식의 중요한 부분에서는 불교 무용을 곁들인다.

예수재

49재와 천도재와 수륙재가 죽은 이의 명복을 비는 의식인데 반해, 예수재(豫修齋)는 살아 있는 동안에 미리 재를 올려 죽은 후에 극락에 태어나기를 기원하는 의식이다.

이 재는 법당에 마련한 각 단(壇)에 공양하고 예배한 다음 진행한다. 먼저 살아 있는 동안에 갚아야 할 빚이 있는데, 그것은 불경을 읽어야 할 빚과 보시이다. 불경에 대한 빚은 불경을 구입하여 불단에 올리는 것으로 빚을 갚는 형식을 취하고, 보시는 종이로 만든 지전(紙錢)을 현금으로 사서 시왕(十王)에게 헌납한다. 이 절차를 마치면 징표를 주는데, 그것을 간직했다가 죽은 뒤에 시왕에게 바치면 극락에 왕생한다는 것이다.

이 재는 개인의 발원으로 행하는 게 아니라 여러 신도들이 함께하는 공동 행사이다.

방생회

　사람에게 잡혀 죽게 된 물고기나 동물을 놓아주는 의식이다. '살생하지 마라'가 불교의 가장 중요한 계율이라면, 방생은 자비를 바탕으로 온갖 생물의 존엄성을 깨우쳐주기 위한 가르침이라고 할 수 있다.

　방생회(放生會)의 의식 절차는 먼저 방생할 장소를 청결히 하는 의식을 행한 다음 물고기나 동물을 놓아주고, 그들이 불보살의 가피를 받아 사람의 몸으로 태어나 불제자가 되기를 발원한다.

자자와 포살

자자(自恣)는 여름 안거가 끝나는 날에 수행자들이 한곳에 모여 자신의 잘못을 서로 고백하고 참회하는 의식이다.

> 어느 때 붓다께서 일사능가라(一奢能伽羅) 숲속에서 여러 비구들에게 말씀하셨다.
>
> "비구들아, 나는 두 달 동안 좌선하려 한다. 밥을 가져오는 비구와 포살할 때를 제외하고 비구들은 내게 오지 마라."
>
> 세존께서 이렇게 말씀하시고 나서 두 달 동안 좌선하셨는데, 밥을 갖다드리는 비구와 포살할 때를 제외하고는 어떤 비구도 세존께 가지 않았다.
>
> 〈雜阿含經 제29권 제11경〉

포살(布薩)은 ⑤poṣadha ⑫uposatha를 소리 나는 대로 적은 것이고, 단식(斷食)·정주(淨住)·선숙(善宿)이라 번역한다. 출가자들은 음력 매월 15일과 29일(또는 30일)에 한곳에 모여 계율의 조목을 독송하면서 그동안에 자신이 저지른 잘못을 참회하고, 재가(在家)의 신도는 6재일(齋日), 즉 음력 매월 8·14·15·23·29·30일에 하루 낮 하룻밤 동안 8재계(齋戒)를 지키는 의식이다.

8재계는 다음과 같다.

① 이살생(離殺生). 살아 있는 것을 죽이지 않는다.

② 이불여취(離不與取). 주지 않는 것을 가지지 않는다.

③ 이비범행(離非梵行). 청정하지 않은 행위를 하지 않는다.

④ 이허광어(離虛誑語). 헛된 말을 하지 않는다.

⑤ 이음제주(離飮諸酒). 모든 술을 마시지 않는다.

⑥ 이면좌고광엄려상좌(離眠坐高廣嚴麗牀座). 높고 넓고 화려한 평상에 앉지 않는다.

⑦ 이도식향만이무가관청(離塗飾香鬘離舞歌觀聽). 향유를 바르거나 머리를 꾸미지 않고, 춤추고 노래하는 것을 보지도 듣지도 않는다.

⑧ 이식비시식(離食非時食). 때가 아니면 음식물을 먹지 않는다. 곧, 정오가 지나면 먹지 않는다.

제6장

—

사찰을
찾아서

사찰의 성립

사찰의 어원은 상가라마(S/P.saṁgha-ārāma)이다. 이를 소리 나는 대로 적어 승가람(僧伽藍)이라 하고, 줄여서 가람(伽藍)이라 한다. 상가(saṁgha)는 무리·모임, 아라마(ārāma)는 동산·정원이라는 뜻이다. 그래서 중원(衆園)·승단(僧團)·승원(僧院)이라 한다. 수행자들이 모여 수행하는 곳이라는 뜻이다.

불교 최초의 사찰은 죽림정사(竹林精舍)이다. 이 정사는 붓다가 깨달음을 이루고 나서 왕사성을 찾았을 때 마가다 국의 빔비사라 왕이 왕사성 부근의 죽림동산에 지어 붓다에게 바친 것이다. 붓다 당시 최대의 사찰은 사위국(舍衛國)의 수달(須達)이 기수급고독원(祇樹給孤獨園)에 지어 붓다에게 바친 기원정사(祇園精舍)이다. 기수급고독원과 기원정사는 붓다가 가장 많이 설법한 곳이다. 사위국은 지금의 네팔 남서쪽에 인접해 있던 나라이다.

인도에서 상가라마라고 했던 수행자들의 거주지를 중국에서는 사(寺)·사찰(寺刹)·사원(寺院)이라 했다. 1세기에 인도의 승려 가섭마등(迦葉摩騰)과 법란(法蘭) 등이 불경과 불상을 흰 말에 싣고 낙양에 들어오자, 후

한(後漢)의 명제(明帝)가 백마사(白馬寺)를 지어 그들을 머물게 했다고 한다.

고구려에 불교가 처음 전래한 공식적인 기록은 372년(소수림왕 2)이다. 전진왕(前秦王) 부견(符堅)이 승려 순도(順道)를 시켜 불상과 불경을 전했고, 374년에는 승려 아도(阿道)가 왔다. 왕은 이듬해 초문사(肖門寺)를 지어 순도를 머물게 하고, 이불란사(伊弗蘭寺)를 지어 아도를 머물게 했는데, 이것이 한반도 최초의 사찰이다.

사찰의 가장 중요한 건물은 불전(佛殿)이다. 그런데 불교의 역사에서 여러 종파가 생겨 그들이 근본으로 삼는 경전이나 교리 등에 차이를 보임에 따라 예배의 중심이 되는 본존불(本尊佛)이 달라졌다. 예를 들면 화엄종 사찰에서는 비로자나불을 모시고, 정토종은 아미타불, 천태종은 석가모니불을 모신다.

한국 사찰의 구성은 보통 일주문(一柱門)·천왕문(天王門)·불이문(不二門)·전각(殿閣)·선원(禪院)·강원(講院)·승가대학(僧伽大學)·율원(律院)·요사채(寮舍-)·후원(後院)·욕실(浴室)·해우소(解憂所) 등으로 되어 있다.

일주문·천왕문·불이문은 사찰 입구에 있는 문이다. 불보살을 모신 건물을 전(殿)이라 하고, 불교가 한반도에 토착화되는 과정에서 그에 수용된 산신·칠성 등을 모신 건물을 각(閣)이라 한다.

대웅전에는 석가모니불을 모시고, 대적광전에는 비로자나불, 극락전에는 아미타불, 미륵전에는 미륵불, 약사전에는 약사여래(藥師如來)를 모신다. 관음전과 원통전(圓通殿)에는 관세음보살을 모시고, 나한전(羅漢殿)과 응진전(應眞殿)에는 나한, 명부전에는 지장보살을 중심으로 하여 시왕, 칠성각에는 칠성신, 산신각에는 산신, 독성각(獨聖閣)에는 나반존자(那畔尊者)를 모신다.

선원은 참선하는 곳이고, 강원은 불전(佛典)을 공부하는 곳, 율원은 계율을 공부하는 곳이다. 요사채는 승려들이 거처하는 곳이고, 후원은 부엌, 해우소는 우울한 기분을 푸는 곳이라는 뜻으로 화장실이다.

사찰에 거주하는 승려들의 직책으로는 다음과 같은 것들이 있다. 선원·승가대학·율원을 갖춘 큰 사찰을 말하는 총림(叢林)의 최고 어른인 방장(方丈), 총림이 아닌 큰 사찰의 선원 지도자인 조실(祖室), 승가대학의 교육 전반을 관장하는 강주(講主), 강주를 보좌하면서 학인들을 지도하는 중강(仲講)이 있다. 사찰 운영을 주관하는 주지(住持), 그 밑에 총무·교무·재무의 3직(職)이 있고, 불전(佛殿)을 돌보고 의식을 담당하는 노전(爐殿) 또는 부전(副殿), 살림살이를 관리하는 원주(院主), 의복·방석·이부자리 등을 담당하는 별좌(別座), 밥을 짓는 공양주(供養主) 등이 있다.

해탈의 길목

일주문

일주문(一柱門)은 사찰로 들어가는 첫 번째 문으로, 한 줄로 세운 기둥 위에 맞배지붕 양식으로 되어 있다. 이 기둥 양식은 일심(一心)을 상징한다. 청정한 도량에 들어가기 전에 세속의 번뇌를 말끔히 씻고 일심이 되어야 한다는 뜻이다.

일주문   영축산 통도사

천왕문

천왕문(天王門)은 사찰로 들어가는 두 번째 문으로, 4천왕(天王)을 모신 곳이다.

4천왕은 수미산 중턱의 사방에 있는 4왕천(四王天)의 네 왕으로, 도리천(忉利天)의 우두머리인 제석(帝釋)을 섬기는 신들이다. 4천왕 가운데 동쪽에 있는 지국천왕(持國天王)은 중생을 두루 보살피면서 국토를 지키고, 남쪽에 있는 증장천왕(增長天王)은 불법(佛法)을 보호하면서 만물을 소생시키고, 서쪽에 있는 광목천왕(廣目天王)은 눈을 부릅뜨고 그 위엄으로 불법을 보호하고, 북쪽에 있는 다문천왕(多聞天王)은 항상 도량을 지키면서 설법을 듣는다고 한다.

이들은 중생을 보살피고, 불법과 그에 귀의하는 자들을 보호하고, 항상 도량을 지킨다고 하기 때문에 사찰의 입구에 모신다.

천왕문은 대부분 정면 3칸, 측면 2칸에 맞배지붕으로 되어 있다.

불이문

불이문(不二門)은 사찰로 들어가는 세 번째 문으로, 온갖 2분법의 분별과 대립과 언어를 떠난 부처의 경지를 상징한다.

불이문   영축산 통도사

대웅전·대웅보전

　대웅(大雄)은 마하비라((S)mahāvira)를 번역한 것으로, 석가모니불에 대한 많은 존칭 가운데 하나이다. 따라서 대웅전은 석가모니불을 모신 사찰의 중심 건물이다.

대웅전

예산 수덕사

보통 석가모니불을 중심으로 좌우에 문수보살과 보현보살을 모신다. 문수는 지혜를, 보현은 서원을 세우고 수행하는 행원(行願)을 상징하는데, 본존불을 좌우에서 보좌하는 보살을 협시보살(脇侍菩薩)이라 한다.

대웅전(大雄殿)의 격을 높여 대웅보전(大雄寶殿)이라 할 때는 석가모니불의 좌우에 아미타불과 약사여래를 모시고, 다시 각각의 좌우에 보좌하는 보살을 모신다.

그리고 여러 불상 중에 무슨 부처인지는 인계(印契)로 구별하는데, 인계는 무드라(ⓢmudrā)를 번역한 것이다. 인상(印相)·수인(手印)이라고도 한다. 이는 부처의 깨달음 또는 서원을 상징적으로 나타내는 손 모양을 말한다.

석가모니불의 인계는 좌선할 때의 손 모양에서 오른손을 풀어서 오른쪽 무릎에 얹고 손가락으로 땅을 가리키는 항마촉지인(降魔觸地印)이다. 이는 석가모니가 수행을 방해하는 모든 악마를 항복시키고 성취한 깨달음을 지신(地神)이 증명했다는 뜻이다.

대웅전   금정산 범어사

대웅보전   해남 대흥사

항마촉지인   토함산 석굴암 본존불

불상을 모셔두는 불단(佛壇)을 수미단(須彌壇)이라고도 하는데, 이는 부처가 수미산 꼭대기에 앉아 지혜와 자비의 광명을 말하고 있음을 상징한다.

　불상 뒤에 걸어둔 탱화(幀畵)를 후불탱화라고 하는데, 석가모니불의 후불탱화는 주로 영산회상도(靈山會上圖)이다. 이는 석가모니불이 영취산에서 제자들에게 설법하는 정경을 묘사한 그림이다.

대적광전·화엄전·비로전

　주로 화엄종 사찰에서 비로자나불을 본존불로 모신 건물이다.《화엄경》을 바탕으로 하므로 화엄전(華嚴殿), 비로자나불을 모셨으므로 비로전(毘盧殿), 그리고 비로자나불의 정토인 연화장세계(蓮華藏世界)는 깊은

대적광전　　　　　　　　　　　　　　　　　　　경주 기림사

선정(禪定)과 지혜의 빛이 충만하므로 대적광전(大寂光殿)이라 한다.

　보통 비로자나불을 중심으로 노사나불(盧舍那佛)과 석가모니불을 모신다. 노사나불은 연화장세계의 보신불(報身佛)이다. 즉, 중생을 구제하겠다는 서원을 세우고 거듭 수행한 결과, 깨달음을 성취한 연화장세계의 부처이다.

비로자나불　　　　철원 도피안사

　그리고 비로자나불의 인계는 왼손의 집게손가락을 펴서 오른손으로 감싸 쥐는 지권인(智拳印)이다.

　후불탱화로 법신탱화(法身幀畫)·보신탱화(報身幀畫)·응신탱화(應身幀畫)를 각각의 불상 뒤에 거는 경우가 많다.

극락전·아미타전·무량수전

아미타불의 서방 극락정토를 축소시켜 묘사한 곳으로, 아미타전(阿彌陀殿)·무량수전(無量壽殿)이라고도 한다. 극락이 서쪽에 있으므로 극락전(極樂殿)은 주로 동쪽을 향하고 있어 예배하는 이들은 서쪽을 향하게 된

극락보전   강진 무위사

다. 아미타불을 본존으로 하고, 좌우에 관세음보살과 대세지보살 또는 관세음보살과 지장보살을 모신다.

아미타불의 인계에는 9품(品)이 있다. 이는 극락에 태어나는 자들의 수준에 따라 상품(上品)·중품(中品)·하품(下品)으로 나누고, 다시 각각 상생(上生)·중생(中生)·하생(下生)으로 나눈 것이다. 우리나라의 경우, 대부분 하품의 자세를 하고 있다. 즉, 오른손을 가슴 앞까지 들어서 손바닥을 밖으로 하고 왼손을 무릎 근처에 놓은 모양이다. 그러나 석가모니불의 인계를 하고 있는 경우도 있는데, 영주 부석사 무량수전의 아미타불이 그 예이다.

후불탱화로 극락의 법회를 묘사한 극락회상도(極樂會上圖)나 극락구품탱화(極樂九品幀畵)를 걸어 극락의 정경을 보여준다.

아미타불   팔공산 은해사

약사전·유리광전

약사전(藥師殿)·유리광전(琉璃光殿)은 보통 동향인데, 그것은 약사여래의
정토가 동쪽으로 무수한 불국토를 지나서 있다고 하기 때문이다. 약

약사여래   칠갑산 장곡사

사여래를 중심으로 좌우에 일광보살과 월광보살을 모신다.

약사여래는 보살이었을 때 열두 가지 서원을 세우고 수행했는데, 그 가운데 제6원은 '몸이나 정신이 온전하지 못한 중생은 모두 단정한 몸을 얻고 모든 병이 소멸되기를 원한다', 제7원은 '가난하고 질병에 시달리는 중생은 질병이 소멸되고 온갖 재물을 얻어 몸과 마음이 안락하기를 원한다', 제10원은 '중생이 온갖 고뇌에 시달려도 나의 복덕과 힘으로 모든 근심과 괴로움에서 벗어나기를 원한다'이다.

그 열두 가지 서원을 성취해서 세운 정토가 유리광세계(琉璃光世界)이다. 약사여래는 그곳에서 중생들의 질병을 치료한다고 한다. 약사여래의 인계는, 오른손은 석가모니불이나 아미타불과 비슷하고 왼손에는 약병을 들고 있다.

후불탱화는 그 여래의 정토를 묘사한 동방약사유리광회상도(東方藥師琉璃光會上圖)이다.

미륵전·용화전·자씨전

미륵(彌勒)은 마이트레야(ⓢmaitreya)를 소리 나는 대로 적은 것으로, 자씨(慈氏)라고 번역한다.《미륵하생경》에 의하면, 미륵은 석가모니불의 가르침을 받으면서 수행하다가 미래에 성불할 것이라는 예언을 받고 목숨을 마친 후 도솔천에 태어나 현재 거기서 수행 중이라고 한다. 그는 석가모니불이 입멸한 후, 오랜 세월이 지나면 이 세상에 다시 태어나 화림원(華林園)의 용화수(龍華樹) 아래서 성불하여 3회에 걸쳐 설법하는데, 그 설법으로 약 3백억 명의 중생이 아라한의 경지에 이른다고 한다. 이를 '용화3회(龍華三會)'라 하고, 미륵불의 정토를 용화세계(龍華世界)라고 한다.

미륵전(彌勒殿)에는 도솔천에 있는 미륵보살이나 미래에 용화세계에서 중생들에게 설법할 미륵불을 모신다. 미륵전을 용화전(龍華殿)·자씨전(慈氏殿)이라고도 한다.

후불탱화는 용화수 아래서 미륵불이 중생들에게 설법하고 있는 정경을 묘사한 용화회상도(龍華會上圖)나 보관(寶冠)을 쓴 미륵보살이 구름을 타고 내려오는 광경을 묘사한 미륵내영도(彌勒來迎圖)이다.

보광전·보광명전

보광전(普光殿)은 석가모니불을 모신 건물이다.《80화엄경》에 '그때 세존께서 마갈제국의 고요한 보리도량(菩提道場)에서 비로소 정각(正覺)을 이루시고, 보광명전(普光明殿)의 연화장사자좌(蓮華藏師子座)에 앉아계셨다'는 묘사가 세 번 나온다.

어떤 사찰의 보광명전에는 비로자나불을 모시기도 하는데, 이는 《화엄경》의 교주가 비로자나불이기 때문이다.

관음전·원통전

　관세음보살을 본존으로 모신 곳이다. 세간의 중생이 갖가지 괴로움을 겪을 때, 그의 이름을 부르면 그 음성을 듣고 큰 자비로 중생을 괴로움에서 벗어나게 해주므로 관세음(觀世音), 모든 현상을 두루 관찰하듯이 중생의 구제도 자재하므로 관자재(觀自在), 모든 소리를 마음대로 두루 들을 수 있는 능력을 지니고 있으므로 원통대사(圓通大士)라고 한다. 그래서 관음전(觀音殿)을 원통전(圓通殿)이라고도 한다.

명부전·지장전·시왕전

　명부는 사람이 죽어서 간다는 저승의 세계이다. 명부전(冥府殿)은 지장보살을 중심으로 해서 시왕을 모시기 때문에 지장전(地藏殿)·시왕전(十王殿)이라고도 한다. 이 보살은 삭발하고 이마에 띠를 두른 형상을 하고 있다.

　지장보살은 석가모니불이 입멸하고 미륵보살이 성불할 때까지, 즉 부처가 없는 시대에 중생을 제도한다는 보살이다. 그는 모든 중생이 구원받을 때까지 자신은 부처가 되지 않겠다는 큰 서원을 세운 보살이기 때문에 '대원본존지장보살(大願本尊地藏菩薩)'이라 하고, 특히 가장 고통이 심한 지옥의 중생을 제도하는 데 중점을 둔다고 한다.

　시왕은 저승에서 죽은 사람이 생전에 저지른 죄를 심판한다는 열 명의 왕이다. 사람이 죽어서 명복을 빌기 위해 지내는 재는, 죽은 날로부터 7일마다 7회에 걸쳐 지내는 49재, 또 죽은 지 100일에 지내는 백재(百齋)와 1주년과 2주년에 지내는 소상(小祥)과 대상(大祥)까지 모두 열 번이다. 이 열 번의 근거는 사람이 죽으면 저승의 시왕 각각에게 심판

명부전   **영광 불갑사**

을 받게 되는데, 심판을 받을 때마다 재를 올린다는 명부시왕신앙에
의한 것이다.

명부전은 지장신앙과 명부시왕신앙이 결합되어 생긴 건물이다.

영산전·팔상전

영산은 석가모니불이 《법화경》을 설한 영취산의 준말이다. 이곳에는 석가모니불을 중심으로 좌우에 갈라보살(羯羅菩薩)과 미륵보살을 모신다.

후불탱화는 영취산에서 《법화경》을 설하던 정경을 묘사한 영산회상도이고, 그 주위에 여덟 폭의 팔상도(八相圖)를 배치한다. 팔상도는 석가모니 생애를 여덟으로 나누어 묘사한 불화이다.

그것은 다음과 같다.

① 도솔래의상(兜率來儀相). 도솔천(兜率天)에서 이 세상에 내려오는 모습.

② 비람강생상(毘藍降生相). 룸비니 동산에서 탄생하는 모습.

③ 사문유관상(四門遊觀相). 네 성문으로 나가 세상을 관찰하는 모습.

④ 유성출가상(踰城出家相). 성을 넘어 출가하는 모습.

⑤ 설산수도상(雪山修道相). 설산에서 수도하는 모습.

⑥ 수하항마상(樹下降魔相). 보리수 아래서 악마의 항복을 받는 모습.

⑦ 녹원전법상(鹿苑轉法相). 녹야원에서 최초로 설법하는 모습.

⑧ 쌍림열반상(雙林涅槃相). 사라쌍수(沙羅雙樹) 아래서 열반에 드는 모습.

영산전 　　　　　　　공주 마곡사

이와 같이 팔상도를 배치하고 있기 때문에 영산전(靈山殿)을 팔상전(八相殿, 捌相殿)이라고도 한다. 특히 법주사의 팔상전은 목탑으로, 팔상도를 사방에 배치하고 그에 따른 불상을 조성하여 모신 것이 특징이다.

영산전 　　　　　　　영축산 통도사

팔상전 　　　　　　　속리산 법주사

나한전·응진전

석가모니불을 중심으로 하여 좌우에 그의 제자 가운데 아라한의 경지에 이른 성자들을 모신 곳이다. 보통 5백 나한이나 16나한을 모신다.

나한(羅漢)은 ⑤arhan을 소리 나는 대로 적은 아라한의 준말로, 마땅히 공양 받아야 하므로 응공(應供), 진리에 따르므로 응진(應眞)이라 한다. 그래서 나한전을 응진전이라고도 한다.

응진전   경주 기림사

독성각

나반존자(那畔尊者)를 모신 곳이다. 이 존자는 남인도의 천태산에서 홀로 수행한 성자였다고 하여 독성(獨聖)이라 한다. 그는 과거·현재·미래의 모든 일을 꿰뚫어 알고, 중생에게 복을 주고 그의 소원을 성취시켜 준다고 한다.

독성각에는 나반존자상을 모시기도 하지만 보통 독성탱화를 걸어둔다. 이 탱화는 천태산을 배경으로 하여 희고 긴 눈썹을 지닌 늙은 비구가 오른손에는 지팡이를, 왼손에는 염주나 불로초를 들고 앉아 있는 모습이다.

칠성각

    칠성각(七星閣)은 칠성신(七星神)을 모신 곳이다. 이 신(神)은 우리나라의 토착신앙이었으나 불교에 흡수되어 변용되었다. 칠성신은 자손에게 복을 주고, 장애와 재난을 없애주며, 오래 살게 해준다고 한다.

산신각

    산신은 원래 불교와 관계없으나 불교가 한반도에 토착화되는 과정에서 그에 수용되어 불법을 지키는 수호신으로 되었다.

    산신각(山神閣)에는 주로 호랑이와 노인의 모습을 한 산신상이나 이를 그린 탱화, 치마와 저고리를 입고 호랑이 위에 앉아 있는 할머니상, 백발의 수염에 긴 눈썹을 날리며 손에는 깃털 부채나 불로초를 들고 있는 산신을 그린 탱화 등을 걸어둔다. 그리고 독성·칠성·산신을 함께 모신 건물을 삼성각(三聖閣)이라 한다.

탑

붓다는 쿠시나가라의 사라나무 아래서 입멸했다. 시신은 다비(茶毘 : 화장)했고, 유골은 여덟 부족에게 분배되었다. 이 부족들은 각각 탑(塔)을 만들어 그곳에 유골을 안치했는데, 이를 근본8탑(根本八塔)이라 한다. 유골을 분배받지 못한 부족은 유골을 담았던 병을 가지고 가서 병탑(瓶塔)을 세웠고, 어떤 부족은 재를 가지고 가서 회탑(灰塔)을 세웠다.

탑은 ⑧stūpa를 소리 나는 대로 적은 탑파(塔婆)의 준말이다. 스투파는 '유골을 안치하고 흙이나 돌로 높이 쌓아 올린 무덤'이라는 뜻이므로 방분(方墳)·원총(圓塚)·고현처(高顯處)라고 번역한다. 원래는 유골을 안치한 것을 탑이라 하고, 안치하지 않은 것을 지제(支提, ⑧caitya)라고 했으나 보통 구별하지 않고 모두 탑이라 한다.

인도에서 초기의 탑은 흙이나 벽돌로 만들었는데, 대부분 파괴되었고 현재 원형 그대로 남아 있는 것은 기원전 3~1세기에 건립된 중인도의 산치대탑(Sanchi大塔)이다. 이 탑은 밑에서부터 기대(基臺)·복발(覆鉢)·평두(平頭)·산개(傘蓋) 순으로 되어 있다.

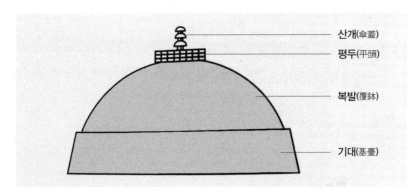

산개(傘蓋)
평두(平頭)
복발(覆鉢)
기대(基臺)

산치대탑 부분 명칭

이 가운데 복발은 흙을 둥글게 쌓은 모양이 마치 발우(鉢盂)를 뒤집어놓은 모양과 같아서 붙은 이름이고, 산개는 우산 모양을 하고 있는데 고귀한 신분을 상징한다. 그런데 중국에서는 처음부터 인도 탑과전혀 다른 모습의 독창적인 탑을 건립했다. 중국 탑은 맨 윗부분만 인도 탑의 흔적이 보이고 아래쪽은 고층 누각 모양의 탑을 만들어서 탑의 중국적 변신을 이루었다. 그리고 탑의 층수를 3·5·7·9로 했고, 탑의 한 층 한 층을 이루는 평면의 모습은 4각형이 대부분이고 6각형과8각형도 있다.

탑은 나무로 만든 목탑(木塔), 벽돌로 만든 전탑(塼塔), 돌로 만든 석탑(石塔)으로 분류하는데, 중국은 주로 전탑을 많이 건립했고, 한반도에서는 석탑, 일본은 목탑을 많이 건립했다.

중국 초기의 목탑 양식은 한반도에 그대로 전래되어 고구려·백제·신라와 고려의 목탑 유적지가 여러 곳에 있다. 조선의 목탑은 딱 하나남아 있는데, 1605년(선조 38)에 재건한 법주사의 팔상전이다. 1690년(숙종16)에 재건한 화순 쌍봉사의 대웅전도 3층목탑이지만, 1984년에 화재로 소실되었고, 1986년에 복원했다.

한반도에 현존하는 전탑으로는 안동 법흥사지 7층전탑, 안동 조탑동 5층전탑, 안동 동부동 5층전탑, 칠곡 송림사 5층전탑, 여주 신륵사 다층전탑 등이 있다. 중국의 전탑은 전체가 벽돌로 축조되어 있는 데 반해, 한반도의 전탑은 기단부가 화강암(花崗巖)으로 되어 있다.

석탑의 재료는 대부분 화강암이고, 구조는 기단부(基壇部)·탑신부(塔身部)·상륜부(相輪部)의 세 부분으로 구성되는데, 기단부를 생략하고 자연암반을 기단으로 사용하는 경우도 있다.

한반도에 불교가 전래된 4세기 후반부터 약 2백 년간 목탑이 건립되어 오다가 백제 말에 이르러 처음으로 석탑이 건립되었다. 익산 미륵사지 석탑은 현존하는 한반도 최초의 석탑인데, 모양은 목탑 양식이다. 구조물의 표현을 간소화시키면서 석탑의 양식, 즉 기단부와 각 층

안동 법흥사지 7층전탑

여주 신륵사 다층전탑

부여 정림사지 5층석탑

익산 미륵사지 석탑

의 몸돌과 지붕돌, 그리고 상륜부
라는 구조의 틀을 보여주는 것은
부여 정림사지 5층석탑이다.

한편 현존하는 가장 오래된 신
라의 석탑은 634년(선덕여왕 3)에 건
조된 경주 분황사 탑으로, 이것
은 전탑이 아니라 검은 회색을 띠
는 안산암(安山巖)을 벽돌 모양으로

분황사 석탑

다듬어 쌓은 모전석탑(模塼石塔)이다. 또 의성 탑리 5층석탑도 전탑 양식
으로, 기단이 잘 정비되어 있고 전체적으로 분황사 탑보다 규격화되어
있다.

의성 탑리 5층석탑

감은사지 3층석탑

고선사지 3층석탑 　　　경주박물관

이러한 백제의 석탑과 신라의 전탑 양식이 삼국 통일을 계기로 한층 정돈되어 석탑의 가장 전형적인 양식의 표본을 보여주는 감은사지(感恩寺址) 3층석탑과 고선사지(高仙寺址) 3층석탑을 만들어냈다.

감은사는 문무왕(661~681)이 왜적을 물리치려는 염원으로 창건했으나 완성을 보지 못하고 승하하자, 그의 아들 신문왕이 682년에 완성한 호국 대찰이다. 이 절터에 서로 같은 형식, 같은 규모로 동서로 나란히 서 있는 이 쌍탑은 신라 최대의 3층석탑이다.

고선사지 탑은 축조 시기와 규모가 감은사지 탑과 비슷하다. 감은사지 탑은 전체 윤곽이 엄격하고 웅장한 데 반해, 고선사지 탑은 온화하고 부드럽다. 두 탑은 모두 9미터 남짓한 규모이고, 막 통일을 이룩한 신라의 솟아오르는 국력이 응축되어 있는 듯한 장중함을 보여준다.

이 두 탑이 세워지고 80년 후에 불국사 석가탑이 등장하는데, 이 탑은 완벽한 균형에 깔끔하고 간결한 아름다움을 드러내어 3층석탑의 전형(典型)이 되었다. 그 외에 석탑의 기본 양식에서 벗어나

다양한 변화를 보인 석탑도 있는데, 불국사 다보탑과 화엄사 4사자3층석탑(四獅子三層石塔), 여러 가지 조각이 새겨져 있는 실상사(實相寺) 백장암 3층석탑, 그리고 양양 선림원지(禪林院址) 3층석탑과 진전사지(陳田寺址) 3층석탑 등이 그것이다.

　신라의 석탑이 경주를 중심으로 집중되어 있는 것과는 달리, 고려의 석탑은 전국에 분포되어 있다. 백제의 옛 땅에는 정림사지 석탑의 양식을 계승한 석탑이 주류를 이루고 있는데, 부여 무량사 5층석탑과 부여 장하리 3층석탑 등이 그러한 예에 속한다. 옛 고구려 땅에는 6각 또는 8각으로 된 다층석탑이 많이 건립되었고, 개성을 중심으로 한 지역에는 고구려·백제·신라의 양식을 두루 갖춘 석탑이 건립되었다.

경주 불국사 석가탑　　　　　경주 불국사 다보탑

화엄사 4사자3층석탑   실상사 백장암 3층석탑   양양 선림원지 3층석탑

양양 진전사지 3층석탑   부여 무량사 5층석탑   부여 장하리 3층석탑

　　그러나 고려 말에는 원(元)의 양식에 따른 석탑이 건립되었는데, 대
표적인 것이 개성 경천사지 10층석탑이다. 1348년(충목왕 4)에 건립된 이
탑은 원의 공장(工匠)이 직접 만든 것으로 상륜부는 라마교 양식을 따

르고 있다. 조선 때 건립된 원각사지 10층석탑은 전체 형태나 세부 구조, 표면 조각 등은 경천사 석탑을 그대로 모방했고 사용된 석재도 같은 대리석이다.

개성 경천사지 10층석탑

승탑과 석등

승탑(僧塔)은 고승의 사리(舍利)나 유골을 안치한 석조물이다. 탑이 주로 사찰 안에 있는 반면, 승탑은 사찰 밖에 있다. 이 승탑의 건립은 신라 말에 전래한 선종과 관련이 있다.

가지산문(迦智山門)의 제1조인 도의(道義. ?~?)는 784년(선덕왕 5)에 당에 가서 마조의 제자인 서당 지장(西堂智藏, 735~814)의 선법(禪法)을 전해 받았다. 당에 머물기를 37년, 821년(헌덕왕 13)에 귀국하여 한반도에 처음으로 조사선을 전했으나 당시 불교계는 유식과 화엄이 주류를 이루고 있었기 때문에 수용되지 않았다. 그래서 도의는 설악산 진전사(陳田寺)에 은거하면서 그의 선법을 염거(廉居. ?~844)에게 전했다.

선종에서는 깨달으면 곧 부처이므로 깨달은 선사의 죽음은 석가모니불의 죽음과 다를 바 없다고 사유했다. 그래서 불탑이 있듯이 선사의 사리나 유골을 안치한 승탑이 등장하게 된다. 승탑을 부도(浮屠)라고도 한다. 그리고 승탑의 명칭은 대부분 선사의 시호(諡號)이다.

현재 양양 진전사지에 있는 승탑은 도의선사탑으로 알려져 있다. 이 승탑은 8각형을 기본으로 하고, 그 받침대는 석탑의 기단부를 그대로 따르고 있다. 가지산문의 제2조인 염거화상탑은 전체가 모두 8각형으로 조성되어 있는데, 이런 형식의 승탑을 8각원당형(八角圓堂形)이라 한다. 이후 신라의 승탑은 이 형식을 기본으로 했다. 대표적인 것으로는 한반도 최고의 작품으로 평가되는 화순 쌍봉사 철감선사탑(澈鑒禪師塔)과 조각이 매우 정교한 지리산 연곡사 동승탑 등이 있다.

양양 진전사지 승탑

염거화상탑   국립중앙박물관

화순 쌍봉사 철감선사 승탑

지리산 연곡사 동승탑

여주 고달사지 승탑

원주 법천사지 지광국사탑 경복궁

그러나 고려에 이르면 승탑의 형식이 다양해진다. 8각원당형의 기본을 따랐지만 지붕돌의 8각마다 귀꽃이 솟아 있는 여주 고달사지 승탑, 기단부와 탑신부가 모두 정사각형으로 되어 있는 원주 법천사지 지광국사탑(智光國師塔) 등이 있다. 이들 대부분의 승탑은 전체적으로 균형 있는 조형미에 화려하고 정교한 조각이 있어 한반도 석조 미술의 백미로 손꼽힌다.

석등(石燈)은 등공양(燈供養)과 연등(燃燈)을 상징하는 석조물로, 돌로 만든 등이다. 석등은 하대석(下臺石)·간주석(竿柱石)·상대석(上臺石)·화사석(火舍石)·지붕돌의 다섯 부분으로 되어 있고, 지붕돌 위에 보주(寶珠)를 얹는다. 이런 일반적 형태는 시대와 지방에 따라 다양한 변화를 보이고 있다.

석등 부분 명칭

석등에서 가장 중요한 부분은 등불을 넣는 화사석인데, 통일신라 때 주류를 이룬 기본형은 8각형이고 4면에 화창구(火窓口)를 낸 형태이다. 이런 8각형 양식의 대표적인 것이 영주 부석사 무량수전 앞에 있는 석등이다. 이 석등은 네모반듯한 지대석 위에 복련석(覆蓮石, 연꽃을 뒤집어놓은 모양)을 올리고, 그 위에 굵기와 높이에서 아름다운 비례를 보이는 8각의 간주석을 세웠다. 그 위에 8각의 화사석을 받치는 앙련석(仰蓮石, 연꽃이 하늘을 보고 활짝 피어 있는 모양)을 놓고, 화사석 위에는 8각의 지붕돌을, 지붕돌 위는 보주로 장식했다. 이 석등은 각 부분들이 단정하고 아담한 조화를 이루고 있는데, 특히 화사석 4면에 새긴 보살상과 복련석의 귀꽃 조각이 아름답다.

부석사 석등

이 시대에는 고복형(鼓覆形, 북을 옆으로 누인 모양)이라는 특수한 양식이 있다. 이 양식은 각 부분이 주로 8각형으로 되어 있다는 점에서는 기본형과 같으나 간주석이 장구나 북 모양이다. 대표적인 작품이 구례 화엄사 각황전 앞의 석등과 지리산 실상사 석등이다. 그리고 간주석 대신 두 마리 사자가 서 있는 양식이 있는데, 법주사 쌍사자 석등과 중

화엄사 각황전 앞 석등   지리산 실상사 석등   법주사 쌍사자 석등

홍산성 쌍사자 석등 등이 그 양식을 따르고 있다.

고려에 이르면, 대체로 8각형의 전형을 계승하지만 기본형에서 벗어난 4각형의 양식이 나타난다. 논산 관촉사 석등이 이 양식에 속하는데, 고복형의 간주석에 4각형의 상대석을 얹고 화사석은 네 귀에 석주만 세우고 4각형의 지붕돌을 놓은 형태이다.

조선의 석등은 4각형이 기본형이고, 간주석은 짧고 두툼한 형태로 변했다.

불구

불구(佛具)는 법구(法具)라고도 하는데, 불교의식에 쓰이는 기구를 말한다.

범종

무릇 지극한 도는 형상 밖의 것도 포함하나니

눈으로 보아도 그 근원을 보지 못하고

장중한 소리가 천지간에 진동해도

그 메아리를 듣지 못하도다.

이런 까닭에 가설을 세워 오묘한 이치를 보게 하듯이

신종(神鐘)을 걸어 부처의 음성을 깨닫게 하노라.

〈聖德大王神鐘 銘文 중에서〉

종루   완주 송광사

    범종(梵鐘)은 아침 저녁 예불 때 치는 큰 종으로, 그 소리를 부처의 음성이라 했다. 부처의 말씀을 글로 표현하면 불경이 되고, 부처의 모습을 형상화하면 불상이 되고, 부처의 깨달음을 그림으로 나타내면 만다라가 된다. 이와 마찬가지로 부처의 음성을 범종의 소리라고 했다.

    범종을 걸어두는 곳을 범종루(梵鐘樓)·범종각(梵鐘閣)·종루(鐘樓)라고 하는데, 이곳에는 범종만 있기도 하지만 큰 사찰에서는 법고(法鼓)·목어(木魚)·운판(雲板) 등을 함께 배치하기도 한다.

    현존하는 범종 중 오래된 것으로는 통일신라의 상원사동종을 비롯해서 에밀레종으로 불리는 성덕대왕신종, 고려의 용주사범종·천흥사동종·탑산사동종, 조선의 낙산사동종·봉선사대종 등이 있다.

    범종의 기본형은 용뉴(龍鈕)·음관(音管)·천판(天板)·상대(上帶)·유곽(乳

성덕대왕신종   경주박물관

廓)·유두(乳頭)·비천상(飛天像)·당좌(撞座)·하대(下帶)로 되어 있다.

용뉴는 범종의 가장 위쪽에 있는 용의 모습을 한 고리로, 이곳에 쇠줄을 연결하여 종을 매단다. 음관은 용뉴 바로 옆에 붙어 있는 대나무 마디 모양의 소리 대롱이고, 천판은 용뉴·음관과 접촉하고 있는 범종의 머리 부분으로, 주로 연꽃잎이 새겨져 있다.

상대는 범종의 어깨 부분에 둘린 무늬 띠이고, 하대는 아랫부분에 둘린 무늬 띠인데, 상·하대에는 주로 넝쿨풀 무늬나 국화 무늬가 새겨져 있다.

유곽은 윗부분의 네 곳에 있는 네모난 테이고, 그 안에 각각 아홉 개의 볼록 솟아 있는 꼭지가 있는데, 이것이 마치 젖꼭지 같다고 해서 유두라고 한다. 범종 가운데에는 비천상(飛天像)이 새겨져 있고, 종을 치

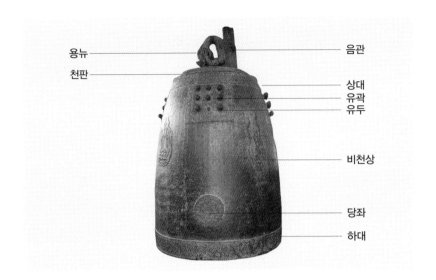

범종 부분 명칭

용뉴
천판
음관
상대
유곽
유두
비천상
당좌
하대

는 당목(撞木)이 닿는 곳을 당좌라고 한다. 그리고 종 밑에는 땅바닥이 움푹 패어 있거나 항아리가 묻혀 있는데, 이것은 종소리의 울림과 여운을 좋게 하기 위한 것이다.

법고

'가르침을 전하는 북'이라는 뜻이다. 즉, 북소리가 널리 퍼지듯 불법을 중생들에게 널리 전하여 번뇌를 끊고 해탈을 이루게 한다는 의미를 담고 있다. 큰 북은 걸어두고 아침저녁 예불 때 두드리고, 작은 북은 의식 때 사용한다.

목어와 목탁

목어는 나무를 물고기 모양으로 빚고 배 부분을 파낸 기구로, 이것을 걸어두고 아침저녁 예불 때 배 안쪽의 두 벽을 나무 막대기로 두드려 소리를 낸다. 물고기가 늘 눈을 뜨고 있듯이, 졸지 않고 정진한다는 뜻을 담고 있다. 원래는 물고기 모양이었으나 차츰 용의 머리에 물고기 몸을 한 형태로 변형되었고, 또 입에 여의주를 물고 있는 것도 있다.

목탁(木鐸)은 목어에서 변형된 것으로, 둥근 모양에 손잡이가 있고 속은 비어 있다. 앞쪽은 가늘게 트여 있고 양옆에는 구멍이 두 개 있는데, 이것은 물고기 입과 두 눈을 나타낸다. 아침저녁 예불이나 의식 때 일정한 법도에 따라 치고, 또 의사 전달의 신호로도 친다.

운판

청동이나 철로 만든 뭉게구름 모양의 판에 보살상·글자·구름·달 등을 새긴 기구로, 아침저녁 예불 때 친다.

죽비

길이 약 40~50센티미터의 대나무를 3분의 2 정도는 가운데를 두 쪽으로 가르고, 3분의 1은 그대로 두어 손잡이로 만든 기구로, 이를 사용할 때에는 손잡이를 손에 쥐고 갈라진 부분을 손바닥에 쳐서 소리를 낸다. 참선이나 모임의 시작과 끝을 알리고, 식사할 때에도 그 소리에 따라 대중이 행동을 같이한다. 또 참선할 때 졸거나 자세가 흐트러진 수행자의 어깨를 칠 때 사용하는 약 2미터 길이의 큰 죽비(竹篦)가 있는데, 이를 장군죽비(將軍竹篦)라고 한다.

요령

요령(搖鈴)은 작은 종 모양의 몸통에 손잡이가 있는 기구로, 사찰에서 염불할 때 손에 쥐고 흔들어 소리를 낸다.

제7장

—

기초
용어와
문답

불보살과 수행자

싯다르타의 가족 관계는?

싯다르타의 아버지는 인도 북부에 있던 카필라 성의 정반왕이고, 어머니는 콜리야 족 선각왕의 딸 마야이다. 그녀는 출산하기 위해 친정으로 가는 도중에 룸비니 동산 무우수 아래서 싯다르타를 낳았다.

정반왕은 마야가 아들을 낳은 지 7일 만에 세상을 떠나자, 그녀의 여동생 마하프라자파티와 재혼해 아들 난다와 딸 순다리 난다를 낳았다.

싯다르타는 17세에 콜리야 족의 야쇼다라와 결혼해 아들 라홀라를 낳았다.

후에 싯다르타의 아들 라홀라와 이복동생 난다, 이모이자 새어머니인 마하프라자파티와 아내 야쇼다라 모두 출가했다.

석가족이 세운 카필라 성의 위치는 어디인가?

카필라 성의 위치는 지금 네팔의 최남단에 있는 타라이(Tarai) 지방으로 알려져 있다. 붓다가 입멸한 후, 1천1백여 년의 세월이 흘러 그곳을 찾은 현장(玄奘, 602~664)은 《대당서역기(大唐西域記)》 제6권에 다음과 같이 기록했다.

> 카필라국의 둘레는 4천여 리이다. 비어 있는 성이 십여 개에 달하고 이미 심하게 황폐되었다. 왕성(王城)도 허물어져 그 둘레와 크기를 알 수가 없다. 그 안의 궁성(宮城)은 둘레가 십사오 리이고, 벽돌을 쌓아 만든 기단은 견고하다. 황폐된 지 오래되어 마을도 거의 없고 썰렁하다.

석가모니란 무슨 뜻인가?

싯다르타는 출가해서 깨달음을 얻어 붓다, 즉 깨달은 자가 되었다. 그를 석가모니라 불렀는데, 석가모니는 '석가족의 성자', '석가족의 침묵하는 자'라는 뜻이다.

석가모니의 출가 전 이름은 팔리어(pāli語)로는 고타마 싯닷타(gotama siddhattha)이고, 산스크리트(sankrit)는 가우타마 싯다르타(gautama siddhārtha)이다. 보통 '고타마 싯다르타'라고 한다.

그리고 gotama와 gautama를 소리 나는 대로 적어 구담(瞿曇)이라 한다.

붓다의 10대제자는 누구누구인가?

10대제자(十大弟子)는 붓다의 가르침을 잘 따르고 전파한 제자로, 붓다가 입멸한 후에 불교인들이 선별한 것이다.

① 사리불. ⑤śāriputra를 소리 나는 대로 적은 것이다. 마가다 국의 바라문 출신으로, 지혜가 뛰어나 지혜제일(智慧第一)이라 한다. 원래 목건련과 함께 육사외도(六師外道)의 한 사람인 산자야(⑤ⓟsañjaya)의 수제자였으나 붓다의 제자인 아설시(阿說示)로부터 그의 가르침을 전해 듣고, 동료 250명과 함께 붓다의 제자가 되었다. 붓다보다 나이가 많았고, 병이 들어 고향에서 간호를 받다가 입적했다.

어느 때 붓다께서 왕사성 가란타죽원에 계셨다. 그때 사리불존자가 마가 다 국의 나라(那羅) 마을에서 병으로 열반했다. 순타(純陀) 사미가 그를 간 호하고 공양했는데, 사리불존자가 병으로 열반하자 순타는 사리를 수습 하고 가사와 발우를 가지고 왕사성으로 가서 아난존자에게 말했다.

"존자시여, 저의 화상(和尙) 사리불께서 열반하셨습니다. 저는 그분의 사 리와 가사와 발우를 가지고 왔습니다."

그러자 아난존자가 붓다에게 가서 말했다.

"세존이시여, 저는 지금 몸을 가눌 수가 없습니다. 사방이 아득하고 캄캄 합니다. 말문이 막혀버렸습니다.

순타 사미가 저를 찾아와 '화상 사리불께서 열반하시어 그분의 사리와 가사와 발우를 가지고 왔습니다'라고 했습니다." (……)

붓다께서 아난에게 말씀하셨다.

"너는 너무 근심하거나 괴로워하지 마라. 생기거나 일어나거나 나타난 것들은 모두 무너지는 법이니, 어떻게 무너지지 않을 수 있겠느냐. 아무 리 무너지지 않으려 해도 그것은 있을 수 없는 일이다.

내가 전에 말한 것처럼, 사랑하고 아끼고 소중히 여기는 모든 것들은 서 로 떨어지기 마련이어서 늘 보존될 수는 없는 법이다.

비유하면 큰 나무의 뿌리·줄기·가지·잎·꽃·열매에서 큰 가지가 먼저 부러지고 대보산(大寶山)에서 큰 바위가 먼저 붕괴되는 것과 같아, 여래의 대중 권속에서 저 대성문(大聲聞)이 먼저 반열반한 것이니라.

사리불이 있는 곳에서는 내가 할 일이 없었고 공허하지 않았다.

아난아, 내가 말했듯이 사랑하고 아끼고 소중히 여기는 모든 것들은 다 서로 떨어지기 마련이니, 너는 이제 너무 근심하거나 괴로워하지 마라.

아난아, 여래도 머지않아 가고 말 것이다."

② 목건련. ⓢmaudgalyāyana를 소리 나는 대로 적은 것이다. 마가다 국의 바라문 출신으로, 신통력이 뛰어나 신통제일(神通第一)이라 한다.

사리불과 목건련은 경전에서 '한 쌍의 상수(上首)'라고 표현할 만큼 붓다의 제자 가운데 가장 뛰어났다. 목건련도 탁발하는 도중에 바라문 교도들이 던진 돌과 기왓장에 맞아 붓다보다 먼저 입적했다. 둘 다 붓다보다 나이가 많았다.

> 어느 때 붓다께서 마투라국(摩偸羅國) 발타라(跋陀羅) 강변에 있는 산개암라(傘蓋菴羅) 숲에 계셨는데, 사리불과 목건련이 열반한 지 얼마 되지 않은 때였다.
>
> 세존께서 보름날 포살 때 대중 앞에 자리를 펴고 앉으셨다. 세존께서 대중을 살펴보고 나서 여러 비구들에게 말씀하셨다.
>
> "내가 대중을 살펴보니 텅 빈 것 같구나. 사리불과 목건련이 반열반했기 때문이다. 나의 성문(聲聞) 중에 오직 그 두 사람만이 잘 설법하고 훈계하고 가르치고 설명했다."

③ 가섭. ⓢkāśyapa를 소리 나는 대로 적은 것이다. 마가다 국 출신으로, 엄격하게 수행하여 두타제일(頭陀第一)이라 한다. 바라문의 여자와 결혼했으나 아내와 함께 출가하여 붓다의 제자가 되었다. 붓다가 입멸한 직후, 왕사성 밖의 칠엽굴에서 행한 제1차 결집 때, 의장이 되어 그 모임을 주도했다.

④ 수보리(須菩提). ⓢsubhūti를 소리 나는 대로 적은 것이다. 사위국의 바라문 출신으로, 공(空)의 이치에 밝아 해공제일(解空第一)이라 한다.

그래서 공(空)을 설하는 경에 자주 등장한다.

⑤ 부루나(富樓那). ⑤pūrṇa를 소리 나는 대로 적은 것이다. 바라문 출신으로, 설법을 잘하여 설법제일(說法第一)이라 한다. 녹야원에서 붓다의 설법을 듣고 그의 제자가 되었고, 인도의 서쪽 지방에서 붓다의 가르침을 전파하다가 거기에 입적했다.

⑥ 아나율(阿那律). ⑤aniruddha를 소리 나는 대로 적은 것이다. 붓다의 사촌동생으로, 붓다가 깨달음을 성취한 후 고향에 갔을 때, 아난·난타(難陀) 등과 함께 출가했다. 통찰력이 깊어 천안제일(天眼第一)이라 한다.

⑦ 가전연(迦旃延). ⑤kātyāyana를 소리 나는 대로 적은 것이다. 인도의 서쪽에 있던 아반티 국의 크샤트리야 출신으로, 왕의 명령에 따라 붓다를 그 나라로 초청하기 위해 찾아갔다가 출가했다. 깨달음을 얻은 후 귀국하여 붓다의 가르침을 전파했고, 교리에 밝아 논의제일(論議第一)이라 한다.

⑧ 우바리(優波離). ⑤upāli를 소리 나는 대로 적은 것이다. 노예 계급인 슈드라 출신으로 석가족의 이발사였는데, 아난·난타·아나율 등이 출가할 때 그들의 머리털을 깎아주기 위해 따라갔다가 붓다의 제자가 되었다. 계율에 엄격하여 지계제일(持戒第一)이라 한다. 붓다가 입멸한 직후, 왕사성 밖의 칠엽굴에서 행한 제1차 결집 때, 계율에 대한 모든 사항을 암송함으로써 율장의 성립에 크게 기여했다.

⑨ 나후라(羅睺羅). ⑤rāhula를 소리 나는 대로 적은 것이고, 붓다의 아들이다. 붓다가 깨달음을 성취한 후 고향에 갔을 때, 사리불과 목건련을 스승으로 하여 출가했다. 지켜야 할 것은 스스로 잘 지켜 밀행제일(密行第一)이라 한다.

그때 백반왕(白飯王)·곡반왕(斛飯王)·대칭왕(大稱王)과 신하들은 "이제 왕이 돌아가시면 우리는 영원히 보금자리를 잃을 것이고, 나라가 쇠퇴할 것이다"라고 말했다.

정반왕은 몸이 떨리고 입술이 마르고 목소리는 자주 끊어지고 눈이 흐리고 눈물이 흘러내렸다. 왕들이 모두 공경하는 마음으로 무릎을 꿇고 합장하여 말했다.

"대왕께서는 본래 성품이 악을 짓지 아니하시고, 잠깐이라도 덕을 쌓아 백성을 보호하셔서 모두 편안하여 명성이 시방에 알려지셨는데, 지금 무엇을 근심하십니까?"

이에 정반왕이 목소리를 가다듬고 말했다.

"내가 지금 죽더라도 괴롭지 아니하나 다만 내 아들 실달다(悉達多)를 보지 못하는 게 한스럽고, 세간의 모든 탐욕을 제거한 둘째 아들 난타를 보지 못하는 게 한스럽고, 또 불법을 지니고 한마디도 실수하지 않는 곡반왕의 아들 아난을 보지 못하는 게 한스럽고, 나이는 어리지만 신족(神足)을 갖추었고 계행에 흠이 없는 손자 나후라를 보지 못하는 게 한스러우니, 내가 이들을 볼 수만 있다면……."

〈淨飯王般涅槃經〉

⑩ 아난. ⓢānanda를 소리 나는 대로 적은 것이다. 붓다의 사촌동생으로, 붓다가 깨달음을 성취한 후 고향에 갔을 때 난타·아나율 등과 함께 출가했다. 붓다의 나이 50여 세에 시자(侍者)로 추천되어 붓다가 입멸할 때까지 보좌하면서 가장 많은 설법을 들어서 다문제일(多聞第一)이라 한다. 붓다에게 여성의 출가를 세 번이나 간청하여 허락을 받았다. 붓다가 입멸한 직후, 왕사성 밖의 칠엽굴에서 행한 제1차 결집 때, 아난이 기억을 더듬어가며 "나는 이렇게 들었다. 어느 때 붓다께서

는……"이라는 말을 시작으로 암송하면, 여러 비구들은 아난의 기억이 맞는지를 확인하여 잘못이 있으면 정정한 후, 모두 함께 암송함으로써 경장(經藏)이 결집되었다.

여래10호란?

여래10호(如來十號)는 10호(號)라고도 한다. 석가모니의 위대함을 나타내는 열 가지 호칭이다.

① 여래. 진리에서 오신 분.
② 응공. 마땅히 공양받아야 할 분.
③ 정변지(正編知). 바르고 원만하게 깨달은 분.
④ 명행족(明行足). 지혜와 행을 원만하게 갖춘 분.
⑤ 선서(善逝). 깨달음의 세계로 잘 가신 분.
⑥ 세간해(世間解). 세간을 모두 잘 아시는 분.
⑦ 무상사(無上士). 세상에서 가장 높은 분.
⑧ 조어장부(調御丈夫). 모든 사람을 잘 다루어 깨달음에 들게 하는 분.
⑨ 천인사(天人師). 신(神)과 인간의 스승.
⑩ 불세존(佛世尊). 불은 깨달은 분, 세존은 세상에서 가장 존귀한 분.

왜 여러 부처가 있나?

붓다는 깨달음을 성취한 성자로서 살아 있는 동안에는 말할 것도
없고, 입멸 후에도 직제자들의 존경을 받았다. 그러나 세월이 흘러 붓
다에 대한 기억이 희미해짐에 따라 역사성이 희박해졌고, 또 그의 위
대함이 강조되어 점점 불가사의한 능력이나 자유자재한 힘을 지닌 초
인으로 사유하기에 이르렀다.

그리고 진리를 깨달으면 누구나 부처가 될 수 있으므로 석가모니불
이전에도 여섯 부처가 출현했다고 사유해서 과거불(過去佛)이라는 말이
생겨났고, 여기에 석가모니불을 더해 '과거7불'이라고 한다. 과거7불은
비파시불(毘婆尸佛)·시기불(尸棄佛)·비사부불(毘舍浮佛)·구루손불(拘樓孫佛)·구
나함불(拘那含佛)·가섭불(迦葉佛)·석가모니불(釋迦牟尼佛)이다. 마찬가지로 과
거불이 있으면 미래불도 있을 수 있다고 사유했는데, 지금 도솔천에서
수행 중인 미륵보살은 먼 미래에 이 세상에 내려와 미륵불이 된다고
했다.

이와 같이 시간적·공간적으로도 여러 부처와 정토가 있다고 생각했
는데, 서방에는 아미타불의 정토인 극락세계가 있고, 동방에는 약사여
래의 정토인 유리광세계가 있고, 우주의 중심에는 비로자나불(毘盧遮那佛)
의 정토인 연화장세계가 있다고 사유했다.

대승불교의 세력이 점점 커지면서 이 밖에도 시간과 공간을 초월한
무수한 부처를 상정하게 되었고, 또 그들에게 예배함으로써 그들의 힘
으로 구제받으려는 신앙이 급속히 확산됨에 따라 그들의 모습을 구체
적으로 표현한 수많은 불상이 조성되기에 이르렀다.

3신불이란?

여러 부처를 유형에 따라 법신불·보신불·응신불(應身佛)로 나눈 것이다.

① 법신불
깨달음의 경지·지혜, 진리 그 자체, 진리를 있는 그대로 드러낸 우주 그 자체를 부처로 사유한 것으로, 비로자나불과 대일여래가 여기에 해당한다.

비로자나는 ⑤vairocana를 소리 나는 대로 적은 것이고, 변조(遍照)·변광(遍光)이라 번역한다.

비로자나불의 정토인 연화장세계는 우주의 중심에 있다고 한다. 이 부처는 천 개의 잎을 가진 연화좌(蓮華座)에 앉아 있는데, 그 잎 낱낱은 낱낱의 세계를 상징하며, 그 낱낱의 세계에 100억 국토가 있고, 그 국토에 보신불이 출현한다고 한다. 결국 비로자나불은 우주 전체여서 우주의 모든 현상은 비로자나불의 모습 아닌 것이 없고, 우주 그 자체이기 때문에 직접 중생에게 설법하지 않고 보여주기만 하는 '침묵의 부처'이다.

대일여래는 우주의 참모습과 진리와 활동을 상징하는 밀교의 부처로, 모든 부처와 보살은 대일여래의 화신이라고 한다. 우주 그 자체가 그의 법문이지만 중생은 그 법문을 이해할 수 없다. 중생이 신체로는 인계를 맺고, 입으로는 진언을 외우며, 뜻으로는 대일여래를 사유함으로써, 여래의 3밀 즉, 신밀·구밀·의밀과 수행자의 몸과 말과 뜻이 그의 체험 속에서 합일될 때, 바로 성불하게 된다.

② 보신불

중생을 위해 서원을 세우고 거듭 수행하여 깨달음을 성취한 부처로, 아미타불과 약사여래가 여기에 해당한다.

아미타는 Ⓢamitāyus Ⓢamitābha를 소리 내어 적은 것이고, amitāyus는 무량수, amitābha는 무량광이라 번역한다.

아득한 옛날에 국왕이 출가하여 이름을 법장이라 하고 세자재왕불 밑에서 수행하던 중 세자재왕불이 법장에게 210억 불국토를 보여주니, 법장은 자신도 불국토를 건설하기로 발심했다. 그리고 세자재왕불 앞에서 중생을 구제하기 위해 마흔여덟 가지 서원을 세우고 오랜 수행 끝에 그것을 성취하여 아미타불이 되었고, 이 세계에서 서쪽으로 10만억 불국토를 지난 곳에 극락정토를 세우고 지금도 그곳에서 설법하고 있다고 한다.

약사여래는 동쪽으로 무수한 불국토를 지나 있는 유리광세계에서 중생의 질병을 치료한다는 부처이다. 약사여래도 보살이었을 때 열두 가지 서원을 세우고 수행했는데, 그 가운데 제6원은 '내가 다음 세상에 깨달음을 얻을 때, 중생들의 몸이 성하지 않거나 온갖 병으로 고통을 겪더라도 내 이름을 들으면, 온몸이 성하게 되고 온갖 질병이 소멸되기를 원한다'이고, 제7원은 '내가 다음 세상에 깨달음을 얻을 때, 중생들이 온갖 병을 앓는데도 돌보아줄 사람도 없고, 가난하여 굶주리는 고통을 겪더라도 내 이름을 들으면, 온갖 병이 다 낫고 몸과 마음이 안락하고 집안이 두루 풍족해지기를 원한다'이다.

그 열두 가지 서원을 성취해서 세운 정토가 유리광세계이다.

③ 응신불

중생과 같은 몸으로 이 세상에 출현해서 그들의 능력이나 소질에 따라 설법하여 구제하는 부처이다. 석가모니불, 석가모니불 이전에 출현했다는 과거불, 미래에 도솔천에서 이 세상에 내려와 화림원의 용화수 아래서 성불한다는 미륵불이 여기에 해당한다.

32상은 부처의 어떤 모습을 말하나?

32상(相)은 부처가 갖추고 있다는 서른두 가지 뛰어난 신체 특징으로, 고대 인도 신화에 나오는 전륜성왕(轉輪聖王)이 갖추고 있는 신체의 특징을 불교에서 채용한 것이다. 그리고 세부적으로는 여든 가지 특징이 있다고 하여, 그것을 80종호(種好)라고 한다.

32상 각각의 특징에 대해서는 여러 설이 있는데, 그 중《대지도론(大智度論)》제4권의 32상을 소개한다.

① 족하안평립상(足下安平立相). 발바닥이 평평하여 서 있기에 편하다.

② 족하이륜상(足下二輪相). 발바닥에 바퀴 모양의 무늬가 두 개 있다.

③ 장지상(長指相). 손가락이 길다.

④ 족근광평상(足跟廣平相). 발꿈치가 넓고 평평하다.

⑤ 수족지만망상(手足指縵網相). 손가락과 발가락 사이에 비단 같은 막이 있다.

⑥ 수족유연상(手足柔軟相). 손발이 부드럽다.

⑦ 족부고만상(足趺高滿相). 발등이 높고 원만하다.

⑧ 이니연천상(伊泥延腨相). 이니연(伊泥延)은 Ⓢaiṇeya를 소리 나는 대로 적은 것으로 사슴 이름이다. 장딴지가 이니연과 같다.

⑨ 정립수마슬상(正立手/摩膝相). 팔을 펴면 손이 무릎까지 내려간다.

⑩ 음장상(陰藏相). 음경이 몸 안에 감추어져 있다.

⑪ 신광장등상(身廣長等相). 신체의 가로 세로가 같다.

⑫ 모상향상(毛上向相). 털이 위로 향해 있다.

⑬ 일일공일모생상(一一孔一毛生相). 털구멍마다 하나의 털이 있다.

⑭ 금색상(金色相). 몸이 금빛이다.

⑮ 장광상(丈光相). 몸에서 나오는 빛이 두루 비춘다.

⑯ 세박피상(細薄皮相). 피부가 부드럽고 얇다.

⑰ 칠처륭만상(七處隆滿相). 두 발바닥과 두 손바닥, 두 어깨와 정수리가 두텁고 풍만하다.

⑱ 양액하륭만상(兩腋下隆滿相). 두 겨드랑이가 두텁고 풍만하다.

⑲ 상신여사자상(上身如師子相). 상반신이 사자와 같다.

⑳ 대직신상(大直身相). 신체가 크고 곧다.

㉑ 견원만상(肩圓滿相). 어깨가 원만하다.

㉒ 사십치상(四十齒相). 치아가 마흔 개다.

㉓ 치제상(齒齊相). 치아가 가지런하다.

㉔ 아백상(牙白相). 어금니가 희다.

㉕ 사자협상(師子頰相). 뺨이 사자와 같다.

㉖ 미중득상미상(味中得上味相). 맛 중에서 가장 좋은 맛을 느낀다.

㉗ 대설상(大舌相). 혀가 크다.

㉘ 범성상(梵聲相). 음성이 맑다.

㉙ 진청안상(眞靑眼相). 눈동자가 검푸르다.

㉚ 우안첩상(牛眼睫相). 속눈썹이 소와 같다.

㉛ 정계상(頂髻相). 정수리가 상투 모양으로 돋아나 있다.

㉜ 백모상(白毛相). 두 눈썹 사이에 흰 털이 있다.

보살은 무슨 뜻이며, 어떤 보살들이 있나?

대승불교에서 가장 이상적인 인간상을 보살이라 하는데, 이는 ⑤ bodhi-sattva의 음사인 보리살타의 준말이다. 보디는 '깨달음', 삿트바는 '중생'을 뜻하므로 보살은 '깨달을 중생', '깨달음을 구하는 중생', '구도자'라는 의미이다.

보살의 수행을 '위로는 깨달음을 구하고, 아래로는 중생을 교화한다 上求菩提 下化衆生'는 말로 표현한다. 이 말은 먼저 깨달은 다음 중생을 교화한다는 뜻이 아니라 깨달음을 구하는 그 자체가 중생 교화이고, 중생 교화가 곧 깨달음을 구하는 것이라는 의미이다.

여러 보살을 보살상(菩薩像)으로 설명하면 다음과 같다.

관세음보살(觀世音菩薩)

중생의 음성을 듣고 고뇌에서 벗어나게 해주므로 관세음, 모든 현상을 두루 관찰하듯이 중생의 구제도 자재하므로 관자재, 모든 소리를 두루 들으므로 원통대사라고도 한다.

《법화경》〈관세음보살보문품〉에 "만약 온갖 고뇌를 받고 있는 한량없는 백천만억 중생이 이 관세음보살의 이름을 듣고 일심으로 그 이름을 부르면, 관세음보살이 그 음성을 듣고 모두 고뇌에서 벗어나게 할 것이다"라고 했다.

이러한 관음신앙이 전개됨에 따라 여러 관음이 생겨났다.

① 성관음(聖觀音). 여러 관음으로 변화되기 이전의 본래 관음을 말한다. 보통 관음이라 하면 이 성관음을 가리킨다. 하나의 얼굴에 두 개의 팔을 가진 평범한 모습이다.

② 십일면관음(十一面觀音). 인도에서 성립한 최초의 변화 관음으로, 십일면은 머리에 있는 열한 가지 얼굴을 가리킨다. 자비롭게 웃는 모습, 성난 모습, 크게 웃는 모습 등은 다양한 중생을 교화하는 방편을 상징한다.

③ 천수천안관음(千手千眼觀音). 천 개의 손과 천 개의 눈을 가진 관음

십일면관음　　　　　　　**토함산 석굴암**

으로, 대비심이 무한하다고 하여 대비관음이라고도 한다. 그러나 조각이나 그림에서는 천 개의 손과 눈을 표현하기 어려우므로 보통 좌우에 스무 개씩 모두 마흔 개의 손을 표현하는데, 이것은 불교의 세계관에서 지옥에서 천상까지를 25단계로 나누므로 하나의 손이 25단계의 중생을 구제한다고 생각하면(40×25) 천 개의 손이 된다. 마흔 개의 손에는 각각 눈이 표현되어 있고 손마다 각기 다른 물건을 들고 있다.

④ 마두관음(馬頭觀音). 말의 머리를 머리 위에 얹고 있는 관음으로, 눈을 부릅뜬 분노의 모습을 하고 있다. 관음이라고 하면 대부분 인자하고 온후한 모습이지만, 불법을 듣고도 수행하지 않는 중생을 교화하기 위한 방편으로 이러한 무서운 얼굴을 한 관음이 나타나게 되었다. 보통 얼굴 세 개에 팔 여덟 개를 가진 모습이다.

천수천안관음　　　　　　　　　　　　　　　　　　　경주 기림사

⑤ 불공견삭관음(不空羂索觀音). 견(羂)은 새를 잡는 망, 삭(索)은 고기를 잡는 그물을 뜻한다. 고뇌에 허덕이는 중생을 망과 그물로 거두어 구제하는 데 헛됨이 없다고 하여 불공(不空)이라고 한다. 모습은 일정하지 않다.

⑥ 여의륜관음(如意輪觀音). 손에 여의주(如意珠)와 법륜(法輪)을 들고 중생의 소원을 이루어준다는 관음이다. 머리를 비스듬히 하여 사유하는 모습이다. 보통 팔 여섯 개를 가지고 있다.

⑦ 준제관음(准提觀音). 7구지불모(七俱胝佛母)라고도 한다. 구지(俱胝)는 ⓢ koṭi를 소리 나는 대로 적은 것이고, 천만(千萬)을 뜻한다. 준제(准提)는 ⓢ caṇḍi를 소리 나는 대로 적은 것이다. 원래 찬디(caṇḍi)는 힌두교 시바신

(śiva神)의 비(妃) 두르가(durgā)의 별명이다. 과거에 한량없는 부처들이 설한 다라니(陀羅尼)를 설하여 중생을 깨달음에 이르게 한다는 관음이다.

대세지보살(大勢至菩薩)

관세음보살과 함께 아미타불의 협시보살(脇侍菩薩)─부처를 좌우에서 보좌하는 보살─이다. 지혜의 광명으로 중생을 구제하는 힘이 크다고 하여 대세지라고 한다. 보살행을 '위로는 깨달음을 구하고[上求菩提], 아래로는 중생을 교화한다[下化衆生]'고 하는데, 대세지보살과 관세음보살이 이러한 수행을 분담한다. 즉, 대세지보살은 지혜로써 상구보리(上求菩提)를, 관세음보살은 자비로써 하화중생(下化衆生)을 담당한다.

미륵보살(彌勒菩薩)

미륵은 마이트레야(Ⓢmaitreya)를 소리 나는 대로 적은 것이고, 자씨라고 번역한다. 미륵은 석가모니불의 가르침을 받으면서 수행하다가 미래에 성불하리라는 예언을 받고 목숨을 마친 후, 도솔천에 태어나 현재 거기서 수행 중이라고 한다. 석가모니불이 입멸한 후, 오랜 세월이 지나면 이 세상에 내려와 화림원의 용화수 아래서 성불하여 미륵불이 된다고 한다. 그래서 미래불이라 하고, 그의 정토를 용화세계라고 한다.

미륵보살이 도솔천에서 미래의 용화세계를 생각하며 명상에 잠겨 있는 자세가 곧 미륵반가사유상(彌勒半跏思惟像)이다.

문수보살(文殊菩薩) · 보현보살(普賢菩薩)

문수(文殊)는 만주스리(Ⓢmañjuśrī)를 소리 나는 대로 적은 문수사리(文殊師利)의 준말이고, 묘길상(妙吉祥)이라 번역한다. 석가모니불을 왼쪽에서 보좌하는 보살로, 부처의 지혜를 상징한다. 보현보살은 석가모니불을 오른쪽에서 보좌하는 보살로, 한량없는 수행과 서원을 상징한다.

일광보살(日光菩薩)·월광보살(月光菩薩)

약사여래를 좌우에서 보좌하는 보살로, 태양과 달을 상징한다.

지장보살(地藏菩薩)

석가모니불이 입멸하고 미륵보살이 성불할 때까지, 곧 부처가 없는 시대에 중생을 제도한다는 보살이다. 그는 모든 중생이 구원받을 때까지 자신은 부처가 되지 않겠다는 큰 서원을 세운 보살이기 때문에 대원본존지장보살이라 한다. 특히 지옥의 중생을 제도하는 데 중점을 두기 때문에 사찰의 명부전에 본존(本尊)으로 모신다. 이 보살은 삭발하고 이마에 띠를 두른 형상을 하고 있다.

지장보살　　　　　　선운사 도솔암

허공장보살(虛空藏菩薩)

지혜와 복덕을 중생들에게 한량없이 베풀기 때문에 허공장이라 한다. 보통 오른손에는 지혜를 상징하는 보검(寶劍)을, 왼손에는 복덕을 상징하는 연꽃을 들고 있다.

불상과 보살상은 어떻게 구별하나?

불상은 기본적으로 출가의 모습을 하고 있는 데 반해, 보살상은 재가의 모습을 하고 있다. 즉, 불상은 장식물이 없고, 머리털을 소라 껍데기처럼 빙빙 감아 올려 정수리가 상투처럼 볼록 솟아 있는 형상이지만, 보살상은 목·가슴·팔 등에 갖가지 장식물을 두르고 있고, 특히 머리에는 화려한 보관을 쓰고 있다. 단, 지장보살은 예외다.

불상을 보고 어떤 부처인지 알 수 있는 방법은?

불상이 어떤 부처인지 구별할 때는 대부분 인계를 근거로 한다. 인계는 무드라(ⓢmudrā)의 번역으로, 인상·수인이라고도 한다. 부처의 깨달음이나 서원을 나타내는 여러 가지 손 모양이다.

석가모니불의 인계는 대부분 항마촉지인이다. 항마촉지인은 좌선할 때의 손 모양에서 오른손을 풀어서 오른쪽 무릎에 얹고 손가락으로 땅을 가리키는 손 모양으로, 이는 석가모니가 성취한 깨달음을 지신이 증명했다는 뜻이다.

비로자나불의 인계는 지권인이다. 두 손 모두 엄지손가락을 손안에 넣고 주먹을 쥔 다음, 왼손 집게손가락을 펴서 오른손으로 감싸 쥐고, 오른손 엄지손가락과 왼손 집게손가락 끝을 서로 맞댄 손 모양이다. 오른손은 부처를, 왼손은 중생을 상징한다.

아미타불의 인계는 대부분 오른손을 가슴 앞까지 들어서 손바닥을 밖으로 하고, 왼손을 무릎 위에 놓은 자세이다.

석가모니불　　　토함산 석굴암　비로자나불　　　경주 기림사　아미타불　　　고창 선운사

　약사여래는, 오른손은 석가모니불이나 아미타불의 인계와 비슷하고 왼손에 약병을 지니고 있다.

　미륵불의 인계는 석가모니불과 구별되지 않는다. 미륵전이라는 현판이나 미륵불을 조상(造像)했다는 기록으로 알 수밖에 없다. 이것은 아마 미륵불이 미래불로서 성불은 보장되어 있지만, 현재는 보살이기 때문에 상징할 만한 표현 방식이 없어서 석가모니불과 같은 모습으로 조상했던 것 같다.

약사여래　　　　칠갑산 장곡사

성문과 독각은 누구를 말하나?

성문(聲聞)은 붓다의 가르침을 듣고 아라한의 경지에 이르기 위해 수행하는 자를 말한다. 독각(獨覺)은 스승 없이 홀로 12연기를 관조하여 깨달은 성자로, 연각(緣覺)이라고도 한다. 독각은 프라티에카 붓다(ⓢ pratyeka-buddha, 홀로 깨달은 자)의 번역이고, 이 산스크리트를 소리 나는 대로 적어 벽지불(辟支佛)이라 한다.

4쌍8배는 어떤 수행자를 말하나?

어느 때 붓다께서 사위국 기수급고독원에서 여러 비구들에게 말씀하셨다.
"붓다의 제자들은 모두 서로 화합하여 혼란스럽지 않다. 그들은 진리를 성취하고 계를 성취하고 삼매를 성취하고 지혜를 성취하고 해탈을 성취하고 해탈지견(解脫知見)을 성취한다.
붓다의 제자들이란 4쌍8배(四雙八輩)를 이르는 말이다. 이들은 공경할 만하고 귀하게 여길 만하여 이 세간에서 최상의 복밭이다."

〈增一阿含經 제12권, 三寶品 제4경〉

4쌍8배는 성문들이 수다원(須陀洹)·사다함(斯陀含)·아나함(阿那含)·아라한의 성자가 되기 위해 수행하는 단계인 수다원향·사다함향·아나함향·아라한향의 4향(向)과 거기에 도달한 경지인 수다원과·사다함과·아나함과·아라한과의 4과(果)를 말한다. 향과 과를 한 쌍으로 하여 네 쌍, 곧 8배이다.

수다원은 ⓢsrota-āpanna ⓟsota-āpanna를 소리 나는 대로 적은 것이고, 입류(入流)·예류(預流)라고 번역한다. 욕계(欲界)·색계(色界)·무색계(無色界)의 견혹(見惑)—4제를 명료하게 주시하지 못함으로써 일어나는 번뇌—을 끊어 처음으로 성자의 계열에 들었으므로 입류라고 한다.

욕계는 탐욕이 들끓는 세계이고, 색계는 탐욕에서는 벗어났으나 아직 형상에 얽매어 있는 세계이고, 무색계는 형상의 속박에서 완전히 벗어난 순수한 선정의 세계이다.

사다함은 ⓢsakṛd-āgāmin ⓟsakad-āgāmin을 소리 나는 대로 적은 것이고, 일왕래(一往來)라고 번역한다. 욕계의 수혹(修惑)—대상에 집착함으로써 일어나는 번뇌—을 대부분 끊은 성자이다. 그러나 이 성자는 그 번뇌를 완전히 끊지 못했기 때문에 천상의 경지에 이르렀다가 다시 한 번 인간계에 이르러 완전한 열반을 성취한다고 하여 일왕래라고 한다.

아나함은 ⓢⓟanāgāmin을 소리 나는 대로 적은 것이고, 불래(不來)·불환(不還)이라 번역한다. 욕계의 수혹을 완전히 끊은 성자이다. 이 성자는 미래에 색계·무색계의 경지에 이르고 다시 욕계로 되돌아오지 않는다고 하여 불래라고 한다.

아라한은 ⓢarhat ⓟarahant를 소리 나는 대로 적은 것이고, 응공·응진·무학(無學)이라 번역한다. 공양 받을 만하므로 응공, 진리에 따르므로 응진, 더 닦을 것이 없으므로 무학이라 한다. 욕계·색계·무색계의 모든 번뇌를 완전히 끊어 열반을 성취한 성자이다.

"선남자야, 아라한의 경지는 곧 더 닦을 것이 없는 5분법신(五分法身)이니, 계신(戒身)·정신(定身)·혜신(慧身)·해탈신·해탈지견신(解脫知見身)이다.

이 다섯 가지로 수행의 완성을 얻었으므로 저 언덕에 이르렀다고 한다."

〈36권본 大般涅槃經 제33권, 迦葉菩薩品〉

5분법신은 다섯 가지 뛰어난 능력이다. 행동과 말이 청정하고[戒身], 3삼매 곧 분별이 끊어진 공삼매(空三昧)와 형상을 떠난 무상삼매(無相三昧)와 원하고 구할 것이 없는 무원삼매(無願三昧)를 성취하고[定身], 바르게 보고 바르게 알고[慧身], 4제를 명료하게 이해하는 지혜를 갖추어 무지에서 벗어나고[解脫身], 자신은 이미 4제를 체득했다고 아는 진지(盡智)와 자신은 이미 4제를 체득했기 때문에 다시 체득할 필요가 없다고 아는 무생지(無生智)를 갖춘 것[解脫知見身]을 말한다.

이 5분법신을 향에 비유하여 계향(戒香) · 정향(定香) · 혜향(慧香) · 해탈향(解脫香) · 해탈지견향(解脫知見香)이라 하는데, 이를 5분향(五分香)이라 한다.

불교 교단은 어떻게 구성되나?

비구 · 비구니 · 우바새 · 우바이의 네 부류를 중심으로 구성된다. 이를 4부대중(四部大衆) · 4부중(四部衆)이라 한다.

① 비구. ⑤bhikṣu를 소리 나는 대로 적은 것이고, 걸사(乞士)라고 번역한다. 출가하여 구족계를 받은 남자 승려이다.

② 비구니. ⑤bhikṣunī를 소리 나는 대로 적은 것이고, 걸녀(乞女)라고 번역한다. 출가하여 구족계를 받은 여자 승려이다.

③ 우바새. ⑤upāsaka를 소리 나는 대로 적은 것이고, 근사남(近事

男)·청신사(淸信士)라고 번역한다. 출가하지 않고 재가에서 부처의 가르침에 따르는 남자 신도이다.

④ 우바이. ⑤upāsikā를 소리 나는 대로 적은 것이고, 근사녀(近事女)·청신녀(淸信女)라고 번역한다. 출가하지 않고 재가에서 부처의 가르침에 따르는 여자 신도이다.

여기에 사미·사미니·식차마나(式叉摩那)를 더하여 7중(衆)이라 한다.

사미는 ⑤śrāmaṇera를 소리 나는 대로 적은 것이고, 근책(勤策)이라 번역한다. 출가하여 10계를 받고, 구족계를 받기 전의 남자 승려이다.

사미니는 ⑤śrāmaṇerī를 소리 나는 대로 적은 것이고, 근책녀(勤策女)라고 번역한다. 출가하여 10계를 받고, 구족계를 받기 전의 여자 승려이다.

식차마나는 ⑤śikṣamāṇā를 소리 나는 대로 적은 것이고, 정학녀(正學女)·학법녀(學法女)라고 번역한다. 구족계를 받기 전에 2년 동안 6법(法)을 지키며 수행하는 여자 승려이다.

6법은 음란한 마음으로 남자의 몸에 접촉하지 않고, 남의 돈을 훔치지 않고, 축생을 죽이지 않고, 거짓말을 하지 않고, 때 아닌 때 먹지 않고, 술 마시지 않는 것이다.

6사외도는 누구누구이고, 그들은 어떤 주장을 했나?

6사외도(六師外道)는 붓다와 거의 같은 시대에 갠지스 강 중류 지역에서 세력을 떨친 여섯 명의 사상가로, 그들은 모두 베다성전(veda聖典)의 권위를 부정했다. 외도(外道)란 불교 이외의 가르침을 뜻한다.

① 푸라나(pūraṇa). 인연을 부정하고 선악의 행위에 대한 과보도 인정하지 않았다.

② 막칼리(makkhali). 그의 교단을 아지비카(ājīvika)라고 하는데, 불교도들은 이들을 그릇된 생활 방법을 취하는 사명외도(邪命外道)라고 불렀다. 막칼리는 인간이 번뇌에 오염되거나 청정해지는 과정은 물론 인간의 고락과 선악도 오직 자연의 정해진 이치만을 따른다고 주장했다. 또 영혼을 물질과 같은 것으로 사유했고, 동물과 식물에도 그것이 있다고 했다. 이 교단은 후에 자이나교에 흡수되었다.

③ 산자야(sañjaya). 경험이 불가능한 문제에 대해서는 판단을 중지하는 입장이었고, 또 지식이란 주관에 따라 달라지므로 객관적인 지식은 있을 수 없다고 주장했다. 그래서 모든 지식을 버리고 오직 수행에만 전념할 것을 강조했다. 붓다의 수제자인 사리불과 목건련은 원래 그의 제자였다.

④ 아지타(ajita). 인간은 단지 지·수·화·풍의 4원소로 구성되어 있고, 이들만이 참 실재이고 불변한다고 했다. 인간이 죽으면 이들 원소는 각각 흩어지고, 감각기관은 허공으로 돌아가므로 영혼 같은 것은 있을 수 없다고 주장했다. 선악이나 인과도 없고, 과거와 미래도 없으므로 현재의 즐거움만이 인생의 목표라고 했다.

⑤ 파쿠다(pakudha). 인간은 지·수·화·풍·고(苦)·낙(樂)·생명(生命)의 7요소로 구성되어 있고, 이들은 결코 소멸하지 않는다고 했다. 중생의 생존은 모두 자재천(自在天)의 뜻에 따라 이루어지므로 자신의 죄나 허물에 대해 부끄러워할 필요가 없다고 주장하고, 선악의 행위에 대한 과보도 부정했다.

⑥ 니간타(nigaṇṭha). 자이나교(Jainism)의 교조이다. 깨달은 후에는 그를

높여 마하비라(mahāvīra, 大雄) 또는 지나(jina, 勝者)라고 불렀다.

니간타는 베살리(vesālī) 부근의 귀족 집안에서 태어나 30세에 출가하여 12년간 고행 끝에 깨달음을 성취했고, 그 후 30년간 가르침을 전파하다가 베살리 부근에서 72세에 입적했다.

자이나교는 우주를 영혼(jīva)과 비영혼(ajīva)으로 나눈다. 영혼은 인간뿐만 아니라 동물과 식물, 그리고 지·수·화·풍에도 있고, 비영혼은 운동의 조건, 정지의 조건, 허공, 물질의 네 원리로 이루어져 있다고 한다. 영혼은 본래 자유롭지만 그릇된 행위나 물질에 물들면 괴로운 윤회(輪廻)를 계속하므로 거기에 물들지 않기 위해서는 불살생(不殺生)·진실어(眞實語)·부도(不盜)·불음(不婬)·무소유(無所有)의 다섯 계율을 지키고 엄격한 고행을 해야 한다고 주장한다. 그 중에서 불살생과 무소유는 가장 엄격한 계율이다. 자이나교도들은 물이나 공기, 길에 있는 작은 생물을 해치지 않기 위해 물을 마실 때는 걸러서 마시고, 입에는 마스크를 쓰고, 길을 갈 때는 빗자루로 쓸면서 걸어간다. 또 알몸으로 수행하는 자들을 나형파(裸形派)라 하고, 흰옷만 걸치는 수행자들을 백의파(白衣派)라고 한다.

이러한 계율을 바탕으로 수행하여 과거의 죄업이 소멸되고 물질의 속박에서 완전히 벗어난 사람은, 삶도 바라지 않고 죽음도 바라지 않고 내세도 바라지 않는 경지에 도달하게 되는데, 이 경지를 열반이라 한다.

가르침과 그 언저리

초전법륜의 내용은 무엇인가?

붓다가 보리수 아래서 깨달음을 성취한 후, 녹야원에 가서 예전에 함께 고행했던 다섯 수행자에게 처음으로 가르침의 바퀴를 굴렸는데, 이것을 초전법륜이라 한다.

붓다가 그들에게 처음으로 설한 가르침은 4제이고, 이 4제가 불교의 핵심이다.

"비구들아, 출가자는 두 가지 극단에 빠져서는 안 된다.

그 두 가지란 무엇인가?

하나는 육신의 요구대로 자신을 맡기는 쾌락의 길이고, 다른 하나는 육신을 너무 지나치게 학대하는 고행의 길이다.

비구들아, 나는 이 두 가지 극단을 버리고 중도를 깨달았다. 중도는 눈을 뜨게 하고, 지혜를 생기게 하고, 열반으로 인도한다.

그러면 비구들아, 중도란 무엇인가?

그것은 8정도이니, 바르게 알기·바르게 사유하기·바르게 말하기·바르게 행하기·바르게 생활하기·바르게 노력하기·바르게 알아차리기·바르게 집중하기이다.

그리고 비구들아, 괴로움이라는 진리가 있다.

태어남은 괴로움이다. 늙음은 괴로움이다. 병듦은 괴로움이다. 죽음은 괴로움이다. 근심·슬픔·불행은 괴로움이다. 미워하는 사람과 만나는 것은 괴로움이다. 사랑하는 사람과 헤어지는 것은 괴로움이다. 구해도 얻지 못하는 것은 괴로움이다.

간단히 말하면 5온에 집착이 있으므로 괴로움이다.

비구들아, 괴로움의 발생이라는 진리[集論]가 있다.

과보를 일으키고, 희열과 탐욕을 동반하고, 모든 것에 집착하는 갈애이다.

비구들아, 괴로움의 소멸이라는 진리가 있다.

갈애를 남김없이 소멸하고 버리고 벗어나 어디에도 집착하지 않는 것이다.

비구들아, 괴로움의 소멸에 이르는 길이라는 진리가 있다.

성스러운 8지(支)의 길이니, 정견(正見)·정사유(正思惟)·정어(正語)·정업(正業)·정명(正命)·정정진(正精進)·정념(正念)·정정(正定)이다.”

〈위나야 피타카 大品6, 初轉法輪〉

37보리분법은 어떤 수행법들을 말하나?

37조도품(助道品)이라고도 한다. 깨달음에 이르기 위한 서른일곱 가지 수행법으로, 4염처·4정근·4여의족(如意足)·5근·5력·7각지·8정도를 말한다.

4무량심, 즉 자비희사(慈悲喜捨)는 토양과 같고, 4염처는 씨앗과 같고, 4정근은 파종과 같고, 4여의족은 싹과 같고, 5근은 뿌리와 같고, 5력은 줄기와 같고, 7각지는 꽃과 같고, 8정도는 열매와 같다.

그래서 8만4천 법문을 요약하면 37보리분법(菩提分法)이고, 37보리분법을 간추리면 8정도이고, 8정도를 간략히 묶으면 계(戒)·정(定)·혜(慧), 즉 3학(學)이다.

갖가지 번뇌를 다스리기 위해 어떤 수행을 하나?

> 그때 세존께서 사위성에서 걸식하여 식사를 하고 나서 기원정사에서 산책하다가 나운에게 가서 말씀하셨다.
>
> "너는 반드시 들숨과 날숨에 집중하는 수행을 하라. 그것을 닦으면 온갖 근심·걱정이 다 사라질 것이다. 또 육신은 깨끗하지 못하다는 부정관을 닦으라. 탐욕이 다 소멸될 것이다.
>
> 나운아, 모든 존재들이 행복하기를 바라는 마음[慈心]을 닦으라. 그것을 닦으면 분노가 다 소멸될 것이다.
>
> 나운아, 모든 존재들이 고통에서 벗어나기를 바라는 마음[悲心]을 닦으라, 그것을 닦으면 남을 해치려는 마음이 다 소멸될 것이다."
>
> 〈增一阿含經 제7권, 安般品〉

탐욕이나 감각적 욕망을 없애기 위해 시체가 썩어가는 모습을 떠올리거나 자신의 육신을 구성하는 요소들이 깨끗하지 못하다고 주시하는 부정관을 닦고, 분노를 다스리기 위해 모든 존재들이 행복하기를 바라고, 또 모든 존재들이 고통에서 벗어나기를 바라는 자비관(慈悲觀)을 닦고, 어리석음을 없애기 위해 12연기를 일어나는 대로 소멸하는 대로 주시하는 인연관(因緣觀)을 닦고, 아만을 없애기 위해 육신을 지·수·화·풍의 요소[界, ⓈⓅdhātu]로 해체해서 주시하는 계분별관(界分別觀)을 닦고, 온갖 근심걱정을 가라앉히기 위해 들숨과 날숨을 알아차리는 수식관(數息觀)을 닦는다.

> "비구들아, 비구는 이 육신을 있는 그대로, 놓인 그대로, 요소로 관찰한다. 이 육신에는 지의 요소, 화의 요소, 수의 요소, 풍의 요소가 있다고 관찰한다."
>
> 〈디가 니카야 22, 大念處經〉

> "비구들아, 만약 출가한 여러 외도들이 너희들에게 와서 '사문 구담은 두 달 동안 어떻게 좌선하는가?' 하고 묻거든, 너희들은 '여래는 두 달 동안 수식관을 하면서 좌선하고 사유했다'고 대답하라."
>
> 〈雜阿含經 제29권 제11경〉

위의 다섯 가지 수행법을 '5정심관(五停心觀)'이라 한다.

4여의족이란?

4신족(四神足)이라고도 한다. '자유자재한 힘을 얻기 위한 네 가지 기반'이라는 뜻이다. 적극적인 의욕으로 선정을 닦아 자유자재한 힘을 성취하는 욕여의족(欲如意足), 정진으로 선정을 닦아 자유자재한 힘을 성취하는 정진여의족(精進如意足), 마음을 가다듬고 선정을 닦아 자유자재한 힘을 성취하는 심여의족(心如意足), 사유하고 관찰하는 선정을 닦아 자유자재한 힘을 성취하는 사유여의족(思惟如意足)을 말한다.

> 어느 때 붓다께서 구섬미국 구사라 동산에 계셨고, 아난도 거기에 있었다. 그때 어떤 바라문이 아난에게 와서 안부를 묻고 나서 한쪽에 앉아 여쭈었다. (……)
>
> "바라문이여, 여래·응공·등정각께서는 알고 보신 대로 중생을 깨끗하게 하고 고뇌를 멸하며 근심과 슬픔을 끊게 하는 유일한 가르침인 4여의족을 설하셨습니다.
>
> 어떤 것이 네 가지인가?
>
> 의욕으로 선정을 닦아 여의족을 성취하고, 정진으로 선정을 닦고, 마음으로 선정을 닦고, 사유로 선정을 닦아 여의족을 성취하는 것입니다."
>
> 〈雜阿含經 제21권 제3경〉

3승과 1승은 어떤 가르침인가?

승(乘)은 중생을 깨달음으로 인도하는 부처의 가르침이나 수행법을 뜻한다. 3승(乘)은 성문승(聲聞乘)·연각승(緣覺乘)·보살승(菩薩乘)으로, 부처가 중생의 능력이나 소질에 따라 설한 세 가지 가르침이다. 성문승은 성문의 목표인 아라한의 경지에 이르게 하는 부처의 가르침이고, 연각승은 연기의 이치를 주시하여 깨달은 연각에 대한 부처의 가르침, 보살승은 자신도 깨달음을 구하고 남도 깨달음으로 인도하는 자리(自利)와 이타(利他)를 행하는 보살을 위한 부처의 가르침이다.

그런데 대승에서는 3승이 중생의 근기에 따른 방편일 뿐, 궁극으로는 오직 하나의 가르침, 즉 1승뿐이라고 했다. 그러니까 3승은 1승으로 인도하기 위한 방편에 지나지 않는다는 것이다. 1승은 《법화경》·《승만경》·《화엄경》 등에서 설하고 있는데, 특히 《법화경》에는 회삼귀일(會三歸一)이라고 하여 3승은 방편에 지나지 않고 결국 1승으로 돌아간다 했고, 1승은 《법화경》의 가르침을 체득하는 것이라고 했다.

《금강경》에서 4구게는 무엇을 가리키나?

게(偈)는 ⑤gāthā를 소리 나는 대로 적은 것이고, 번역하여 송(頌)이라 한다. 1구(句)가 8음절로 된, 산스크리트 운문(韻文)의 기본 운율이다. 따라서 4구게(句偈)는 4행시(行詩)이다.

또 gāthā는 경문(經文)의 길이를 나타내기도 하는데, 《금강경》을 《3백송반야경》, 《소품반야경》을 《8천송반야경》, 《대품반야경(大品般若經)》을 《2만5천송반야경》이라고 하는 게 그 예이다.

《금강경》에서 4구게는 4행시를 가리키기보다는 경문의 길이로 보아, 중요한 '네 구절'의 가르침으로 이해해야 한다. 《금강경》에서 마음에 새겨야 할 가르침이 어찌 사행시만이겠는가.

수기란?

부처가 수행자들에게 미래에 성불할 것이라고 예언하는 것을 수기(授記)라 한다.

아득한 과거세에 연등불(然燈佛)이 세존에게 한 예언, 세존이 미륵에게 미륵불이 될 것이라고 한 예언,《무량수경》에서 세자재왕불이 법장에게 아미타불이 될 것이라고 한 예언,《법화경》에서 세존이 성문들에게 한 예언 등이 있다.

일체란 무엇을 말하나?

어느 때 붓다께서 사위국 기수급고독원에 계셨다. 그때 생문바라문(生聞婆羅門)이 붓다에게 와서 안부를 묻고 나서 한쪽에 물러나 앉아 붓다에게 여쭈었다.

"구담이시여, 일체(一切)란 무엇을 말합니까?"

붓다께서 말씀하셨다.

"일체란 12처(處)이니, 눈과 빛깔, 귀와 소리, 코와 냄새, 혀와 맛, 몸과 촉감, 의식 기능과 의식 내용이다. 이것을 일체라 한다. 만약 어떤 사람이 '그것은 일체가 아니다. 나는 사문 구담이 말하는 일체를 버리고 다른 일체를 확립하겠다'고 한다면 그것은 단지 말일 뿐, 알려고 해도 알지 못하고 의혹만 더할 것이다. 왜냐하면 그것은 인식할 수 있는 영역이 아니기 때문이다."

〈雜阿含經 제13권 제16경〉

12처(處)는 대상을 감각하거나 의식하는 안(眼)·이(耳)·비(鼻)·설(舌)·신(身)·의(意)의 6근과 6근의 대상인 색(色)·성(聲)·향(香)·미(味)·촉(觸)·법(法)을 말한다.

이 12처는 인식을 성립시키는 요소와 인식의 한계를 제시한 불교의 기본 관점이다. 따라서 불교는 12처를 벗어난, 시간과 공간을 초월한 어떠한 것도 인정하지 않는다.

12처에 대상을 식별하는 마음 작용, 즉 안식·이식·비식·설식·신식·의식의 6식을 더하여 '18계(界)'라고 한다.

업의 뜻은?

업(業)의 본래 뜻은 단순히 '행위'이다. 그런데 이것이 인과관계와 결합되면서 선악의 행위에 따라 받는 고락의 과보라는 뜻으로 쓰인다. 나아가 자신이 저지른 행위대로 반드시 과보를 받는데, 그 과보는 전생에서 현생으로 그리고 내생으로 연결된다고 사유했다.

보통 업이라고 하면, '좋지 않은 행위나 결과'를 뜻한다.

> 붓다께서 사위국 승림급고독원(勝林給孤獨園)에서 여러 비구들에게 말씀하셨다.
>
> "만약 고의로 업을 짓는다면 현세에 그 과보를 받을 수도 있고, 후세에 받을 수도 있다. 그러나 고의로 지은 업이 아니라면, 과보를 받지 않을 수도 있다.
>
> 업에는 몸으로 짓는 세 가지가 있고, 입으로 짓는 네 가지가 있고, 마음

으로 짓는 세 가지가 있다. 이것들은 다 선하지 않아 괴로움의 과보를 받는다.

무엇이 몸으로 짓는 세 가지 업인가?

하나는 산목숨을 죽이는 것이고, 둘은 남이 주지 않는 것을 가지는 것이고, 셋은 음란한 짓을 하는 것이다.

무엇이 입으로 짓는 네 가지 업인가?

하나는 거짓말하는 것이고, 둘은 이간질하는 것이고, 셋은 남을 괴롭히는 나쁜 말을 하는 것이고, 넷은 교묘하게 꾸민 말을 하는 것이다.

무엇이 마음으로 짓는 세 가지 업인가?

하나는 탐욕을 부리는 것이고, 둘은 시기하고 성내는 것이며, 셋은 그릇된 견해이다.

배운 게 많은 거룩한 제자는 몸으로 짓는 선하지 않은 업을 버리고 몸으로 선한 업을 닦고, 입과 뜻으로 짓는 선하지 않은 업을 버리고 입과 뜻으로 선한 업을 닦는다."

〈中阿含經 제3권, 思經〉

몸으로 짓는 신업(身業)과 입으로 짓는 구업(口業)과 마음으로 짓는 의업(意業)을 3업(業)이라 한다.

윤회의 뜻은?

윤회의 산스크리트 삼사라(samsāra)는 '함께 흘러간다', '삶과 죽음을 되풀이한다', '괴로운 생존을 되풀이한다' 등의 뜻으로 쓰인다.

이 가운데 바퀴가 돌고 돌아 끝이 없듯이, 중생은 자신이 저지른 행위에 따라 3계와 6도(道)를 돌고 돌면서 삶과 죽음을 끊임없이 되풀이한다는 뜻으로 주로 쓰인다. 즉, 중생은 해탈하기 전까지는 삶과 죽음을 되풀이하는데, 이때 받는 몸과 태어나는 곳은 자신의 행위에 따라 결정된다는 고대 인도인들 특유의 관념이다.

윤회설이 처음 언급된 곳은 《리그베다(ṛg-veda)》이고, 《우파니샤드(upaniṣad)》에는 보다 구체적으로 설명되어 있다. 윤회설에서 가장 중요한 윤회의 주체를 《우파니샤드》에는 아트만(ātman)이라 했는데, 이것은 영혼과 같은 관념이다.

이러한 《베다》의 윤회설을 붓다가 수용했다는 견해와 불교의 핵심은 무아이므로 윤회의 주체는 당연히 부정되어야 한다는 견해가 있다.

유위와 무위의 차이는?

"이와 같이 두 법이 있으니, 유위(有爲)와 무위(無爲)이다.
유위는 생(生)·주(住)·이(異)·멸(滅)이다.
무위는 불생(不生)·부주(不住)·불이(不異)·불멸(不滅)로서 비구야, 이것을 온갖 괴로운 의식 작용이 소멸된 열반이라 한다."

〈雜阿含經 제12권 제11경〉

"비구들아, 무엇이 무위인가?
비구들아, 탐욕의 소멸, 분노의 소멸, 어리석음의 소멸, 이것이 무위이다."

〈상윳타 니카야 43 : 12, 無爲〉

잠부카다카가 사리불에게 물었다.

"사리불이여, '열반, 열반'이라 하는데, 열반이란 대체 무엇을 말합니까?"

"벗이여, 무릇 탐욕의 소멸, 분노의 소멸, 어리석음의 소멸, 이것을 열반
이라 합니다."

〈상윳타 니카야 38 : 1, 涅槃〉

그때 문수사리보살이 다시 부처님께 여쭈었다.

"세존이시여, 무위란 어떤 경계입니까?"

부처님께서 말씀하셨다.

"동자야, 무위란 분별을 떠난 경계이다."

〈文殊師利所說不思議佛境界經 상권〉

유위는 허망 분별이고, 무위는 공(空)이다.

〈中邊分別論 상권〉

무위는 온갖 분별과 차별과 망상이 끊긴 마음 상태이고, 탐욕과 분
노와 어리석음의 3독이 소멸된 열반의 상태이다. 유위는 온갖 분별과
망상과 번뇌를 잇달아 일으키는 마음 작용이다.

불립문자의 뜻은?

옛날 세존이 영산회상에서 꽃을 들어 대중에게 보이니, 모두 잠잠히 말
이 없었으나 가섭 존자만이 빙긋 미소 지었다.

세존이 말했다.

"나에게 정법을 간직한 눈 正法眼藏

열반에 든 묘한 마음 涅槃妙心

형상을 떠난 진실한 모습 實相無相

미묘한 법문이 있다. 微妙法門

문자에 있지 않아서 不立文字

교설 밖에 별도로 教外別傳

마하가섭에게 그것을 전한다."

〈無門關, 世尊拈花〉

달마가 중국에 와서 마음만 전하고 문자를 세우지 않은 것은 당연한 일이다. 그러나 〈혈맥론(血脈論)〉과 〈귀공론(歸空論)〉 등은 과연 누구를 위해 지은 것이겠는가?

옛사람이 이르기를 "문자에 있지 않으나 문자를 떠나지 않는다"고 했으니, 이는 참으로 말을 아는 사람이다.

〈碧巖錄, 序〉

몸소 체득한 내면의 깨달음은 언어로 표현할 수 없다. 왜냐하면 그것은 2분법이 일어나기 이전, 즉 생각 이전이고, 언어 이전이기 때문이다. 따라서 깨달음은 언어로 전달할 수 없기 때문에 자신이 직접 체득하는 길 외에 다른 방법은 없다. 그래서 "물이 찬지 따뜻한지는 마셔 본 자만이 안다[冷暖自知]"고 했고, "부처가 몸소 체득한 깨달음은 오직 부처와 부처만이 안다[唯佛與佛]"고 했다.

그러니까 생각 이전, 언어 이전, 즉 궁극의 '그 하나'를 언어로 표현하는 건 애당초 불가능하다. 왜냐하면 언어 자체가 2분법─이것은 언어의 결함이 아니라 언어의 본질이다─이므로 '그 하나'를 언어로 표현하자마자 쪼개지기 때문이다. '그 하나'는 언어의 길이 끊기고 마음작용이 소멸된 곳[言語道斷 心行處滅]이어서, 언어와 생각으로는 어떻게 하더라도 '그것'에 결코 이를 수 없다. 그래서 석가세존은 40여 년 동안 '한 자(字)도 설하지 않았다[一字不說]'고 한 것이다.

그렇다고 해서 처음부터 설하지 않고 침묵했다면 어찌 불법의 싹이 돋아났겠는가. 게다가 언어에 의존하지 않으면 '그 하나'를 가리킬 수도 없지 않은가. 지붕에 오르려면 사다리가 필요하고, 개울을 건너려면 징검다리를 디뎌야 하듯, '문자에 있지 않으나 문자를 떠나지 않고, 문자에 집착하지 않는다'는 것이 불립문자(不立文字)의 요점이다.

확연무성의 뜻은?

6세기 초에 달마가 인도에서 바닷길로 중국의 광동성 광주에 이르고, 남경에 가서 양의 무제를 뵙고 문답했다.

> 양의 무제가 달마에게 물었다.
> "무엇이 가장 요점이 되는 성스러운 진리입니까?"
> 달마가 대답했다.
> "텅 비어서 성스러울 게 없습니다[廓然無聖]."
> 무제가 물었다.
> "그렇다면 내 앞에 있는 그대는 누구요?"

"모르겠습니다."

무제는 알아듣지 못했다. 달마는 강을 건너 위(魏)로 갔다.

〈碧巖錄 제1則〉

모든 현상은 그냥 그대로 흘러가는데, 인간이 괜히 분별을 일으켜 '좋다/나쁘다', '예쁘다/추하다', '천하다/성스럽다'로 갈라놓고, 허구한 날 갈등을 일으켜 괴로워하는구나.

본래면목이란?

혜능이 나와서 반석 위에 앉으니, 혜명(慧明)이 절하고 말했다.

"원컨대 행자께서는 저를 위해 법을 설하소서."

혜능이 말했다.

"네가 이미 법을 위해 왔으니, 모든 인연을 쉬고 한 생각도 내지 마라. 내 너를 위해 설하겠다."

혜명은 한참 동안 말없이 앉아 있었다. 혜능이 말했다.

"선도 생각하지 말고 악도 생각하지 마라. 바로 그럴 때, 어떤 것이 혜명의 본래면목(本來面目)인가?"

혜명은 이 말이 끝나자마자 크게 깨달았다.

〈六祖大師法寶壇經, 行由〉

한 생각도 일어나지 않는 곳이 본래면목이다.

〈圜惡佛果禪師語錄 제16권〉

애초에 이름이 있는 건 아무것도 없다. 한데 인간이 온갖 생각을 일으켜 이름이 없던 '그것'에 별의별 이름을 붙여 '그것'을 산산조각 내어버렸다.

본래면목이란 생각이 일어나기 이전, 이름이 있기 이전, 온갖 2분의 분별이 함몰해버린 천연 그대로의 '그것'이다. '그것'이 불성(佛性)이다.

본래면목에 온갖 화장을 하고 왔는데 언제 고향으로 돌아가나!

이 본래면목을 '주인공'이라 하든 '본지풍광(本地風光)'이라 하든 상관없다.

일일부작 일일불식의 유래는?

백장 회해는 20세에 출가하여 마조의 제자가 되었다. 백장은 남전 보원(南泉普願, 748~834), 서당 지장(西堂智藏, 735~814)과 함께 마조 문하의 3대사(大士)라고 불린다. 백장은 강서성 백장산(百丈山)에 머물면서 대소승(大小乘)의 계율을 집약하고 절충하여 최초로 선원의 규칙인 청규(清規)를 제정했는데, 이것이 《백장청규》이다. 그는 선 수행에 노동을 도입했다.

> 선사께서 평생토록 힘써 수행한 일은 형용하기 어렵거니와 날마다 노동에는 반드시 남보다 먼저 나섰다. 제자들이 농기구를 숨기고 쉬기를 청하니, 그는 "내게 아무런 덕도 없는데 어찌 남들만 수고롭게 하겠는가" 했다.
>
> 선사께서는 제자들이 숨긴 농기구를 찾다가 찾지 못하면 식사를 하지 않았다. 그래서 '하루 일하지 않으면 하루 먹지 않는다[一日不作一一不食]'는

말이 천하에 퍼졌다.

〈祖堂集 제14권, 百丈章〉

불교에서 종과 교의 뜻은?

　종(宗)과 교(教)에 대한 정의의 기원은 당(唐)의 실차난타(實叉難陀)가 번역한 7권본《대승입능가경(大乘入楞伽經)》에서 찾을 수 있다. 그는 궁극의 진리, 즉 싯단타(siddhānta)를 종취(宗趣), 데샤나(deśanā)를 언설(言說)이라 번역했다. 언설은 가르침, 즉 교를 뜻한다.

　어느 날 대혜가 세존에게 궁극적인 진리의 특징을 물으니, 다음과 같이 대답하셨다.
　"모든 성문·연각과 보살에게는 두 가지 근본 도리가 있다. 무엇이 두 가지인가?
　궁극의 진리[宗趣]와 그에 대한 가르침[言說]이다. 궁극의 진리는 스스로 체득한 것으로, 언어와 분별을 떠나 번뇌에 물들지 않은 청정한 경지에 들어가 스스로 깨달음을 찬란하게 드러낸다. 가르침은 여러 가지 설법으로 대립적 견해를 떠나 훌륭한 방편으로 중생을 이 진리 안으로 들어오게 한다."
　세존께서 거듭 게송으로 설하셨다.

　宗趣與言說 自證與教法
　若能善知見 不隨他妄解

종취와 언설은

스스로 증득한 것과 그에 대한 가르침이다.

이것을 잘 알면

저 그릇된 견해에 이끌리지 않는다.

〈大乘入楞伽經 제4권〉

따라서 종은 언어로 표현할 수 없는 스스로 체득한 깨달음 그 자체이고, 교는 그것을 언어로 표현한 가르침이다. 또 중국에서는 불교에 대한 어떤 견해를 같이한 무리를 종 또는 종파(宗派)라 했고, 그 가르침을 종교라고도 했다.

이상에서 보듯 본래 종교라는 말에는 현재의 사전적인 의미, 즉 '신이나 절대자에 대한 신앙'이라는 뜻이 전혀 없었다. 그런데 이노우에 데쓰지로[井上哲次郎] 등이 《철학자휘(哲學字彙)》(1881)를 편찬할 때 서양에서 일본에 처음 들어온 'religion'이라는 말을 종교라고 번역했다. 이후 종교의 의미는 확장, 승격되어 원래 불교 안에서 사용했던 종교라는 말이 거꾸로 종교 속에 불교를 포함시켜 사용하기에 이르렀다.

교판은 무엇을 어떻게 분류한 것인가?

교상판석(教相判釋)의 준말이다. 자신, 또는 자신이 소속된 종파의 입장에서, 방대한 경전의 가르침을 설한 형식, 순서, 내용의 우열 등에 따라 분류하여 체계를 세운 것이다.

이 교판(教判)은 자신의 종파에서 중요시하는 경전이나 교리를 밝힘으로써 그 종파의 특성과 우위를 내세우는 경향이 강하다. 그러나 세존의 가르침을 설한 순서에 따라 여러 단계로 분류한 것은 전혀 역사성이 없다.

교판에는 지의의 5시8교(五時八教), 원효(元曉, 617~686)의 4교판(四教判), 규기(窺基, 632~682)의 3교8종(三教八宗), 법장의 5교10종(五教十宗) 등이 있다.

5시8교

수의 천태 지의가 분류한 천태종의 교판으로, 5시(時)는 세존의 가르침을 설한 순서에 따라 분류한 화엄시(華嚴時)·녹원시(鹿苑時)·방등시(方等時)·반야시(般若時)·법화열반시(法華涅槃時)를 말하고, 8교(教)는 그 가르침을 형식에 따라 분류한 돈교(頓教)·점교(漸教)·비밀교(祕密教)·부정교(不定教)의 화의4교(化儀四教)와 내용에 따라 분류한 장교(藏教)·통교(通教)·별교(別教)·원교(圓教)의 화법4교(化法四教)를 말한다.

• 5시

① 화엄시. 세존이 깨달음을 성취한 직후 21일간 《화엄경》을 설한 시기.

② 녹원시. 화엄시 후 12년간 녹야원에서 《아함경(阿含經)》을 설한 시기.

③ 방등시. 녹원시 후 8년간 《유마경(維摩經)》·《사익경》·《승만경》 등의 대승경전을 설한 시기.

④ 반야시. 방등시 후 22년간 여러 《반야경》을 설한 시기.

⑤ 법화열반시. 반야시 후 8년간 《법화경》을 설한 시기와 입멸 때 1일간 《열반경》을 설한 시기.

- 화의4교

① 돈교. 처음부터 바로 세존이 체득한 깨달음을 그대로 설한 가르침으로,《화엄경》이 여기에 해당한다.

② 점교. 얕은 내용에서 점차적으로 깊은 내용으로 나아간 가르침으로, 녹원시·방등시·반야시에서 차례로 설한 경전이 여기에 해당한다.

③ 비밀교. 듣는 이들 간에 알지 못하게 근기에 따라 다르게 설하여 각자 다른 이익을 얻게 하는 가르침.

④ 부정교. 같은 내용을 설하지만 듣는 이들이 근기에 따라 이해하여 각자 다른 이익을 얻게 하는 가르침.

- 화법사교

① 장교.《아함경》을 비롯한 초기의 가르침.

② 통교. 성문·연각·보살에게 공통되는 가르침.

③ 별교. 보살만을 위한 가르침.

④ 원교. 세존이 체득한 깨달음을 그대로 설한, 가장 완전한 가르침으로《법화경》이 여기에 해당한다.

4교판

신라 원효의 교판이다.

① 3승별교(三乘別教). 4제와 연기의 가르침.

② 3승통교(三乘通教).《반야경》·《해심밀경》의 가르침.

③ 1승분교(一乘分教).《영락경》·《범망경》의 가르침.

④ 1승만교(一乘滿教).《화엄경》의 가르침.

그런데 원효는 ①의 별교와 ②의 통교를 나누는 기준을 '법(法)도 공(空)이다'라고 하느냐 안 하느냐에, ③의 분교와 ④의 만교를 구별하는 기준을 '보법(普法)'에 두었다. 그는 이 보법을 서로 걸림 없는 관계 속에서 의존하고, 서로가 서로를 받아들이고 서로가 서로를 비추면서 융합하는《화엄경》의 세계라고 했다.

3교8종

당의 규기가 분류한 법상종의 교판으로, 세존이 설한 가르침의 단계를 세 시기로 나누고, 그 가르침의 내용을 여덟 가지로 나눈 것이다.

- 3교

① 유교(有敎). 모든 현상은 인연의 화합에 지나지 않으므로 거기에 불변하는 실체가 없지만, 그 현상을 구성하는 요소는 변하지 않는 실체라는《아함경》의 가르침.

② 공교(空敎). 모든 현상의 본성에는 본래부터 불변하는 실체가 없다는《반야경》의 가르침.

③ 중도교(中道敎). 유(有)와 공(空)을 동시에 드러내어 어느 한쪽에 치우치지 않은《해심밀경》·《화엄경》의 가르침.

- 8종

① 아법구유종(我法俱有宗). 자아에도 현상에도 모두 불변하는 실체가 있다는 가르침.

② 법유아무종(法有我無宗). 현상에는 불변하는 실체가 있지만 자아에는 실체가 없다는 가르침.

③ 법무거래종(法無去來宗). 현재의 현상에만 불변하는 실체가 있고, 과거와 미래의 현상에는 실체가 없다는 가르침.

④ 현통가실종(現通假實宗). 과거와 미래의 현상에도 불변하는 실체가 없고, 현재의 현상도 일시적인 인연의 화합에 지나지 않는다는 가르침.

⑤ 속망진실종(俗妄眞實宗). 세속의 현상은 허망하지만 깨달음의 진리는 진실하다는 가르침.

⑥ 제법단명종(諸法但名宗). 모든 현상은 단지 이름뿐이라는 가르침.

⑦ 승의개공종(勝義皆空宗). 궁극적인 진리에서는 모든 것에 불변하는 실체가 없다는 가르침.

⑧ 응리원실종(應理圓實宗). 어느 한쪽에 치우치지 않고 이치에 따라 두루 원만하고 진실한 법상종의 가르침.

5교10종

당의 현수 법장이 분류한 화엄종의 교판으로, 세존의 가르침을 다섯 단계로 나누고, 그 가르침의 내용을 여덟 가지로 나눈 것이다.

• 5교

① 소승교(小乘敎). 성문과 연각을 위해 4제·12인연 등을 설한 《아함경》의 가르침.

② 대승시교(大乘始敎). 모든 존재에는 불변하는 실체가 없다고 설하는 《반야경》과 모든 존재의 현상과 본성을 설한 《해심밀경》의 가르침.

③ 대승종교(大乘終敎). 대립이나 차별을 떠난 본성과 그 본성이 그릇된 인연을 만나 일으키는 차별 현상을 설하는 《능가경》·《기신론》의 가르침.

④ 돈교(頓敎). 일정한 단계를 거치지 않고 단박 깨달음에 이르게 하는《유마경》의 가르침.

⑤ 원교(圓敎). 원만하고 완전한 1승을 설하는《법화경》·《화엄경》의 궁극적인 가르침.

- 10종
① 아법구유종. 자아에도 현상에도 모두 불변하는 실체가 있다는 가르침.

② 법유아무종. 현상에는 불변하는 실체가 있지만 자아에는 실체가 없다는 가르침.

③ 법무거래종. 현재의 현상에만 불변하는 실체가 있고, 과거와 미래의 현상에는 실체가 없다는 가르침.

④ 현통가실종. 과거와 미래의 현상에도 불변하는 실체가 없고, 현재의 현상도 일시적인 인연의 화합에 지나지 않는다는 가르침.

⑤ 속망진실종. 세속의 현상은 허망하지만 깨달음의 진리는 진실하다는 가르침.

⑥ 제법단명종. 모든 현상은 단지 이름뿐이라는 가르침.

⑦ 일체개공종(一切皆空宗). 모든 현상에는 불변하는 실체가 없다는 가르침.

⑧ 진덕불공종(眞德不空宗). 모든 현상 그 자체는 한없이 청정한 성질을 갖추고 있다는 가르침.

⑨ 상상구절종(相想俱絶宗). 진리는 주관과 객관이 끊긴 상태이므로 언어로 표현할 수 없다는 가르침.

⑩ 원명구덕종(圓明具德宗). 낱낱 현상에 모든 성질이 갖추어져 있어, 모

든 현상은 서로 걸림 없이 융합되어 있다는 가르침.

대장경에는 어떤 것들이 있나?

대장경(大藏經)은 경·율·논의 3장과 승려들의 저술과 어록(語錄) 등을 모은 총서를 말한다. 트리 피타카(tri-pitaka)에서 tri는 '3', piṭaka는 '바구니'라는 뜻이다. 고대 인도인들은 이 세 가지를 나뭇잎에 새겨 각각 바구니 속에 보관했기 때문에 3장이라 한다.

이 3장이 중국, 티베트, 한국, 일본, 그리고 남방으로 전해지면서 번역되고, 또 승려들의 저술과 어록 등이 첨가되어 많은 대장경이 성립되었다.

① 고려대장경(高麗大藏經). 고려 때 대장경은 두 번 조판되었는데, 하나는 초조대장경(初雕大藏經)이고, 또 하나는 재조대장경(再雕大藏經)이다.

초조대장경은 1011년(고려 현종 2)에 착수해서 1087년(선종 4)에 완성한 한반도 최초의 대장경으로, 대구 팔공산 부인사(符仁寺)에 보관했는데 1232년(고종 19) 몽고 침략 때 불탔다.

재조대장경은 현재 가야산 해인사에 있는 고려대장경을 말한다. 1236년(고려 고종 23)에 착수해서 1251년(고종 38)에 완성한 것으로 총 1,501종 6,708권이다. 이 대장경은 경판(經板)의 총수가 8만 1,258개이므로 팔만대장경이라 한다. 강화도 대장경판당(大藏經板堂)에 보관했다가 1318년(충숙왕 5) 이후에 강화도 선원사(禪源寺)로 옮겼고, 1398년(태조 7)에 해인사로 옮겼다.

② 대정신수대장경(大正新脩大藏經). 다카쿠스 준지로[高楠順次郎]의 주관으로 다이쇼[大正] 11년(1922)에 기획하여 쇼와[昭和] 7년(1932) 2월에 완성되었다. 고려대장경을 저본으로 하고 여러 간행본과 사본 등을 대조하여 많은 차이점을 각 페이지 하단에 자세히 적고, 여기에 팔리어와 산스크리트를 일부 적었다. 여러 텍스트가 아함부(阿含部)부터 역사적 순서로 배열되어 있으며, 총 100권으로 이루어져 있다. 1권에서 55권까지는 인도·중국찬술부이고, 56권에서 84권까지는 일본찬술부, 85권은 돈황사본, 86권에서 97권까지는 도상부(圖像部), 나머지 3권은 목록이다.

③ 팔리대장경(pāli大藏經). 기원전 1세기경에 스리랑카에서 집대성된 대장경이다. 경장·율장·논장(論藏)의 3장으로 구성되어 있다.

④ 남전대장경(南傳大藏經). 1881년에 리스 데이비스(Rhys Davids)가 런던에 설립한 팔리 텍스트 소사이어티(Pāli Text Society)에서 팔리대장경을 로마자로 간행[P.T.S.本]했다. 남전대장경은 이 간행본을 저본으로 한 일본어 번역본으로 6년의 번역 기간을 거쳐 1941년에 65권 70책으로 완간되었다. 각 권에는 해제, 주해, 색인 등이 있다.

⑤ 국역일체경(國譯一切經). 중요한 불전(佛典)을 일본어로 번역한 것으로, 인도에서 찬술된 경·율·논의 한역(漢譯)을 번역한 인도찬술부(印度撰述部) 155권과 중국·한국·일본에서 찬술된 소석(疏釋)·사전(史傳)·어록(語錄)을 중심으로 한 화한찬술부(和漢撰述部) 100권으로 구성되어 있다.

⑥ 한글대장경. 1964년 7월 동국대학교에 역경원(譯經院)을 설치하여 대장경을 한글로 번역하기 시작했는데, 제1권 아함부를 간행한 이래 2001년 제318권《일체경음의(一切經音義)》색인을 간행함으로써 완간되었다. 이 대장경은 대정신수대장경의 분류에 따라 아함부·본연부·반야부 등의 순서로 되어 있다.

⑦ 티베트대장경(Tibet大藏經). 7세기 말에 티베트어가 제정된 이후, 범본(梵本)을 번역하고 범본이 없는 것은 한역(漢譯)·우전역(于闐譯)을 중역(重譯)하기 시작하여 13세기경에 완성했다. 번역자는 약 350명, 불전 총수는 약 4천 종이다. 13세기부터 개판(開板)했는데, 나르탄 판(snar-thaṅ板)·델게 판(sde-dge板)·북경판(北京板) 등의 판본이 있다.

구마라집과 현장은 어떤 인물인가?

중국에서 천수백 년에 걸쳐 산스크리트 원전을 한문으로 번역한 경전은 6천~7천에 이르고, 번역자의 수도 약 2백 명에 이른다. 그 중 뛰어난 번역자로는 5세기 초의 구마라집(344~413), 6세기 중엽의 진제(499~569), 7세기 중엽의 현장, 8세기 중엽의 불공(705~774)을 들 수 있다. 이들을 4대역경가(四大譯經家)라고 한다. 이 중 많은 경전을 번역한 이는 현장과 불공이지만, 중국·한국·일본의 불교에 가장 큰 영향을 미친 것은 구마라집의 번역이다. 구마라집 이전에도 많은 경전이 번역되었지만 온전한 번역이 아니었다. 그가 번역하고 강의와 주석을 함으로써 불교의 진수가 중국에 전해졌다.

구마라집은 ⑤kumārajīva를 소리 나는 대로 적은 것이고, 동수(童壽)라고 번역한다. 줄여서 나집(羅什)이라 한다. 그는 중앙아시아의 구자국(龜玆國, Kuchar)에서 태어났다. 그의 아버지 구마라염(鳩摩羅炎)은 인도 대신(大臣)의 아들이었으나 출가해서 여러 곳으로 다니면서 수행하다가 우연히 구자국에 이르렀다. 그런데 이 나라 왕의 누이동생 집(ft. jīva)이 인도에서 온 구마라염을 보자 첫눈에 반해 그와 결혼했고, 그들 사이에서 태어난 이가 구마라집이다. 구마라집의 집은 어머니의 이름이다.

나집이 7세 되던 해, 어머니는 아들과 함께 출가했다. 어머니의 손을 잡고 편력하던 중 계빈국(罽賓國)에서 반두달다(槃頭達多)에게 초기경전을 배우고, 구자국으로 돌아오던 도중에 소륵국(疏勒國)에서 《아비달마(阿毘達磨)》의 여러 논서와 초기경전을 배웠다. 또 사차국(莎車國)의 왕자 수리야소마(須利耶蘇摩)에게 《중론》·《백론(百論)》·《십이문론》을 배웠다.

20세에 구자국의 왕궁에서 구족계를 받고 사원에서 여러 대승경론을 연구했는데, 그의 학문적 명성이 중국에까지 알려지게 되었다. 382년, 전진왕 부견이 장군 여광(呂光)에게 구자국을 정벌토록 하고 구마라집을 데려오게 했다. 여광은 구자국왕을 죽이고 그곳을 정복한 후, 구마라집을 데리고 전진으로 돌아오던 중 양주(涼州)에서 부견이 요장(姚萇)에게 피살되고 전진이 멸망했다는 소식을 듣게 된다. 이에 여광은 곧바로 양주를 평정하고 그곳에 후량(後涼)을 건국했다. 구마라집도 그곳에서 16~17년 동안 머물렀다.

요장의 뒤를 이어 후진(後秦)의 왕이 된 요흥(姚興)은 401년 5월에 군사를 후량에 파견하여 구마라집을 데려오게 했고, 그 해 12월 20일에 장안에서 구마라집을 맞이했다. 요흥은 구마라집을 국사로 예우하고 서명각(西明閣)과 소요원에서 경전을 번역하게 했다.

그는 12년 동안 《대품반야경》·《법화경》·《금강경》·《유마경》·《아미타경》·《미륵하생성불경(彌勒下生成佛經)》·《좌선삼매경(坐禪三昧經)》·《대지도론》·《성실론(成實論)》·《중론》·《십이문론》·《백론》·《십송률》 등 35종 294권을 번역했다.

현장은 당의 승려로, 하남성(河南省) 낙양(洛陽) 출신이고, 성(姓)은 진(陳), 이름은 위(褘)이다. 13세에 낙양 정토사(淨土寺)에 출가한 후, 낙양·장안·

성도(成都)에서 《열반경(涅槃經)》·《구사론(倶舍論)》·《섭대승론(攝大乘論)》 등을 배웠다.

그는 한역의 경론에 만족하지 않고 산스크리트 원전을 연구하기 위해 627년에 혼자 장안을 출발하여 인도 유학을 떠났다. 630년에 마가다 국의 나란타사(那爛陀寺)에 이르러 5년 동안 계현(戒賢, ⑤śilabhadra 529~645)에게 《유가사지론(瑜伽師地論)》과 여러 논서를 배우고 산스크리트 원전들을 열람했다. 635년에 나란타사를 떠나 동인도에서 남인도·서인도를 순례하고 638년에 나란타사로 돌아왔다.

641년에 귀국길에 올라 645년 1월 장안에 도착했는데, 그가 가지고 온 산스크리트 원전의 경·율·논은 657종에 이른다. 645년 2월에 고구려 원정을 준비하기 위해 낙양에 있던 태종(太宗)을 알현하고 장안으로 돌아와 홍복사(弘福寺)에서 번역에 착수했다.

《현양성교론(顯揚聖教論)》·《대승아비달마잡집론(大乘阿毘達磨雜集論)》 등을 번역하고, 태종의 칙명으로 《대당서역기》를 저술했다. 그 후 홍복사·대자은사(大慈恩寺)·옥화궁(玉華宮)에서 《해심밀경(解深密經)》·《유가사지론》·《섭대승론본(攝大乘論本)》·《순정리론(順正理論)》·《구사론》·《성유식론》·《변중변론(辯中邊論)》·《유식이십론(唯識二十論)》·《대반야경(大般若經)》 등 75종 1,335권을 번역했다.

옥화궁에서 63세로 입적했는데, 《성유식론》을 중심으로 하여 그의 문하에서 법상종이 형성되었다.

불교 상식

3보사찰이란?

　석가모니 사리를 봉안한 곳을 불보사찰(佛寶寺刹), 고려대장경을 보관한 곳을 법보사찰(法寶寺刹), 고승을 많이 배출한 곳을 승보사찰(僧寶寺刹)이라 하는데, 이를 합쳐 3보사찰(三寶寺刹)이라 한다. 즉, 영축산 통도사와 가야산 해인사, 조계산 송광사가 이에 해당한다.

　통도사는 신라의 자장(慈藏)이 646년(선덕여왕 15)에 창건하면서 당에서 가지고 온 불사리(佛舍利)를 금강계단(金剛戒壇)에 봉안했기 때문에 불보사찰이라 한다. 그래서 대웅전에는 불상을 모시지 않고 불단만 마련했다.

　해인사는 1398년(태조 7)에 강화도 선원사에 있던 고려대장경을 옮겨와서 장경각(藏經閣)에 보관하고 있기 때문에 법보사찰이라 한다.

　송광사는 보조 지눌(普照知訥, 1158~1210)을 비롯해서 혜심(慧諶, 1178~1234)·몽여(夢如, ?~1252)·혼원(混元, 1191~1271)·천영(天英, 1215~1286)·충지(沖止, 1226~1292)

등 국사의 칭호를 받은 16명의 고승을 배출했기 때문에 승보사찰이라
한다.

대한불교조계종의 총림 사찰은 어디어디인가?

총림은 선원·승가대학·율원 등을 모두 갖춘 종합수행도량으로, 현
재 전국의 8대 총림은 다음과 같다.

① 해인총림 해인사
② 조계총림 송광사
③ 영축총림 통도사
④ 덕숭총림 수덕사
⑤ 고불총림 백양사
⑥ 팔공총림 동화사
⑦ 쌍계총림 쌍계사
⑧ 금정총림 범어사

법당이란?

원래는 본존불, 즉 예배의 중심이 되는 부처님을 모신 사찰의 중심
건물을 금당(金堂)이라 했다. 이는 부처님의 몸이 금빛이라는 데서 유래
한다. 법당(法堂)이란 원래 선종에서 법문을 설하고 각종 의식을 행하는

건물을 지칭했다. 그런데 선종의 수행자들은 불상에 대한 예배보다는 조사나 선지식들의 가르침을 더욱 중요하게 여겼기 때문에 금당보다는 법당에 더 큰 비중을 두게 되었다.

요즘은 법당이라 하면, 불보살을 모시고 아침과 저녁에 예배하고, 설법하거나 각종 의식을 행하는 사찰의 중심 건물들을 말한다. 그러나 칠성각이나 산신각은 법당이라 하지 않는다.

법당에서 지켜야 할 예절은?

불보살을 모신 사찰의 중심 건물인 법당은 대부분 정면에 큰 문이 있고, 좌우 측면에 문이 하나씩 있다. 법당 내부 중앙에는 불보살을 모신 상단이 있고, 좌우에 신중(神衆)을 모신 신중단과 영가(靈駕)를 모신 영단이 있다.

정면 문은 큰스님이 출입하는 문이기 때문에 재가 불자들은 좌우 측면의 문을 이용해야 한다. 법당에 들어서면 바로 상단을 향해 합장하고 반절한다. 그리고 상단 가까이 가서 먼저 반절한 다음 큰절을 세 번 하고 고두례(叩頭禮)를 하고 일어서서 합장하고 반절한다. 신중단에도 같은 방법으로 한다.

큰절을 할 때는 먼저 합장한 자세에서 무릎을 꿇고 오른손과 왼손을 바닥에 댄 다음 머리를 숙이고, 손바닥을 뒤집어서 귀 아래까지 올려 불보살을 받드는 예의를 하고, 오른손을 짚고 일어서서 합장하고 반절한다.

고두례는 세 번째 절을 하고 일어서기 전에, 어깨를 조금 들고 합장한 후 다시 두 손바닥을 바닥에 댄 다음 뒤집어서 귀 아래까지 올리는 예법이다.

나올 때는 옆문 가까이에 와서 상단을 향해 합장하고 반절한 다음 법당을 나온다.

안거란?

ⓢvarṣa 원뜻은 '우기(雨期)'이다. 수행승들이 일정 기간 외출을 금하고 수행하는 제도이다. 고대 인도의 수행승들은 우기 3개월 동안 동굴이나 사원에서 수행에만 전념했는데, 이를 우안거라고 한다.

한반도에서는 음력 4월 15일에 시작해서 7월 15일에 마치는 하안거(夏安居)와 음력 10월 15일에 시작해서 이듬해 1월 15일에 마치는 동안거(冬安居)가 있다. 안거(安居)의 시작이나 안거 중을 결제(結制), 안거의 마침을 해제(解制)라고 한다.

공양이란 어떤 의식인가?

불(佛)·법(法)·승(僧)의 3보(寶)에 공경하는 마음으로 음식·옷·꽃·향 등을 올리는 의식을 말한다. 그러나 보통 불보살에게 공양(供養)하여 그 공덕으로 가피를 기원하는 경우가 많다. 또 사찰에서는 음식을 먹는 것을 공양이라 하는데, 이때의 공양은 누군가가 공양한 음식을 먹는다고 생각해서 그 고마움을 잊지 않는다는 의미이다.

발우공양은 어떻게 하나?

발우공양(鉢盂供養)은 사찰에서 행하는 전통 식사 의식이다. 발우(鉢盂)의 발(鉢)은 ⓢpātra를 소리 나는 대로 적은 발다라(鉢多羅)의 준말로 '식기'이고, 우(盂)는 '그릇'을 뜻하므로 음사와 번역의 합성어이다. 승려들의 식기를 말하고, 흔히 바리·바리때라고도 한다.

발우는 밥그릇·국그릇·물그릇·찬그릇으로 되어 있는데, 이 중 밥그릇이 가장 크고, 그 다음 국그릇·물그릇·찬그릇 순이다. 그리고 수저한 벌, 발우 받침, 발우 수건, 수저집이 있다.

공양을 알리는 종이 울리면 대중들은 각자 발우를 가지고 정해진자리에 앉는다. 죽비를 치면 발우를 펴는데, 밥그릇은 왼쪽 앞, 국그릇은 오른쪽 앞, 물그릇은 오른쪽 뒤, 찬그릇은 왼쪽 뒤에 놓는다. 죽비를 치면 천수물(千手-, 발우를 씻는 물)·밥·국·반찬 순으로 윗자리부터 발우에 담는다. 밥은 밥을 퍼주는 승려가 똑같이 퍼주는데, 양이 적거나많더라도 그냥 합장하고 받는다. 밥은 밥을 퍼주는 승려가 아랫자리부터 한 번 더 도는데, 이때 양이 알맞으면 합장하고 많거나 적으면 덜거나 더 담는다. 그리고 죽비를 치면 합장하고 반절한 다음 밥그릇을 받들어 감사의 마음을 표하고 공양을 시작한다.

공양이 끝나갈 때 죽비를 치면 숭늉을 돌린다. 음식은 조금도 남겨서는 안 된다. 숭

발우공양

늉으로 발우를 씻은 다음 그 물을 마시고, 천수물로 다시 발우를 깨끗이 씻고 수건으로 닦는다. 죽비를 치면 천수물을 걷을 동이를 돌리는데, 이때는 아랫자리부터 돌린다. 그리고 죽비를 치면 합장하고 반절하는 것으로 공양은 모두 끝난다.

불교의 4대성지는?

붓다와 깊은 관련이 있어 신성시되고 있는 네 곳을 불교의 4대성지(四大聖地)라 한다. 붓다가 태어난 룸비니, 깨달음을 이룬 붓다가야(buddhagayā), 처음으로 설법한 녹야원, 입멸한 쿠시나가라이다.

4대성지

적멸보궁　　　　　정선 정암사 수마노탑　적멸보궁　　　　　　　　　　　양산 통도사

적멸보궁은 어떤 곳인가?

석가모니불의 사리를 봉안한 사찰 건물을 말한다. 적멸은 모든 번뇌
가 남김없이 소멸되어 고요해진 열반의 상태를 말하고, 보궁은 보배같
이 귀한 궁전이라는 뜻이다.

한반도에는 다섯 곳에 적멸보궁(寂滅寶宮)이 있는데, 설악산 봉정암 적
멸보궁, 오대산 상원사 적멸보궁, 정선 정암사 적멸보궁, 영월 법흥사
적멸보궁, 양산 통도사 적멸보궁이다.

적멸보궁에는 석가모니불의 사리를 봉안했기 때문에 불상을 모시지
않는다.

염주의 용도는?

염주(念珠)를 수주(數珠)라고도 한다. 실에 보리수 열매나 수정 구슬 등

을 여러 개 꿰어 그 끝을 맞맨 것으로, 불보살에게 절하거나 염불할 때 엄지손가락 끝으로 한 알씩 넘기면서 그 횟수를 세기도 하고, 또 마음을 가라앉힐 때 엄지손가락 끝으로 한 알씩 넘기기도 한다.

구슬 수는 108번뇌를 상징하는 108개를 비롯해서 다양한데, 15개 남짓한 것을 단주(短珠)·합장주(合掌珠)라고 한다.

연꽃은 무엇을 상징하나?

연못의 진흙에서 자라지만 거기에 물들지 않고 맑은 꽃을 피우므로 흔히 청정(淸淨)을 상징한다. 또 우주의 중심에 있다는 비로자나불의 정토를 연화장세계라고 한다. 그 부처는 천 개의 잎을 가진 연화좌에 앉아 있는데, 그 잎 낱낱은 낱낱의 세계를 상징하고, 그 낱낱의 세계에 100억 국토가 있다고 했다.

사찰 건물과 불탑·승탑 등을 주로 연꽃으로 장식하는데, 이것은 극락에 가서 연꽃 속에 다시 태어나려는 극락왕생의 염원이 담겨 있다.

우담바라는 어떤 나무인가?

우담바라(優曇波羅·憂曇婆羅)는 ⑤Ⓟudumbara를 소리 나는 대로 적은 것이고, 영서(靈瑞)라고 번역한다. 인도 북부와 데칸고원에서 자라는 뽕나무과의 낙엽 관목이다. 키는 약 3미터, 잎은 긴 타원형으로 길이는 약 15센티미터이고, 열매는 여러 개가 모여 맺힌다. 작은 꽃이 항아리 모양의 꽃받침에 싸여 보이지 않기 때문에 온갖 억설이 생겨나 3천 년 만에 한 번 꽃이 핀다고도 하고, 또 부처나 전륜왕이 출현하면 꽃이 핀다고 하여, 그 꽃을 희귀한 것이나 만나기 어려운 것에 비유한다.

'만' 자는 무엇을 뜻하나?

만(卍·卐) 자는 길상(吉祥)·만덕(萬德)·원만(圓滿) 등을 뜻하는 불교의 상징이다. 사찰 건물과 불상의 가슴이나 발, 불화와 탱화 등에 그려져 있다.

만 자   경주 불국사 대웅전

불기는 어떻게 계산하나?

불기(佛紀)는 불교에서 석가모니의 입멸 연대를 기준으로 쓰는 기원(紀元)이다. 입멸 연대에 대해서는 여러 설이 있었으나 1956년 11월에 태국·스리랑카·미얀마 등의 불교국가들이 그들이 채택한 연대에 따라 석가모니 입멸 2천5백 주년을 맞이하여 인도 뉴델리에서 세계불교자회의를 개최한 이후, 이 연대가 공식으로 채택되었다. 따라서 입멸 연대는 기원전 544년이 되고, 현재의 불기는 현재의 서기 연도에 544년을 더하면 된다.

불교의 4대 기념일은?

석가모니가 룸비니에서 태어난 불탄일(佛誕日)은 음력 4월 8일이고, 석가모니가 출가한 출가일은 음력 2월 8일, 석가모니가 보리수 아래서 깨달음을 성취한 성도일(成道日)은 음력 12월 8일, 석가모니가 쿠시나가라에서 입멸한 열반일(涅槃日)은 음력 2월 15일이다.

무차대회란?

무차대회(無遮大會)는 사찰에서 승속(僧俗)을 가리지 않고 누구나 참여하여 공양하고 베풀고, 설법을 듣고 서로 질문하여 배우는 모임을 말한다.
 '

극락조와 금시조는 어떤 새인가?

극락조(極樂鳥)는 극락정토에 있다는 가릉빈가(迦陵頻伽, ⓢkalaviṅka)를 말한다. 머리와 팔은 사람의 모습이고 몸은 새의 모습을 한 상상의 새로서, 소리가 매우 아름답다고 한다. 유물의 기와나 불탑·승탑에 이 새의 조각을 많이 새기는데, 화순 쌍봉사의 철감선사탑과 문경 봉암사의 지증대사 적조탑, 그리고 구례 연곡사의 동 승탑·서 승탑·북 승탑 등에서 볼 수 있다.

금시조(金翅鳥)는 조류(鳥類)의 왕으로 용을 잡아먹고 산다는 거대한 상상의 새이다.

108번뇌에서 108은?

108은 중생을 괴롭히고 어지럽히는 마음 작용을 통틀어 이르는 말이다. 108에 대해서는 여러 가지 설이 있는데, 그 중 두 가지를 소개한다.

안·이·비·설·신·의의 6근이 색·성·향·미·촉·법의 6경(境)을 대상으로 해서 시각 작용·청각 작용·후각 작용·미각 작용·촉각 작용·분별 작용을 일으킬 때, 각각 좋음[好]·나쁨[惡]·좋음도 나쁨도 아님[平]이 있어 18, 여기에 각각 더러움[染]·깨끗함[淨]이 있어 36, 다시 여기에 각각 과거·현재·미래가 있어 합계 108이다.

또 6근에 각각 괴로움[苦]·즐거움[樂]·괴로움도 즐거움도 아님[捨]이 있고, 또 각각 좋음[好]·나쁨[惡]·좋음도 나쁨도 아님[平]이 있어 합계 36, 여기에 과거·현재·미래가 있어 108이다.

사리란 무엇인가?

ⓢśarīra를 소리 나는 대로 적은 것으로, '유골'을 뜻한다. 그러나 오늘날에는 화장한 뒤에 나오는 작은 구슬 모양의 물질을 가리키기도 한다.

부처니 범부니 모두 다 헛것

청정한 성품을 찾는다면 눈에 든 티끌

내 사리 천지를 뒤덮었으니

식은 재를 아예 뒤지지 말게.

〈宋 祖元禪師 臨終偈〉

범패란 무엇인가?

예수재·수륙재·영산재(靈山齋) 등의 의식 때 부르는 노래를 범패(梵唄)라 한다. 안채비들이 부르는 안채비소리와 겉채비들이 부르는 홋소리·짓소리와 화청(和淸)의 네 가지로 구성되어 있는데, 홋소리와 짓소리가 범패의 대부분을 차지한다. 안채비소리는 재주(齋主)를 축원하는 염불이고, 홋소리는 비교적 짧은 노래로 구성지고 부드럽다. 짓소리는 합창으로 부르는데, 무게가 있는 억센 노래이고, 화청은 포교의 한 방편으로 대중에게 친숙한 민속 음악에 우리말 사설(辭說)을 얹어 부르는 노래로 태징과 북을 반주로 한다.

불사에는 어떤 것들이 있나?

사찰에서 비용을 마련하여 어떤 일을 행하는 것을 불사(佛事)라고 한다.

불사에는 폐허가 된 사찰을 다시 세우는 '중창불사', 지붕에 기와를 다시 입히는 '기와불사', 범종을 주조하는 '범종불사', 불상에 금색을 다시 칠하는 '개금불사', 가사를 만들어 승려들에게 보시하는 '가사불사' 등이 있다.

사바세계란?

사바(娑婆)는 ⓢsahā를 소리 나는 대로 적은 것이고, 인(忍)·감인(堪忍)이라 번역한다. 중생이 갖가지 고통을 참고 견뎌야 하는 이 세상을 말한다.

선지식이란?

선지식(善知識)은 ⓢkalyāṇa-mitra의 번역인데, kalyāṇa는 '좋은', '착한'이라는 뜻이고, mitra는 '벗'이라는 뜻이므로 선우(善友)라고도 번역한다. 지식(知識)은 어떤 것을 안다는 뜻이 아니라 서로 아는 사이라는 뜻이다. 부처의 가르침으로 인도하는 덕이 높은 스승을 말한다.

아사리란 누구를 말하나?

아사리(阿闍梨)는 ⓢācārya를 소리 나는 대로 적은 것이고, '스승'이라는 뜻이다. 계율과 의식에 밝아 출가자들을 가르치고 지도할 수 있는 덕이 높은 승려를 말한다.

출가하여 승려가 되려는 이에게 10계(戒)를 주는 출가아사리(出家阿闍梨), 구족계를 줄 때 의식을 주관하는 갈마아사리(羯磨阿闍梨), 구족계를 받는 이에게 규율이나 몸가짐 등을 가르치는 교수아사리(教授阿闍梨), 경전을 가르치는 수경아사리(受經阿闍梨) 등이 있다.

갈마(羯磨)는 ⑤karma를 소리 나는 대로 적은 것으로, '의식'을 뜻한다.

나무아미타불의 뜻은?

나무아미타불(南無阿彌陀佛)에서 나무(南無)는 ⑤namas를 소리 나는 대로 적은 것이고, 귀명(歸命)·경례(敬禮)라고 번역한다. 아미타(阿彌陀)는 ⑤amitāyus ⑤amitābha를 소리 나는 대로 적은 것인데, 아미타유스는 무량수, 아미타바는 무량광이라 번역한다. 따라서 '아미타불에게 몸과 마음을 바쳐 의지하고 예배한다'는 뜻이다.

나무관세음보살마하살은 무슨 뜻인가?

나무는 ⑤namas를 소리 나는 대로 적은 것이고, 귀명·경례라고 번역한다. 관세음(觀世音)은 ⑤avalokiteśvara의 번역이다. 마하살(摩訶薩)은 ⑤mahā-sattva를 소리 나는 대로 적은 것이고, 위대한 존재, 위대한 중생이라는 뜻으로 보살에 대한 존칭이다. 따라서 나무관세음보살마하살(南無觀世音菩薩/摩訶薩)은 '위대한 관세음보살에게 몸과 마음을 바쳐 의지하고 예배한다'는 뜻이다.

마하반야바라밀의 뜻은?

마하반야바라밀(摩訶般若波羅蜜)은 ⑤mahā-prajñā-pāramitā를 소리 나는 대로 적은 것이다. mahā는 '크다', '뛰어나다'는 뜻이고, prajñā는 '지혜', pāramitā는 '완성'이라는 뜻이다. 따라서 '분별과 집착을 떠난 뛰어난 지혜의 완성'이라는 뜻이다.

수리 수리 마하수리 수수리 사바하의 뜻은?

⑤śrī śrī mahā śrī su śrī svāhā를 소리 나는 대로 읽은 것으로,《천수경》의 〈정구업진언(淨口業眞言)〉이다. 이 경을 독송하기 전에 입을 깨끗이 한다는 뜻으로 이 진언을 읊는다. śrī는 '길상(吉祥)'이라 번역한다. 한글로 옮기면 다음과 같다.

> 좋은 일이 있겠구나, 좋은 일이 있겠구나! 아주 좋은 일이 있겠구나, 지극히 좋은 일이 있겠구나! 아! 기쁘다.

옴 마니 반메 훔의 뜻은?

ⓢoṃmaṇi padme hūṃ을 소리 나는 대로 적은 것이다. 관세음보살의 자비를 뜻하는 주문으로, 이것을 지극정성으로 읊으면 관세음보살의 자비에 의해 번뇌와 죄악이 소멸되고, 온갖 지혜와 공덕을 갖추게 된다고 한다. 이 여섯 자(字)를 '6자대명왕진언(六字大明王眞言)'이라 한다.

옴(唵)은 a·u·m의 합성어이고, 각각 만물의 발생·유지·소멸을 상징한다. 옴 마니 반메 훔(唵麼抳鉢銘吽)은 한글로 옮기면 '오! 연꽃 속의 보석이여!'라는 뜻이다.

진언과 다라니의 차이는?

진언(mantra)은 불보살 등의 서원이나 덕, 또는 가르침이나 지혜를 나타내는 신비로운 주문으로, 산스크리트를 번역하지 않고 음사하여 읽는다. 보통 비교적 짧은 주문을 진언이라 하고, 긴 주문을 다라니(dhāraṇī)라고 하지만 엄밀하게 구별하지는 않는다.

산스크리트와 팔리어는 어떤 언어인가?

산스크리트는 고대 인도아리아어를 통틀어 일컫는다. 범천(梵天)이 이 언어를 만들었다는 고대 인도의 전설에 따라 범어(梵語)라고 한다. 이 언어는 두 가지로 나뉘는데, 하나는 바라문교의 성전인 베다(veda)의 언어로서, 이를 베다 산스크리트(veda sanskrit) 또는 베다어(vedic)라 하고, 다른 하나는 기원전 5~4세기에 문법학자 파니니(pāṇini)가 문법을 체계화한 문장어를 만들었는데, 이를 고전 산스크리트(classical sanskrit)라고 한다. 불교에서 산스크리트라고 하면, 고전 산스크리트를 가리키고, 대부분 대승경전의 원전은 이 언어로 쓰여 있다.

팔리어는 중세 인도아리아어의 일종으로, 인도 서쪽 지방의 민중어인 파이샤치어(paisāci語)를 말한다. Ⓟpāli는 '성전(聖典)'을 뜻한다. 팔리어라는 말은 스리랑카에 전해진 상좌부(上座部)의 3장(藏)이 동남아시아로 전해지는 과정에서 3장의 언어를 성전어(聖典語), 곧 팔리어로 부르게 된 데서 비롯되었다.

십우도는 무엇을 그린 그림인가?

심우도(尋牛圖)라고도 한다. 견성에 이르는 과정을 열 단계로 간명하게 묘사한 그림이다. 이 그림에는 송의 보명(普明)이 그린 목우도(牧牛圖)와 송의 곽암(廓庵)이 그린 십우도(十牛圖)가 있는데, 전자는 검은 소에서 점점 흰 소로 나아가는, 곧 오염된 성품을 점점 닦아 청정한 성품으로 나아가는 점오의 과정이고, 후자는 검은 소에서 바로 흰 소로 되어버리는, 곧 등을 돌림으로써 보지 못한 청정한 성품을 돌아서서 단박에 보는 돈오의 과정이므로 목우도는 묵조선을, 십우도는 간화선을 반영하고 있다. 곽암은 임제종 양기파이다.

곽암의 《십우도송(十牛圖頌)》을 옮기고 해설하면 다음과 같다.

보명의 목우도

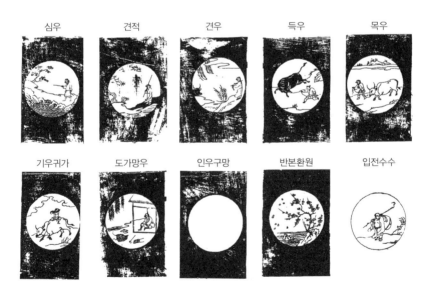

심우	견적	견우	득우	목우
기우귀가	도가망우	인우구망	반본환원	입전수수

곽암의 십우도

① 심우(尋牛, 소를 찾아 나서다)

아득히 펼쳐진 수풀 헤치고 소를 찾아 나서니
물 넓고 산 먼데 길은 더욱 깊구나.
힘 빠지고 마음 피로해 찾을 길 없는데
단지 들리는 건 늦가을 단풍나무의 매미 소리뿐.

수풀 우거진 광활한 들판을 헤쳐 나가는 것처럼, 길도 없는 산 속에서 헤매는 것처럼, 본심(本心)을 찾는 건 아득하다. 엄습해오는 절망과 초조감. 들리는 건 처량하게 우는 늦가을 해질녘의 매미 소리뿐.

② 견적(見跡, 자취를 보다)

물가 나무 아래 자취 어지러우니
방초 헤치고서 그대는 보았는가?
설령 깊은 산 깊은 곳에 있다 해도
하늘 향한 그 코를 어찌 숨기리.

보이는 것마다 소의 발자국 아닌 게 없고, 들리는 것마다 소의 울음 아닌 게 없다. 소를 가린 무성한 수풀조차도 실은 소의 자취 아니던가. 그놈의 소가 아무리 심산유곡에 있다 해도 하늘까지 닿은 그 기세를 어찌 숨길 수 있겠는가.

③ 견우(見牛, 소를 보다)

노란 꾀꼬리 가지에서 지저귀고
햇볕 따사하고 바람 서늘한데 언덕엔 푸른 버들
더 이상 빠져 나갈 곳 없나니
위풍당당한 쇠뿔은 그리기가 어려워라.

지저귀는 노란 꾀꼬리, 봄바람에 살랑거리는 푸른 버들, 물을 벗 삼는 아리따운 물새, 모두 법문을 설하고 있지 않은가. 산은 흰 구름을 두르고 물은 달을 담았으니, 하나하나가 소의 오묘한 자태라서 붓으로 표현할 수가 없구나.

④ 득우(得牛, 소를 잡다)

온 정신 다해 그놈을 잡았으나
힘세고 마음 강해 다스리기 어려워라.
어느 땐 고원(高原)에 올라갔다가
어느 땐 구름 깊은 곳에 들어가 머무누나.

마침내 자기와 세계를 잊어 일체가 모조리 없어졌을 때 홀연히 나타난 소. 허나 예부터 젖어온 습기를 모조리 없애기는 어렵구나. 어떤 때는 자기도 없고 부처도 없고 세계도 없는 명백한 곳에 이르고, 어떤 때는 다시 대상이 분분하게 일어나는 곳으로 들어가는구나.

⑤ 목우(牧牛, 소를 길들이다)

채찍과 고삐 잠시도 놓지 않음은
제멋대로 걸어서 티끌 세계에 들어갈까 봐.
잘 길들여서 온순해지면
고삐 잡지 않아도 저절로 사람 따르리.

'앎'은 쉬워도 '됨'은 지극히 어렵구나. 끊임없이 닦고 익히면 마침내 마음과 대상이 함몰해 잡된 것이 하나도 없는 순수함에 도달하나니, 오묘한 경지가 절로 나타나 꽃을 대하면 사람과 소가 함께 꽃이고 버들을 대하면 사람과 소가 다 버들이니, 이제는 영원히 나뉠 것 없네.

⑥ 기우귀가(騎牛歸家, 소를 타고 집으로 돌아가다)

소를 타고 유유히 집으로 가노라니
오랑캐 피리 소리 저녁놀에 실려 간다.
한 박자 한 가락이 한량없는 뜻이려니
곡조 아는 이라고 굳이 말할 필요 있겠는가.

등 위에 사람 없는 소, 무릎 아래 소 없는 사람. 이제 유유히 참 근원으로 돌아가니, 소박한 가락이 노을과 나란히 가고 물과 하늘이 한 빛깔이다. 피리 한 곡조와 노래 한 가락이 만물의 근원이니, 이는 줄 없는 거문고의 비밀스런 곡조일세.

⑦ 망우존인(忘牛存人, 소는 잊고 사람만 있다)

소를 타고 이미 고향에 이르렀으니
소 또한 공(空)하고 사람까지 한가하네.
붉은 해 높이 솟아도 여전히 꿈꾸는 것 같으니
채찍과 고삐는 초가에 부질없이 놓여 있네.

잃을 것도 얻을 것도 없는 고향으로 돌아오니, 맑은 바람이 밝은 달을 버리고 밝은 달이 맑은 물을 버리듯, 소는 더 이상 필요 없고 사람 또한 할 일 없네. 아침이 되어 해가 솟아도 여전히 꿈속이라.

⑧ 인우구망(人牛俱忘, 소도 사람도 모두 잊다)

채찍과 고삐, 소와 사람 모두 공하니
푸른 허공만 아득히 펼쳐져 소식 전하기 어렵구나.
붉은 화로의 불꽃이 어찌 눈[雪]을 용납하리오.
이 경지에 이르러야 조사의 마음과 합치게 되리.

본심의 바다 위엔 한 점 티끌도 없고, 한 조각의 물결도 없네. 수행도 깨달음도 자기도 세계도 없으니, 어찌 붓을 들겠는가. 천만 가지 분별이 붉은 화로 위의 한 점 눈이라, 한 티끌의 그림자도 남기지 않네.

⑨ 반본환원(返本還源, 근원으로 돌아가다)

본래 자리 돌아와 돌이켜보니 헛수고만 했구나.
차라리 그냥 장님이나 귀머거리로 있을 것을.
암자 안에 앉아 암자 밖의 사물 보지 않나니
물은 절로 아득하고 꽃은 절로 붉구나.

진정 근원으로 돌아와보니, 버들은 푸르고 꽃은 붉네. 보지 않으면 안팎을 함께 보지 않고, 보면 전체를 보나니, 기이할 게 아무것도 없는, 있는 그대로의 모습이네.

⑩ 입전수수(入鄽垂手, 저자에 들어가 손을 드리우다)

맨가슴 맨발로 저자에 들어가니
재투성이 흙투성이라도 얼굴 가득 함박웃음
신선의 비법 따윈 쓰지 않아도
당장 마른 나무에 꽃을 피우는구나.

저잣거리에 들어선 포대화상(布袋和尙). 온몸을 드러내 세속의 중생과 함께하니, 이는 바보 성인의 풍모이네. 고목에 꽃을 피우는 것만 아니라 앉고 눕고 나아가는 하나하나가 그냥 그것이네.

탱화는 무엇을 그린 그림인가?

탱화는 불보살이나 신중, 부처의 설법하는 모습이나 생애, 불경 내용, 극락이나 지옥, 저승 세계 등을 천이나 종이에 그려서 법당에 걸어두는 그림을 말한다.

신중은 불교의 수호신·호법신이다. 주로 인도의 토속신과 대승불교의 전개 과정에서 상정된 신, 그리고 불교의 전파 지역에서 흡수된 신들로, 제석·범천·4천왕·금강역사(金剛力士)·8부중(八部衆)·칠성·산신 등이 있다.

한반도의 사찰에는 불상을 모신 상단 뒤에 걸어둔 후불탱화, 중단의 신중탱화(神衆幀畵), 영가를 모셔두는 하단의 감로탱화(甘露幀畵)가 있다.

후불탱화는 대부분 영산회상도와 《화엄경》의 내용을 묘사한 화엄탱화이다. 영산회상도는 석가모니불이 영취산에서 《법화경》을 설하던 때의 모습을 상징적으로 묘사한 그림으로, 석가모니불이 보살들이나 10대제자들에게 설법하고 신중이 도량을 수호하고 있다.

신중탱화는 상단탱화의 한 요소인 신중을 따로 독립시킨 것으로, 신중이 복을 주고 재앙을 소멸시킨다는 신앙에서 비롯되었다.

감로탱화에는 주로 아미타불이 아귀나 지옥의 중생들을 극락으로 인도하는 정경이 묘사되어 있는데, 아미타불이 그 중생들에게 감로를 베푼다는 뜻에서 감로탱화라고 한다.

변상도란?

경전 내용이나 석가모니 전생 설화, 또는 극락이나 지옥을 묘사한 그림을 말한다.

탱화가 벽에 걸어두기 위한 액자형의 불화(佛畵)인데 반해, 변상도(變相圖)는 불경에 그리거나 나무나 금속판에 새긴 판화형이 대부분이다.

불화의 용도는 사찰을 장식하는 장엄용, 불교의 교리를 쉽게 전달하기 위한 교화용, 의식 때 예배하기 위한 예배용 등이 있는데, 변상도는 교화용 불화의 으뜸으로 꼽힌다.

괘불의 용도는?

법당 밖이나 야외에서 의식을 행할 때, 그곳에 큰 불화를 내거는 일이나 그 불화를 말하고, 불화를 걸어두는 긴 막대기를 괘불(掛佛)대라고 한다. 평상시에는 그 불화를 두루마리 형태로 말아 긴 상자에 넣어 보관한다.

영산재는 어떤 의식인가?

49재의 마지막 7재 때 유가족의 희망에 따라 행하는 재이다. 석가모니불이 영취산에서 《법화경》을 설하던 때의 광경을 상징적으로 장엄하게 재현하는 의식이다.

당간지주의 용도는?

설법이나 법회 중임을 표시하기
위해 사찰 앞에 세우는 깃대를 당
간이라 하고, 그 당간을 지탱하기
위해 세운, 두 개의 돌이나 쇠로
된 버팀대를 당간지주(幢竿支柱)라고
한다.

당간지주   서산 보원사지

전륜성왕은 어떤 왕인가?

인도 신화에 등장하는 이상적인 왕으로, 무력을 사용하지 않고 정
의로 수미산의 4방에 있는 네 대륙을 다스린다. 그의 신체는 32상이
갖추어져 있고, 즉위 때 하늘로부터 받은 윤보(輪寶)를 굴려서 모든 장
애를 물리친다고 한다.

윤보에는 금·은·동·철의 네 가지가 있는데, 금윤보(金輪寶)를 지닌 금
윤왕(金輪王)은 네 대륙을 다스리고, 은윤보(銀輪寶)를 지닌 은윤왕(銀輪王)
은 세 대륙을, 동윤보(銅輪寶)를 지닌 동윤왕(銅輪王)은 두 대륙을, 철윤보
(鐵輪寶)를 지닌 철윤왕(鐵輪王)은 한 대륙을 다스린다고 한다.

불교에서 부처가 갖추고 있다는 서른두 가지 뛰어난 신체의 특징,
즉 32상은 전륜성왕(轉輪聖王)이 갖추고 있는 신체의 특징을 채용한 것
이다.

명왕이란?

명왕(明王)은 지혜의 광명으로 번뇌에 사로잡혀 있는 중생을 굴복시
켜 구제한다는 존으로, 교화하기 어려운 중생에게 두려움을 주어 굴
복시키기 위해 대부분 성난 모습을 하고 있다.

부동명왕(不動明王)은 모든 번뇌와 악마를 굴복시키고, 항삼세명왕(降三
世明王)은 탐·진·치의 번뇌를 굴복시키고, 군다리명왕(軍荼利明王)과 대위덕
명왕(大威德明王)은 악마를 굴복시키고, 공작명왕(孔雀明王)은 온갖 재난과
질병을 물리치고, 금강야차명왕(金剛夜叉明王)은 악한 짓을 저지른 중생을
마구 집어삼킨다고 한다.

찰나와 겁은 어느 정도의 시간인가?

찰나(刹那)는 Ⓢkṣaṇa를 소리 나는 대로 적은 것이고, 염경(念頃)이라
번역한다. 시간의 최소 단위이다.
《아비달마대비바사론(阿毘達磨大毘婆沙論)》제136권에 의하면,

> 1주야(晝夜)는 30모호율다(牟呼栗多. Ⓢmuhūrta), 1모호율다는 30납박(臘縛. Ⓢ
> lava), 1납박은 60달찰나(怛刹那. Ⓢtat-kṣaṇa), 1달찰나는 120찰나이다.

따라서 1찰나는 75분의 1초, 즉 0.013초이다. 또 손가락을 한 번 튀
기는 순간에 64찰나가 지난다고 한다.
겁(劫)은 Ⓢkalpa를 소리 나는 대로 적은 것이고, 대시(大時)·장시(長時)

라고 번역한다. 무한히 긴 시간이다.

그때 어떤 비구가 자리에서 일어나 옷을 가다듬고 오른쪽 어깨를 드러내어 붓다에게 예를 올린 뒤에 오른쪽 무릎을 땅에 대고 합장하고 여쭈었다.

"세존이시여, 1겁의 길이는 얼마나 됩니까?"

붓다께서 말씀하셨다.

"내가 너에게 말해줄 수는 있지만, 너는 이해하기 어려울 것이다."

"비유를 들어 말씀해주실 수 있겠습니까?"

붓다께서 말씀하셨다.

"그렇게 하겠다. 비구야, 쇠로 된 성이 있는데, 가로·세로·높이가 각각 1유순(由旬. 약 8킬로미터)이다. 그 성 안에 겨자씨를 가득 채워놓고, 어떤 사람이 그 씨를 100년에 한 알씩 집어내어 그 씨가 다 없어져도 1겁은 끝나지 않는다.

비구야, 겁이란 이와 같이 길고 길다."

〈雜阿含經 제34권, 제9경〉

"세존이시여, 1겁의 길이는 얼마나 됩니까?"

붓다께서 비구에게 말씀하셨다.

"내가 너에게 말해줄 수는 있지만, 너는 이해하기 어려울 것이다."

"비유를 들어 말씀해주실 수 있겠습니까?"

붓다께서 말씀하셨다.

"그렇게 하겠다. 비구야, 깨어지지도 않고 허물어지지도 않는 큰 돌산이 있는데, 가로·세로·높이가 각각 1유순이다. 어떤 사내가 가시국(迦尸國)에서 나는 솜털로 100년에 한 번씩 쓸어 그 돌산이 닳아 다 없어져도 1겁은 끝나지 않는다.

비구야, 이와 같이 길고 긴 게 겁이다."

〈雜阿含經 제34권, 제10경〉

세계가 성립되는 지극히 긴 기간을 성겁(成劫)이라 하고, 세계가 성립되어 머무는 지극히 긴 기간을 주겁(住劫), 세계가 파괴되어가는 지극히 긴 기간을 괴겁(壞劫), 세계가 파괴되어 아무 것도 없는 상태로 지속되는 지극히 긴 기간을 공겁(空劫)이라 한다.

인간의 수명이 8만 세에서 100년에 한 살씩 줄어 10세에 이르는 기간을 1소겁(小劫)이라 하고, 인간의 수명이 8만 세에서 100년에 한 살씩 줄어 10세에 이르고 다시 10세에서 100년에 한 살씩 늘어 8만 세에 이르는 긴 기간을 1중겁(中劫)이라 하는데, 성겁·주겁·괴겁·공겁은 각각 20중겁이다. 네 겁을 1대겁(大劫)이라 하므로 1대겁은 80중겁이 된다.

과거의 1대겁을 장엄겁(莊嚴劫)이라 하고, 현재의 1대겁을 현겁(賢劫), 미래의 1대겁을 성수겁(星宿劫)이라 하는데, 현겁은 이 기간에 수많은 현인(賢人)들이 나타나 중생을 구제한다고 하여 이와 같이 일컫는다.

수미산과 3계와 6도는 어떻게 구성되어 있나?

고대 인도인들은 세계 중앙에 거대한 수미산이 솟아 있고, 이 산을 중심으로 하여 세계가 전개되어 있다고 사유했다. 불교는 이 이상적

세계관과 신화를 채용해서 재구성했고, 또 이것을 바탕으로 마음과 생존 상태를 분류했다.

수미(須彌)는 ⑤ⓅSumeru를 소리 나는 대로 적은 것이고, 묘고(妙高) 라고 번역한다.

3계는 중생의 마음과 생존 상태를 세 단계로 나눈 것이다.

6도는 중생들이 저지른 행위에 따라 받는다고 하는 생존 상태, 또 는 미혹한 중생의 마음 상태를 여섯 가지로 나누어 형상화한 것이다. 즉, 중생들의 마음 상태에 따라 머물게 되는 여섯 가지 세계이다.

먼저 수미산에 대해 《구사론》 제11권의 내용을 간추리면 다음과 같다.

> 수미산은 금·은·폐류리(吠琉璃, ⑤vaidūrya 검푸른 빛이 나는 보석)·파지가(頗胝迦, ⑤sphaṭika 수정)의 네 보석으로 되어 있는데, 높이가 8만 유선나(踰繕那, ⑤ yojana 1유선나는 약 8킬로미터)이고, 바다 밑에 잠긴 길이도 그러하다.
>
> 이 산을 중심으로 네 대륙과 아홉 개의 산이 있고, 산과 산 사이에 여덟 개의 바다가 있는데, 이들은 거대한 원통형의 금륜(金輪) 위에 있고, 금륜 아래에는 수륜(水輪)이 있고, 수륜 아래에는 풍륜(風輪)이 있고, 풍륜은 허 공에 떠 있다.
>
> 네 개의 대륙이란 남쪽의 섬부주(贍部洲), 동쪽의 비제하주(毘提訶洲), 서쪽 의 구타니주(俱陀尼洲), 북쪽의 구로주(俱盧洲)이다.
>
> 수미산 중턱에는 4천왕이 거주하는 4왕천이 있고, 그 정상에는 도리천 이 있다.

네 대륙 가운데 우리 인간들이 사는 곳은 남쪽의 섬부주(贍部洲)라고 한다. 섬부(贍部)는 ⑤jambu를 소리 나는 대로 적은 것으로, 잠부(jambu) 나무가 많다는 뜻이다. 섬부주에는 16대국(大國)과 5백 중국(中國) 그리고 10만 소국(小國)이 있고, 오래 사는 사람의 수명은 100세이지만 일찍 죽는 사람도 있다고 했다. 섬부주는 다른 세 대륙과 비교하면 환경과 조건이 뒤떨어지지만, 이 대륙에 사는 인간에게는 하나의 특권이 있는데, 여러 부처가 나타나는 곳은 이곳뿐이라는 것이다.

그리고 비제하(毘提訶)는 ⑤videha를 소리 나는 대로 적은 것으로, 승신(勝身)이라 번역한다. 이곳에 사는 인간들은 신장이 뛰어나다고 한다. 구타니(瞿陀尼)는 ⑤godānīya를 소리 나는 대로 적은 것으로, 우화(牛貨)라고 번역한다. 여기서는 소를 화폐로 사용한다고 하여 이와 같이 말한다. 구로(俱盧)는 ⑤kuru를 소리 나는 대로 적은 것으로 종족 이름이고, 네 대륙 가운데 가장 살기 좋은 곳이라 한다.

4왕천은 지국천(持國天)·증장천(增長天)·광목천(廣目天)·다문천(多聞天)이고,

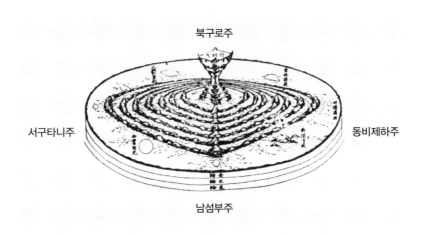

북구로주

서구타니주

동비제하주

남섬부주

수미산 그림

3계

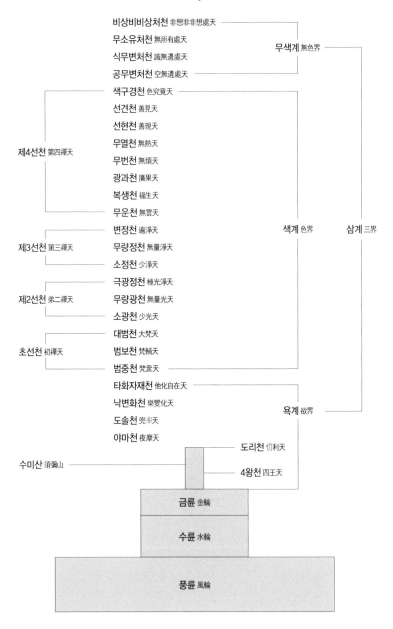

비상비비상처천 非想非非想處天
무소유처천 無所有處天
식무변처천 識無邊處天
공무변처천 空無邊處天

무색계 無色界

색구경천 色究竟天
선견천 善見天
선현천 善現天
무열천 無熱天
무번천 無煩天
광과천 廣果天
복생천 福生天
무운천 無雲天

제4선천 第四禪天

변정천 遍淨天
무량정천 無量淨天
소정천 少淨天

제3선천 第三禪天

극광정천 極光淨天
무량광천 無量光天
소광천 少光天

제2선천 弟二禪天

대범천 大梵天
범보천 梵輔天
범중천 梵衆天

초선천 初禪天

색계 色界

삼계 三界

타화자재천 他化自在天
낙변화천 樂變化天
도솔천 兜率天
야마천 夜摩天

욕계 欲界

수미산 須彌山

도리천 忉利天
4왕천 四王天

금륜 金輪

수륜 水輪

풍륜 風輪

4천왕은 수미산 중턱의 동쪽에서 중생을 두루 보살피면서 국토를 지킨다는 지국천왕, 남쪽에서 불법(佛法)을 보호하면서 만물을 소생시킨다는 증장천왕, 서쪽에서 눈을 부릅뜨고 그 위엄으로 불법을 보호한다는 광목천왕, 북쪽에서 항상 도량을 지키면서 설법을 듣고 중생에게 재물을 베풀어준다는 다문천왕을 말한다.

수미산 정상에는 도리천이 있는데, 도리(忉利)는 ⑧trāyastriṃśa를 소리 나는 대로 적은 것으로 '33'이라는 뜻이고, 천(天)은 '신(神)' 또는 '신들이 사는 곳'이라는 뜻이다. 도리천의 중앙에 왕인 제석이 있고, 4방의 봉우리에 각각 8신이 있어서 33신이다.

제석은 32천과 수미산 중턱에 사는 4천왕을 통솔하면서 불법을 지킨다고 한다.

3계는 욕계·색계·무색계이다.

욕계는 탐욕이 들끓는 세계로, 지옥·아귀·축생·아수라·인간·6욕천(六欲天)을 통틀어 일컫는다. 6욕천은 4왕천·도리천·야마천(夜摩天)·도솔천·낙변화천(樂變化天)·타화자재천(他化自在天)이다.

색계는 탐욕에서는 벗어났으나 아직 형상에 얽매여 있는 세계로, 여기에 17천(天)이 있다.

무색계는 형상의 속박에서 완전히 벗어난 순수한 선정의 세계로, 공무변처천(空無邊處天)·식무변처천(識無邊處天)·무소유처천(無所有處天)·비상비비상처천(非想非非想處天)을 말한다.

6도는 다음과 같다.

① 지옥도(地獄道). 살아 있는 것을 죽이고, 남의 물건을 훔치고, 음란한 짓을 하고, 거짓말하는 자가 가게 된다는 곳이다. 수미산의 4방에

있는 네 대륙의 하나인 남쪽의 섬부주 밑에 있다 하고, 뜨거운 불길로 형벌을 받는 8열지옥(八熱地獄)과 혹독한 추위로 형벌을 받는 8한지옥(八寒地獄)으로 크게 나뉜다.

② 아귀도(餓鬼道). 재물에 인색하거나 음식에 욕심이 많거나 남을 시기·질투하는 자가 죽어서 가게 된다는 곳으로, 늘 굶주림과 목마름으로 괴로움을 겪는다고 한다. 섬부주 밑과 인도(人道)와 천도(天道)에 있다고 한다.

③ 축생도(畜生道). 온갖 동물들의 세계이다.

④ 아수라도(阿修羅道). 늘 싸움만을 일삼는 무리들의 세계로, 수미산 옆의 바다 밑에 있다고 한다.

⑤ 인도(人道). 수미산 남쪽에 있는 섬부주, 동쪽에 있는 비제하주, 서쪽에 있는 구타니주, 북쪽에 있는 구로주의 네 대륙을 말한다.

⑥ 천도(天道). '신들의 세계'라는 뜻으로, 수미산 중턱에 있는 4왕천에서 무색계의 비상비비상처천까지이다.

불교에서 묘사하고 있는 세계관은 공간적으로 실재하는 게 아니라 고대 인도인들의 상상이고, 괴로움과 즐거움을 겪는 인간의 마음과 생존 상태를 형상화한 것으로 이해해야 한다.

마음 가운데 아귀와 축생과 아수라가 있고, 보살과 부처가 있다. 인간의 마음은 하루에도 수없이 변한다. 몹시 성을 내어 싸울 때는 아수라가 들끓고, 자비심을 일으킬 때는 관세음보살이 움직이고, 온갖 그릇된 일을 저지르거나 끊임없이 탐욕을 일으킬 때는 지옥에 떨어진 것이고, 자신이 본래 지니고 있는 청정한 성품을 그대로 드러내면 부처이다.

천은 무엇을 의미하고, 어떤 천들이 있나?

불교에서 천(天, ⑤deva)이라 하면, '신', '신들이 사는 곳', '신의 세계'라는 뜻이다. 이 천들은 모두 인도 설화와 힌두교에서 채용된 것이고, 신들은 대부분 불법을 지키는 수호신이다. '신'의 의미로 쓰이는 천 가운데 몇 가지만 소개한다.

① 제석천(帝釋天). 제(帝)는 ⑤indra의 번역이고, 석(釋)은 ⑤śakra를 소리 나는 대로 적은 것이다. '신들의 제왕인 샤크라[釋]'라는 뜻이다. 수미산 정상에 있는 도리천의 왕으로, 선견성(善見城) 안의 수승전(殊勝殿)이라는 궁전에 살면서 성 밖의 궁전에 사는 32천과 수미산 중턱에 사는 4천왕을 통솔하면서 불법을 지킨다고 한다.

② 범천. ⑤⑫brahmā 색계 초선천(初禪天)의 왕인 대범천(大梵天)을 말한다. 이름은 시기(尸棄, śikhin)라 하고, 도리천의 왕인 제석과 함께 불법을 지킨다고 한다.

③ 길상천(吉祥天). 수미산 중턱의 북쪽에 있는 다문천왕의 비(妃)로서, 복덕을 베풀어준다는 여신(女神)이다.

④ 대흑천(大黑天). 불법과 그에 귀의하는 사람들을 보호한다는 신이다.

⑤ 변재천(辯才天). 말솜씨·음악·복덕·재물·수명 등을 주재한다는 여신이다.

⑥ 기예천(伎藝天). 색계의 맨 위에 있는 색구경천(色究竟天)에 사는 대자재천(大自在天)의 이마에서 나왔다는 여신으로, 예능을 담당한다고 한다.

천상천하유아독존의 뜻은?

'하늘 위, 하늘 아래 오직 나만이 홀로 존귀하다'는 뜻의 천상천하
유아독존(天上天下唯我獨尊)은 싯다르타가 태어나자마자 사방으로 일곱 걸
음을 걸은 뒤 오른손은 하늘을, 왼손은 땅을 가리키면서 읊었다는 글
귀이다. 이것은 후대의 불교인들이 창작해낸 설화로, 이 '우주에서 인
간보다 더 존엄한 것은 없다'는 의미이다.

어록에서는 '시방세계가 그대로 자신의 전신(全身)이다'라는 뜻으로도
쓰고, '불성'을 뜻하기도 한다.

회향식이란?

자신이 쌓은 선한 공덕을 다른 이에게 돌려 이익을 주려 하거나 그
공덕을 깨달음으로 향하게 하는 의식을 말한다. 또 자신이 지은 선한
공덕을 다른 중생에게 베풀어 그 중생과 함께 정토에 태어나기를 원
하는 의식으로, 일종의 폐회식이다. 회향식(迴向式)은 사홍서원·공덕게·
회향게·회향진언 등을 독송하는 방식으로 진행된다.

승려의 직책에는 어떤 것들이 있나?

선원·승가대학·율원을 모두 갖춘 총림의 가장 웃어른인 방장, 선원
의 가장 웃어른인 조실이 있고, 사찰의 규율과 질서를 다스리는 입승

(立繩), 대중의 잘못을 살펴 시정케 하는 찰중(察衆)이 있다.

승가대학에서 자문을 구하기 위해 초빙하는 증명(證明), 승가대학의 교육 전반을 관장하는 강주, 강주를 보좌하는 중강이 있다.

한 사찰의 운영을 주관하는 주지가 있고, 주지를 돕는 세 직책, 곧 총무·교무·재무를 3직이라 한다.

웃어른을 가까이 모시고 시중드는 시자, 필요한 양식·물건·비용 등을 마련하는 화주(化主), 살림살이를 관리하는 원주, 음식·방석·이부자리 등을 담당하는 별좌, 마실 차를 마련하는 다각(茶角) 또는 다두(茶頭), 손님을 보살피는 지객(知客), 종을 치는 종두(鐘頭), 북을 치는 법고가 있다.

불전(佛殿)을 돌보고 각종 의식(儀式)을 담당하는 노전 또는 부전, 절에 소속된 삼림을 관리하는 산감(山監)이 있다.

후원(부엌)에서 밥을 짓는 공양주, 반찬을 만드는 채공(菜供), 국을 끓이는 갱두(羹頭), 땔감을 마련하는 부목(負木)이 있다.

승려들의 존칭에는 어떤 말들이 있나?

승려는 '서로 화합하는 무리'라는 뜻으로, 출가하여 절에서 삭발하고 계를 받은 후 불도를 닦는 수행자, 즉 사미·사미니·비구·비구니를 통틀어 일컫는 말이다. 고대 인도에서는 출가하여 수행하는 자를 사문(Ⓢsramaṇa)이라 불렀다.

출가하여 수행하는 승려들의 전문 분야와 수행 기간의 정도와 역량에 따라 여러 가지 존칭이 생겨났다.

나이가 많고 수행 기간이 길고 덕이 높은 승려를 큰스님·노스님·노사·노장(老長)이라 하고, 지혜가 뛰어나고 지위나 덕이 높은 승려를 화상(和尙)·대사(大師)·고승(高僧)이라 한다.

그리고 한 사찰이나 모임을 대표하는 승려를 회주(會主), 참선한 기간이 길고 덕을 갖춘 승려를 선덕(禪德)이라 한다.

경론(經論)을 가르치는 뛰어난 강사를 강백(講伯)·대강백(大講伯)이라 하고, 오랜 수행으로 성품이 청정하여 수행자의 모범이 되는 승려를 종사(宗師)·대종사(大宗師), 오랜 기간 오로지 참선만 닦은 뛰어난 수행승을 선사(禪師)·대선사(大禪師)라 한다.

승복에는 어떤 것들이 있나?

법의(法衣)·법복(法服)이라고도 한다. 승복(僧服)은 크게 가사(袈裟)·장삼(長衫)·평상복으로 나뉜다.

가사는 ⑤kaṣāya ⑫kāsāya를 소리 나는 대로 적은 것이고, '갈색'이라는 뜻이다. 부정색(不正色)·괴색(壞色)·탁색(濁色)이라 번역한다. 인도 승단에서 제정한 법의로, 청·황·적·백·흑의 다섯 가지 정색(正色)이 아닌 색깔로 물들인 옷이므로 이와 같이 일컫는다. 가사에는 3의(衣)가 있다.

① 승가리. ⑤saṃghāṭī를 소리 나는 대로 적은 것이고, 3의 가운데 가장 크므로 대의(大衣), 베 조각들을 거듭 이어서 만들므로 중의(重衣), 조(條)의 수가 가장 많으므로 잡쇄의(雜碎衣)라고 한다.

직사각형의 베 조각들을 세로로 나란히 꿰맨 것을 1조로 하여, 9조

내지 25조를 가로로 나란히 꿰맨 것이다. 설법할 때, 걸식하러 갈 때, 왕궁에 갈 때 입었다.

② 울다라승. ⑤uttara-āsaṅga를 소리 나는 대로 적은 것이고, 윗도리에 입으므로 상의(上衣)·상착의(上著衣), 3의 가운데 그 가치가 중간이므로 중가의(中價衣), 대중이 모인 의식 때 입으므로 입중의(入衆衣)라고 한다. 7조를 가로로 나란히 꿰맨 것으로, 의식을 행할 때 입었다.

③ 안타회(安陀會). ⑤antarvāsa를 소리 나는 대로 적은 것이고, 내의

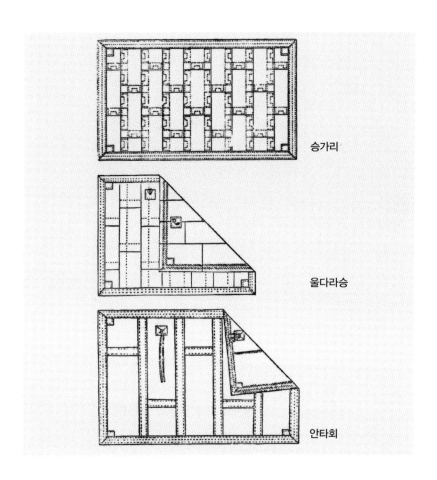

승가리

울다라승

안타회

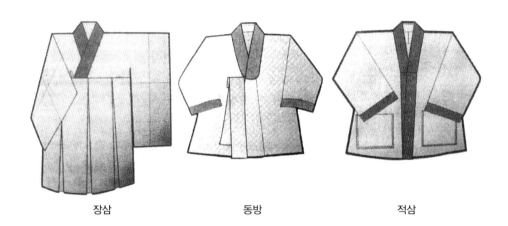

| 장삼 | 동방 | 적삼 |

⒅内衣⒆·중숙의⒃中宿衣⒄라고 한다. 5조를 가로로 나란히 꿰맨 것으로, 작업하거나 잘 때 입었다.

한반도에서 흔히 가사라고 하면 승가리를 가리킨다. 예불·독경·설법·의식 때 장삼 위에 왼쪽 어깨에서 오른쪽 겨드랑이 밑으로 걸쳐 입는다.

한반도의 승려들이 입는 승복에는 그 외에, 소매가 매우 넓고 허리에 충분한 여분을 두고 큼직한 주름을 잡은 장삼, 평상시에 윗도리에 입는 동방⒃東方⒄, 주로 실내에서 윗도리에 입는 적삼, 외출할 때 입는 두루마기가 있다.

현재 한국 불교의 종파는?

'한국불교종단협의회'에 가입한 종파 중 1980년 이전에 창종하고,

사찰 수 1백 개 이상, 승려 수 2백 명 이상인 것만 소개한다(가나다순).

- 관음종(觀音宗)

① 종조(宗祖) : 대각국사(大覺國師) 의천(義天)

② 종지(宗旨) : 법화사상을 받들고 보살행으로 중생을 제도한다.

③ 본존불 : 3신불

④ 소의경전(所依經典) : 《법화경》·《화엄경》

⑤ 총본산 : 서울 종로구 묘각사(妙覺寺)

- 미타종(彌陀宗)

① 종조 : 함허 득통(涵虛得通)

② 종지 : '나무아미타불' 6자명호(六字名號)의 염불을 근간으로 하여 타력 염불신앙을 목적으로 한다.

③ 본존불 : 아미타불

④ 소의경전 : 《관무량수경》·《무량수경》·《아미타경》·《열반경》·《화엄경》

⑤ 총본산 : 충북 단양 봉암사

- 법상종(法相宗)

① 종조 : 인도의 무착과 현장·원측(圓測)을 원조(遠祖)로 하고, 신라의 태현(太賢)을 개종조(開宗祖)로, 진표(眞表)를 중흥조(中興祖)로 한다.

② 종지 : 석가세존의 원만한 깨달음을 근본으로 하여 만법유식(萬法唯識)의 진리를 체득하고, 미륵불을 신앙하여 용화세계를 실현한다.

③ 본존불 : 미륵불

④ 소의경전 : 《해심밀경》·《능가경》·《미륵상생경》·《미륵하생경》·《미륵성불경》

⑤ 총본산 : 경기도 안성시 쌍미륵사

- 법화종(法華宗)

① 종조 : 대각국사 의천

② 종지 : 법화사상을 계승하여 불국토를 구현한다.

③ 본존불 : 석가모니불

④ 소의경전 : 《법화경》

⑤ 총본산 : 서울 성북구 대법정사(大法精舍)

- 원효종(元曉宗)

① 종조 : 원효

② 종지 : 석가세존의 깨달음을 근본으로 하고, 원효의 통불교 이념을 받들어 대중불교를 구현함으로써 불국토 건설에 이바지한다.

③ 본존불 : 석가모니불

④ 소의경전 : 《화엄경》·《아미타경》·《금강경》·《금강삼매경론》

⑤ 총본산 : 부산시 동구 금수사(金水寺)

- 일승종(一乘宗)

① 종지 : 《법화경》의 회삼귀일을 근본으로 하여 깨달음을 구한다.

② 본존불 : 석가모니불

③ 소의경전 : 《법화경》

④ 총본산 : 서울 성북구 일승사

- 조계종(曹溪宗)

① 종조 : 도의국사(道義國師)

② 종지 : 석가세존의 깨달음을 근본으로 하여, 직지인심(直指人心) 견성성불(見性成佛)하고 중생을 제도한다.

③ 본존불 : 석가모니불

④ 소의경전 :《금강경》·전등법어(傳燈法語)

⑤ 총본산 : 서울 종로구 조계사

- 진각종(眞覺宗)

① 종조 : 회당(悔堂) 손규상(孫圭祥) 대종사

② 종지 : 옴마니반메훔을 신행하여 즉신성불하고 사회를 정화한다.

③ 본존불 : 비로자나불

④ 소의경전 :《대일경》·《금강정경》

- 천태종(天台宗)

① 종조 : 천태 지의

② 종지 : 법화사상으로 대립과 갈등을 해소하고 사회를 정화한다.

③ 본존불 : 석가모니불

④ 소의경전 :《법화경》

⑤ 총본산 : 충북 단양 소백산 구인사(救仁寺)

- 총화종(總和宗)

① 종조 : 태고 보우(太古普愚)

② 종지 : 석가세존의 깨달음을 근본으로 하여 안심입명(安心立命)하고

중생을 제도한다.

　③ 본존불 : 석가모니불

　④ 소의경전 : 《화엄경》

　⑤ 총본산 : 경기도 남양주 천마산 수진사(修進寺)

　● 태고종(太古宗)

　① 종조 : 태고 보우

　② 종지 : 석가세존의 깨달음을 근본으로 하고, 태고의 종풍을 선양
하여 중생을 제도한다.

　③ 본존불 : 석가모니불

　④ 소의경전 : 《금강경》·《화엄경》

　⑤ 총본산 : 전남 순천 조계산 선암사

조계종의 25교구 본사는?

　① 서울시 종로구 조계사(曹溪寺)

　② 경기 화성 용주사(龍珠寺)

　③ 강원 속초 설악산 신흥사(神興寺)

　④ 강원 평창 오대산 월정사(月精寺)

　⑤ 충북 보은 속리산 법주사(法住寺)

　⑥ 충남 공주 태화산 마곡사(麻谷寺)

　⑦ 충남 예산 덕숭산 수덕사(修德寺)

　⑧ 경북 김천 황악산 직지사(直指寺)

⑨ 대구시 팔공산 동화사(桐華寺)

⑩ 경북 영천 팔공산 은해사(銀海寺)

⑪ 경북 경주 토함산 불국사(佛國寺)

⑫ 경남 합천 가야산 해인사(海印寺)

⑬ 경남 하동 지리산 쌍계사(雙磎寺)

⑭ 부산시 금정산 범어사(梵魚寺)

⑮ 경남 양산 영축산 통도사(通度寺)

⑯ 경북 의성 고운사(孤雲寺)

⑰ 전북 김제 모악산 금산사(金山寺)

⑱ 전남 장성 백암산 백양사(白羊寺)

⑲ 전남 구례 지리산 화엄사(華嚴寺)

⑳ 전남 순천 조계산 선암사(仙巖寺)

㉑ 전남 순천 조계산 송광사(松廣寺)

㉒ 전남 해남 두륜산 대흥사(大興寺)

㉓ 제주 한라산 관음사(觀音寺)

㉔ 전북 고창 도솔산 선운사(禪雲寺)

㉕ 경기 남양주 운악산 봉선사(奉先寺)

신흥사 •

• 봉선사

• 조계사

월정사 •

• 용주사

• 수덕사

법주사 •

• 고운사

• 마곡사

동화사 •

• 직지사

• 은해사

불국사 •

• 금산사

해인사 •

통도사 •

선운사 •

• 범어사

• 백양사

화엄사 •

• 쌍계사

송광사 •

• 선암사

대흥사 •

• 관음사

25교구 본사 위치도

제8장

—

경전

다이제스트

관무량수경

《관무량수경(觀無量壽經)》은 《무량수경(無量壽經)》·《아미타경》과 함께 '정토3부경(淨土三部經)'이라 한다.

마가다 국의 태자 아사세(阿闍世)가 왕위를 빼앗기 위해 아버지 빔비사라 왕을 옥에 가두었다. 이에 왕비 위제희가 세존에게 근심과 번뇌가 없는 청정한 세계를 보여 달라고 하자, 세존이 시방세계의 정토를 그녀에게 보였는데, 그녀는 그 중 극락에 태어나기를 바라고 그 방법을 가르쳐 달라고 했다. 그러자 세존이 세 가지 복과 13관(觀), 9품왕생을 설했다.

그때 세존께서 위제희에게 말씀하셨다.

"저 국토에 태어나려는 이는 세 가지 복을 닦아야 한다. 하나는 부모에게 효도하고, 스승과 어른을 받들어 모시고, 자비로운 마음으로 살아 있는 목숨을 죽이지 않고, 10선업을 닦는 것이다. 둘은 3보에 귀의하고, 여러 가지 계율을 지키고, 규율에 맞는 몸가짐을 지니는 것이다. 셋은 깨달으려는 마음을 내어 인과를 깊이 믿고, 대승경전을 독송하고, 수행자에게 정진하기를 권하는 것이다. 이러한 세 가지를 청정한 업이라 한다."

〈觀無量壽經〉

13관은 극락정토에 태어나기 위해 무량수불과 그 정토의 열세 가지 정경을 떠올리는 수행으로, 지는 해를 보고 서쪽에 있는 극락을 생각하는 일상관, 무량수불이 앉아 있는 연꽃 자리를 생각하는 화좌상관(華座想觀), 불상을 보고 무량수불의 모습을 떠올리는 상상관(像想觀), 무량수불을 보좌하는 관세음보살을 생각하는 관세음상관(觀世音想觀), 자신이 극락에 태어나 연꽃 속에 앉아 있고 부처와 보살이 허공에 두루 가득하다고 생각하는 보상관(普想觀) 등이다. 9품왕생은 극락에 태어나는 자들의 수준에 따라 상품·중품·하품으로 나누고, 다시 각각 상생·중생·하생으로 나눈 것이다.

그때 아난이 자리에서 일어나 부처님께 여쭈었다.
"세존이시여, 이 경의 이름을 무엇이라 해야 하고, 이 가르침의 요점을 어떻게 지녀야 합니까?"
부처님이 아난에게 말씀하셨다.
"이 경의 이름은 극락국토의 무량수불과 관세음보살과 대세지보살을 관찰하는 경이라 하고, 또 업장(業障)을 깨끗이 없애고 부처님 앞에 태어나는 경이라 하라.
너는 이것을 잘 지녀 잊지 않도록 해라. 이 삼매를 닦는 사람은 현재의 몸으로 무량수불과 두 보살을 뵐 수 있다."

〈觀無量壽經〉

관음경

《법화경》의 〈관세음보살보문품(觀世音菩薩普門品)〉을 따로 분리하여 간행한 경을 《관음경(觀音經)》이라 하고, 관세음보살에 의지하면 그 보살은 여러 가지 모습으로 나타나 대자대비와 불가사의한 힘으로 모든 중생의 고통과 재난과 두려움을 없애준다고 설한다.

그때 무진의(無盡意)보살이 자리에서 일어나 오른쪽 어깨를 드러내고 부처님을 향해 합장하고 여쭈었다.

"세존이시여, 관세음보살은 무슨 까닭으로 관세음이라 합니까?"

부처님이 무진의보살에게 말씀하셨다.

"선남자야, 온갖 고통을 받고 있는 한량없는 백천만억 중생들이 관세음보살의 이름을 듣고 한마음으로 그 이름을 부르면, 관세음보살이 곧 그 음성을 알아듣고 모두 고통에서 벗어나게 한다. (……)

무진의야, 관세음보살은 이러한 공덕을 성취하여 갖가지 모습으로 여러 국토를 다니면서 중생을 번뇌의 속박에서 벗어나게 한다. 그러므로 너희들은 관세음보살을 한마음으로 공양해야 한다. 관세음보살마하살은 두렵고 위급한 재앙에 처한 이를 두려움에서 구해주기 때문에 이 사바세계에서는 모두 그를 '두려움에서 구해주는 이'라고 한다."

〈觀音經〉

금강경

본 이름은 《금강반야바라밀경(金剛般若波羅密經)》이고, 구마라집의 번역이 널리 읽히고 있다.

《금강경》은 수보리가 묻고 세존이 대답하는 형식으로 전개되는데, 수보리의 첫 질문은 "아뇩다라삼먁삼보리(阿耨多羅三藐三菩提)를 구하려는 마음을 낸 선남자 선여인은 어떻게 살아야 하고 어떻게 그 마음을 다스려야 합니까?"이다.

이 질문에 대한 세존의 답은 "자아라는 생각, 인간이라는 생각, 중생이라는 생각, 목숨이라는 생각을 갖지 말라"로 시작된다. 왜냐하면 그러한 생각이나 관념이 집착으로 이어지고 견해로 굳어져, 아만과 탐욕과 증오심을 일으키기 때문이다.

아뇩다라삼먁삼보리는 ⓢanuttarā-samyak-saṃbodhi를 소리 나는 대로 적은 것으로, 부처의 깨달음의 경지를 나타내는 말이다. anuttarā 는 '가장 뛰어나고', samyak은 '바르고', saṃbodhi는 '원만한 깨달음' 을 뜻한다. 따라서 무상정등각(無上正等覺)이라 번역한다.

그러나 아뇩다라삼먁삼보리는 생각이 끊긴 무분별의 상태이므로 인식할 수도 없고, 설명할 수도 없다. 왜냐하면 2분법이 아닌 아뇩다라삼먁삼보리를 2분법의 언어로 설명할 수 없기 때문이다.

> "수보리야, 어떻게 생각하느냐? 여래가 아뇩다라삼먁삼보리를 얻었느냐? 여래가 설한 진리가 있느냐?"
> 수보리가 말했다.
> "제가 붓다께서 설하신 뜻을 이해하기로는 아뇩다라삼먁삼보리라고 할 일정한 진리가 없고, 또 여래께서 설하신 일정한 진리도 없습니다. 왜냐하면 여래께서 설하신 것은 모두 인식할 수도 없고, 설명할 수도 없고, 진리도 아니고, 진리가 아닌 것도 아니기 때문입니다. 왜 그런가 하면 모든 성자들은 다 무위의 상태에서 차별을 두기 때문입니다."
>
> 〈金剛經, 제7 無得無說分〉

《금강경》은 '모든 성자들은 다 무위의 상태에서 차별을 둔다[一切賢聖 皆以無爲法 而有差別]'는 법문을 중심축으로 해서 전개된다. 이 법문은 성자들이 생각과 속박과 분별과 집착이 끊긴 무위의 경지에 이른 후에 가르침을 펴기 위해 어쩔 수 없이 언어를 빌려서 분별을 일으킨다는 뜻이다. 달리 말하면 성자들의 분별은 중생이 번뇌와 망상으로 일으키는 분별—유위—이 아니라는 말이다.

같은 말이지만 중생의 말은 '분별의 분별'이고, 여래의 말은 '무분별의 분별'이다. 즉, 여래는 무분별의 바다에서 분별의 파도를 말하지만, 중생은 분별의 파도에서 분별의 파도를 말하는 것이다. 예를 들어 붓다께서 "집착하지 마라"고 할 때는 그야말로 집착이 끊긴 상태에서 한 말이지만, 중생이 "집착하지 마라"고 하면, 그것은 집착하는 상태에서 한 말이다. 똑같은 말이지만 하늘과 땅 차이다.

> "수보리야, 어떻게 생각하느냐? 보살이 불국토를 장엄하느냐?"
> "아닙니다, 세존이시여. 왜냐하면 불국토를 장엄한다는 것은 장엄이 아니기 때문입니다. 그래서 장엄이라 하셨습니다."
> "그러므로 수보리야, 모든 보살마하살은 이렇게 청정한 마음을 내야 한다. 형상에 얽매이지 않고 마음을 내야 하고, 소리·향기·맛·감촉·의식 내용에 얽매이지 않고 마음을 내야 한다. 어디에도 얽매이지 않고 그 마음을 내야 한다."

〈金剛經, 제10 莊嚴淨土分〉

《금강경》에서 "여래가 말한 X는 X가 아니라고 여래가 설했다. 그래서 여래가 X라고 말한다"는 여러 차례 반복되는데, 첫 번째 X(장엄)와 세 번째 X(장엄)는 무분별의 상태에서 가르침을 펴기 위해 여래가 일으킨 분별이고, 두 번째 X(장엄)는 중생이 번뇌와 망상으로 일으킨 분별이다.

'어디에도 얽매이지 않고 그 마음을 내야 한다[應無所住 而生其心]'는 말은, 예를 들면 남에게 베풀되 베푼다는 생각을 하지 말아야 한다는 뜻이다. 왜냐하면 베푼다는 생각을 하게 되면 '자아라는 생각'을 갖게 되고, 나중에 베푼 만큼 받아야 한다는 생각을 하기 때문이다.

> "그리고 수보리야, 보살은 대상에 얽매이지 않고 보시해야 한다. 형상에 얽매이지 않고 보시해야 하고, 소리·향기·맛· 감촉·의식 내용에 얽매이지 않고 보시해야 한다.

수보리야, 보살은 이렇게 생각에 얽매이지 않고 보시해야 한다. 왜 그리 해야 하는가? 보살이 생각에 얽매이지 않고 보시한다면, 그 복덕을 헤아릴 수 없기 때문이다."

〈金剛經, 제4 妙行無住分〉

능가경

《능가경(楞伽經)》은 세 가지 번역본이 있다.

① 《능가아발다라보경(楞伽阿跋多羅寶經)》. 4권. 유송(劉宋)의 구나발타라(求那跋陀羅) 번역.

② 《입능가경(入楞伽經)》. 10권. 북위(北魏)의 보리류지(菩提流支) 번역.

③ 《대승입능가경》. 7권. 당의 실차난타 번역.

위의 세 번역에 대해 당의 법장은 《입능가심현의(入楞伽心玄義)》에서 '4권의 문장은 조리가 다하지 않고 말은 천축(天竺. 인도)을 따르지 않아 이해하기 어렵고, 10권은 문장이 약간 갖추어졌다고 하나 뜻이 완전히 드러나 있지 않고, 글자를 더하여 문장을 혼동했'고 평하고, 7권에 대해서는 '다섯 가지 원본을 상세히 검토하고 앞의 두 한역본을 참고하여 그 잘못을 바로잡았으니, 이 우수한 작업은 그 본래의 뜻을 다하였다'고 서술했다.

이 경은 능가산에서 대혜와 세존이 질문하고 응답하는 형식을 취하고 있는데, 일관된 사상의 전개가 아니라 대승의 여러 가르침의 요지를 두루 모은 듯하여 경 전체의 흐름이 불연속적이다.

그러나 기본 취지는 문자에 집착하지 말고 유심(唯心)을 체득하여 자내증하라는 가르침이다. 자내증이란 자신이 직접 체득한 내면의 깨달음으로, 언어로 표현할 수 없는 직접 체험 그 자체이다. 그래서 자내증은 언어와 분별을 떠나 자신이 직접 증득할 수밖에 없고, 경전의 언어는 그것을 가리키는 손가락에 불과하므로 세존은 한 자(字)도 설하지 않았다고 했다.

> "나는 어느 날 밤 깨달음을 성취한 이후부터 어느 날 밤 반열반에 들 때까지, 그 중간에 한 자도 설하지 않았다."
>
> 〈楞伽阿跋多羅寶經 제3권〉

> "어리석은 사람은 손가락으로 달을 가리키면 달을 보지 않고 손가락을 보는 것과 같이, 문자에 집착하는 자는 나의 진실을 보지 못한다."
>
> 〈楞伽阿跋多羅寶經 제4권〉

능엄경

마음은 어디에 있는가에 대한 세존과 아난의 문답으로 시작해서 깨달음의 본성과 그 깨달음으로 나아가는 과정과 여래장에 대해 설한다.

깨달음으로 들어가는 가장 쉬운 방법은 관음신앙이라 하고 능엄다라니(楞嚴陀羅尼)를 설한 다음, 보살의 수행 단계, 중생이 수행하는 과정에 일어나는 갖가지 번뇌에 대해 그 원인과 종류를 밝힌다.

여래장은 '여래의 씨앗을 갈무리하고 있는 곳간'이라는 뜻이다. 여래장에 대한 가르침은 중생의 마음속에는 본래부터 여래의 청정한 성품이 간직되어 있으므로 그것을 가리고 있는 번뇌만 제거하면 그 성품이 드러난다는 것이다.

"아난아, 5음·6입(入)·12처·18계에 이르기까지 인연이 화합하여 허망하게 생기고 인연이 흩어져 허망하게 사라진다. 생기고 사라지고 오고 가는 현상에 본래 여래장이 늘 존재하는데, 너는 그것이 바로 오묘하게 밝고 부동하고 원융한 진여의 성품인 줄 모르는구나."

〈楞嚴經 제2권〉

《능엄경(楞嚴經)》 제7권에 대불정여래(大佛頂如來)의 깨달음과 그 공덕을 설한 439구(句)의 다라니가 나오는데, 이를 능엄주(楞嚴呪)라고 한다.

"아난아, 세계의 모든 국토에 있는 중생들이 그곳에서 생산되는 자작나무 껍질이나 다라수(多羅樹) 잎이나 종이나 흰 베에 이 다라니를 써서 향기 나는 주머니에 넣어두고, 혹 어떤 사람의 마음이 혼미해서 외우지 못하더라도 몸에 지니거나 집안에 써두는 것만으로도 그의 생이 다할 때까지 어떤 독도 해치지 못할 것이다.

아난아, 내가 너에게 지금 다시 말하나니, 이 다라니는 세간의 중생을 구호하여 어떤 두려움도 없게 하고, 중생들에게 출세간의 지혜를 얻게 할 것이다."

〈楞嚴經 제7권〉

무량수경

무량수는 아미타유스(Ⓢamitāyus)의 번역이고, 소리 나는 대로 적어 아미타라고 한다.

법장비구(法藏比丘)가 세운 48원(願)을 설하여 극락정토의 건립과 아미타불이 출현하게 된 인연을 밝히고, 극락정토의 정경과 그곳에 있는 보살들의 뛰어난 공덕을 설한 다음, 극락에 태어나기 위해서는 보살행을 닦고 아미타불에 귀의해야 한다고 설한다.

48원 가운데 가장 중요한 것은 제18원과 제19원이라고 할 수 있다. 제18원은 모든 중생들이 지극한 마음으로 염불하면 반드시 정토에 태어나도록 하겠다는 서원이고, 제19원은 중생이 임종 때 지극한 마음으로 정토에 태어나려고 하면, 그를 맞이하여 정토로 인도하겠다는 서원이다.

"제가 부처가 된다고 해도, 시방의 중생들이 지극한 마음으로 믿고 원해 저의 국토에 태어나려고 아미타불을 열 번 불러도 태어나지 못한다면,

저는 부처가 되지 않겠습니다. 다만 5역죄를 저지른 사람과 정법을 비방하는 사람은 제외하겠습니다.

제가 부처가 된다고 해도, 시방의 중생들이 깨달으려는 마음을 내어 온갖 공덕을 닦고 지극한 마음으로 발원해서 저의 국토에 태어나려 하고, 어떤 사람의 수명이 다할 때에 제가 대중에게 둘러싸여 그 사람 앞에 나타날 수 없다면, 저는 부처가 되지 않겠습니다."

〈無量壽經 상권〉

극락정토에 태어나려는 자들은 수행의 깊고 얕음에 따라 상배·중배·하배로 나뉜다.

상배는 출가하여 깨달음을 구하는 마음을 일으키고 오로지 아미타불을 생각하면서 큰 공덕을 쌓아 극락에 태어나려는 자들이고, 중배는 출가하여 큰 공덕을 짓지는 못하지만 깨달음을 구하는 마음을 일으키고 오로지 아미타불을 생각하면서 계율을 지키고 탑을 세우고 불상을 조성하여 극락에 태어나려는 자들이고, 하배는 공덕을 짓지는 못하지만 깨달음을 구하는 마음을 일으키고 오로지 아미타불을 생각하면서 극락에 태어나려는 자들이다.

미륵하생경

미륵은 마이트레야(Smaitreya)를 소리 나는 대로 적은 것이고, 자씨라고 번역한다. 《미륵하생경(彌勒下生經)》은 도솔천에 있는 미륵보살이 미래에 이 세상에 다시 태어나 용화수 아래서 성불하여 세 번의 법회에서 설법하여 수많은 중생을 구제한다는 내용이다. 제1회에는 96억 명이 아라한의 경지에 이르고, 제2회에는 94억 명, 제3회에는 92억 명이 아라한의 경지에 이르는데, 이를 '용화3회'라고 한다.

그때 세존이 아난에게 말씀하셨다.

"미륵보살이 도솔천에서 그의 부모가 늙지도 젊지도 않은 것을 관찰하고 곧 내려와서 오른쪽 옆구리에서 태어나는데, 이는 내가 오른쪽 옆구리에서 태어난 것과 다르지 않다.

그때 도솔천의 여러 천신들이 외치기를 '미륵보살이 이미 내려가 태어났네'라고 할 것이다. 수범마(修梵摩)는 아들의 이름을 미륵이라 할 것이고, 미륵보살의 몸은 32상 80종호로 장엄하고 황금빛이리라.

그때는 사람들의 수명이 매우 길어 아무런 걱정 없이 다 8만4천 세를 누리고, 여자는 5백 세가 되어 시집가게 될 것이다.

미륵은 얼마 지나지 않아 출가하여 도(道)를 배우고, 시두성(翅頭城)에서 그리 멀지 않은 곳에 용화(龍華)라는 깨달음의 나무가 있는데, 높이가 1유순이고 넓이가 5백 보이니라. 미륵보살이 밤중에 그 나무 아래에 앉아서 최상의 깨달음을 이루는데, 그때 삼천대천세계가 여섯 번 진동할 것이다."

〈彌勒下生經〉

밀린다팡하

《밀린다팡하(milindapañha)》는 '밀린다의 질문'이라는 뜻이고, 한역은《나선비구경(那先比丘經)》이다.

기원전 2세기 후반에 서북 인도를 지배하고 있던 그리스의 국왕 밀린다(milinda)와 인도의 비구 나가세나(Ⓟ nāgasena, 那先)가 불교에 대해 문답하는 형식으로 구성되어 있다.

그리스적 사유와 불교적 사유의 대비라는 점에서 중요시되고, 불교의 실천을 상좌부의 입장에서 밝히고 있다.

내용은 밀린다와 나가세나의 전생 이야기를 하는 부분, 두 사람이 3일간 대화하면서 서로 스승과 제자가 되는 부분, 밀린다가 불교 교리에서 어려운 문제들을 질문하고 나가세나가 답하는 부분, 그리고 수행자가 지켜야 할 규칙을 비유로 밝히는 부분, 이렇게 네 부분으로 되어 있다.

불교 신자가 아닌 왕이 그리스적 사유 방법으로 질문하고 있다는 점에서 현대인에게도 친밀감을 주고, 나가세나는 여러 가지 질문에 풍

부한 비유로 명쾌하게 답하고 있다.

영혼, 개체의 구조, 윤회의 주체와 과보, 내세, 불교의 인식론과 심리학, 그리고 열반에 이르기 위한 수행론 등 다방면의 문제를 논의하고 있다.

반야심경

본 이름은 《반야바라밀다심경(般若波羅蜜多心經)》이다. 반야(般若)는 프라즈냐(Ⓢprajñā)를 소리 나는 대로 적은 것으로 '지혜'라는 뜻이고, 바라밀다(波羅蜜多)는 파라미타(Ⓢpāramitā)를 소리 나는 대로 적은 것으로 '완성', 심(心)은 흐리다야(Ⓢhṛdaya)의 번역으로 '심장'·'본질'·'핵심'이라는 뜻이다. 즉, '지혜의 완성에 대한 핵심을 설한 경'이라는 뜻이다.

《반야심경(般若心經)》은 공(空)에 입각해서 불(不)과 무(無) 자를 반복 사용하여, 온갖 분별이 끊겨 어디에도 집착하지 않는 지혜의 완성을 설한 경이다. 즉, 온갖 분별이 소멸된 상태에서 설한 '깨달음의 찬가'이다.

《반야심경》에서 가장 중요한 구절은 '조견오온개공(照見五蘊皆空)'이다. '5온이 모두 공임을 꿰뚫어 보고'는 5온이 공이어서 '온갖 분별과 망상을 잇달아 일으키는 5온의 작용이 소멸되었다'는 뜻이다. 즉, 자신의 청정한 성품을 꿰뚫어 보아 견성한다고 하듯이, 5온의 작용이 끊긴 곳을 간파하여 무분별의 지혜에 이르렀다는 뜻이다. 그래서 모든 괴로움에서 벗어나고, 색과 공의 분별이 끊겼다.

공(空)은 분별과 망상, 차별과 번뇌를 일으키는 마음 작용이 소멸된 무분별의 상태이다. 그래서 생멸(生滅)·구정(垢淨)·증감(增減)을 부정하고, 5온·12처·18계·12연기·4제도 부정한다.

반야심경

당 현장 번역

관자재보살 행심반야바라밀다시 조견오온개공 도일체고액 사리자
　색불이공 공불이색
觀自在菩薩 行深般若波羅蜜多時 照見五蘊皆空 度一切苦厄 舍利子
　色不異空 空不異色

색즉시공 공즉시색 수상행식 역부여시 사리자 시제법공상 불생불멸
　불구부정 부증불감
色卽是空 空卽是色 受想行識 亦復如是 舍利子 是諸法空相 不生不滅
　不垢不淨 不增不減

시고공중무색 무수상행식 무안이비설신의 무색성향미촉법 무안계 내지
　무의식계 무무명
是故空中無色 無受想行識 無眼耳鼻舌身意 無色聲香味觸法 無眼界 乃至
　無意識界 無無明

역무무명진 내지무노사 역무노사진 무고집멸도 무지역무득

이무소득고 보리살타 의반야

亦無無明盡 乃至無老死 亦無老死盡 無苦集滅道 無智亦無得

　　以無所得故 菩提薩埵 依般若

바라밀다고 심무가애 무가애고 무유공포 원리전도몽상 구경열반

　　삼세제불 의반야바라밀

波羅蜜多故 心無罣礙 無罣礙故 無有恐怖 遠離顚倒夢想 究竟涅槃

　　三世諸佛 依般若波羅蜜

다고 득아뇩다라삼먁삼보리 고지반야바라밀다 시대신주 시대명주

　　시무상주 시무등등주

多故 得阿耨多羅三藐三菩提 故知般若波羅蜜多 是大神咒 是大明咒

　　是無上咒 是無等等咒

능제일체고 진실불허고 설반야바라밀다주 즉설주왈

能除一切苦 真實不虛故 說般若波羅蜜多咒 即說咒曰

아제아제　바라아제　바라승아제 모지사바하

揭帝揭帝　般羅揭帝　般羅僧揭帝 菩提僧莎訶

관자재보살이 깊은 반야바라밀다를 행할 때, 5온이 모두 공임을 꿰뚫어
보고 모든 괴로움에서 벗어났다.
사리자야, 색이 공과 다르지 않고 공이 색과 다르지 않고, 색이 곧 공이
고 공이 곧 색이다. 수·상·행·식도 그러하다.

사리자야, 이런 것들이 공의 상태이므로 생기지도 않고 소멸하지도 않고, 더럽지도 않고 깨끗하지도 않고, 늘지도 않고 줄지도 않는다.

그러므로 공에는 색도 없고 수·상·행·식도 없고, 안·이·비·설·신·의도 없고, 색·성·향·미·촉·법도 없고, 안계도 없고 내지 의식계도 없고, 무명도 없고 무명의 소멸도 없고 내지 노사도 없고 노사의 소멸도 없고, 고·집·멸·도도 없고, 지혜도 없고 성취도 없다.

성취되는 게 없어서 보리살타는 반야바라밀다에 의지하므로 마음에 걸림이 없고, 걸림이 없으므로 두려움이 없고, 그릇되고 헛된 생각을 멀리 떠나 최상의 열반에 이른다. 3세(世)의 모든 부처도 반야바라밀다에 의지하여 아뇩다라삼먁삼보리를 얻었다.

그러므로 알아야 한다. 반야바라밀다의 아주 신비한 진언, 아주 밝은 진언, 가장 뛰어난 진언, 비길 데 없는 진언은 모든 괴로움을 없애주나니 진실하여 헛되지 않다.

그래서 반야바라밀다의 진언을 설한다. 그것은 다음과 같다.

갔네, 갔네, 피안에 갔네, 피안에 완전히 갔네. 깨달음이여, 아! 기쁘구나.

백유경

《백유경(百喩經)》은 인도의 승려 승가사나(僧伽斯那, Ⓢsaṅghasena, 5세기)가 지었고, 그의 제자 구나비지(求那毘地, Ⓢguṇavṛddhi)가 492년에 한역했다.

재미있고 쉬운 비유로 이해하기 어려운 붓다의 가르침을 쉽게 이해할 수 있게 했다. 모두 98가지 이야기로 되어 있는데, 일반 대중을 상대로 설한 것이 대부분이고, 그 밖에 출가자와 왕에게 설한 것도 있다. 이야기들은 쉽고 재미있게 흥미 위주로 꾸며진 부분과 품위 있는 비유를 들어 일상생활의 교훈을 삼은 부분으로 나눌 수 있다.

이 경과 같은 목적으로 편찬된 것으로 《잡비유경(雜譬喩經)》과 《중경찬잡비유(衆經撰雜譬喩)》가 있다.

범망경

상권에서는 노사나불이 10발취심(發趣心)·10장양심(長養心)·10금강심(金剛心)·10지(地)를 설하고, 하권에서는 보살이 지켜야 할 10중금계(重禁戒)와 48경계(輕戒)를 설했다.

현재 우리나라에서는 이 하권만 따로 분리하여《보살계본(菩薩戒本)》이라 부르고 있는데, 한국 불교 승단의 조직과 유지에 큰 영향을 미쳤다.

또 보살이 지녀야 할 실천 덕목인 대승계율(大乘戒律)을 설하고 있어서 화엄종·천태종·정토종 등을 비롯한 대승불교 여러 종파의 근본 율전(律典)이 되었다.

비구와 비구니의 구족계를 수록하고 있는《사분율》·《오분율》등이 출가 승려에게만 적용되는 데 반해,《범망경(梵網經)》의 대승계는 출가자와 재가자에게 두루 적용된다.

특히 우리나라에서는 이 경을 근거로 해서 수계법회(受戒法會)가 많이 개설되었고, 불교도의 신행 규범으로, 또 신앙의 근본 경전으로 널리 읽히고 있다.

법구경

《법구경(法句經)》의 팔리어 이름은《담마파다(dhammapada)》인데, dhamma 는 '법'·'진리', pada는 '구(句)'·'말씀'이라는 뜻이다.

초기 불교의 교단에서 전해지던 게송들을 모아서 주제별로 분류하 여 엮은 경으로, 팔리어본은 26품 423송이고, 한역본은 여기에 13품 이 추가된 39품 752송이다.

묘한 말씀 많이 읽어도

방탕하여 계율을 지키지 않고

탐욕과 성냄과 어리석음에 빠져서

지관을 닦지 않으면

소떼와 같을 뿐

붓다의 제자라고 할 수 없다.

〈法句經, 雙要品〉

마음은 미세하여 보기 어려운 것
욕망을 따라 움직인다.
지혜로운 사람은 항상 자신을 보호하니
마음을 잘 지키면 편안해진다.

육신은 머지않아 흙으로 돌아가서
형체가 허물어지고 정신도 떠난다.
잠시 의지해서 머무는데 무엇을 탐할까.

〈法句經, 心意品〉

몸이 병들어 야위는 것은
꽃이 시들어 떨어지는 것 같고
죽음이 닥치는 것은
여울의 급류 같다.

〈法句經, 華香品〉

잠 못 이루는 사람에게 밤은 길고
지친 사람에게 길은 멀다.
어리석은 사람에게 고통의 길은 길고 머니
바른 법을 알지 못하기 때문이다.

〈法句經, 愚闇品〉

5온에 대한 집착을 끊고
고요히 사유하여 지혜로워지면

다시는 고통의 연못으로 돌아가지 않나니
모든 것을 버려 그 마음이 밝아진다.

<法句經, 明哲品>

음식을 적당히 먹고
곳간에 쌓아두지 않으며
마음을 텅 비워 어떤 생각도 일으키지 않으니
모든 수행의 단계를 벗어났다.

<法句經, 羅漢品>

복을 받아야 할 사람이 불행을 당하는 것은
선행의 열매가 무르익지 않았기 때문이다.
그 선행의 열매가 무르익으면
반드시 복을 받으리라.

<法句經, 惡行品>

육신이 죽으면 정신은 떠나니
마부가 버린 수레와 같다.
살은 썩어 없어지고 백골은 흩어지니
이 몸을 어찌 믿고 의지할 수 있겠는가.

<法句經, 老 品>

온갖 악을 짓지 않고
온갖 선을 받들어 행하여

스스로 그 마음을 깨끗이 하는 것

이것이 붓다의 가르침이다.

생사는 지극히 괴롭지만

진리를 따르면 피안에 이른다.

세상 사람을 건지는 8정도는

온갖 괴로움을 없애준다.

〈法句經, 述佛品〉

사람의 수명은 아주 짧으니

세상의 잡다한 것 버려라.

요긴한 것만 배우고 취하여

늙어서 평안하도록 하여라.

〈法句經, 安寧品〉

탐욕에서 근심이 생기고

탐욕에서 두려움이 생긴다.

해탈하여 탐욕을 없애면

무엇을 근심하고 두려워하랴.

〈法句經, 好喜品〉

마음에 어떠한 분별도 없고

속을 맑게 비우고 살아가며

이것과 저것에 모두 적멸한 사람

그를 성자라 한다.

<法句經, 奉持品>

전생에서 벗어나고 후생에서도 벗어나고
현생에서도 벗어나면 피안에 이른다.
모든 생각을 멸하면
다시는 늙고 죽는 일 없으리라.

<法句經, 道行品>

홀로 앉고 홀로 눕고
홀로 거닐면서 마음을 가다듬고
한곳에 집중하여 몸을 바르게 하고
숲속에 머무는 것을 즐긴다.

<法句經, 廣衍品>

비구야, 배 안의 물을 퍼내어라.
속이 비면 배가 잘 가리니
탐욕과 성냄과 어리석음을 버리면
쉽게 열반에 이르리라.

선정에 들지 않으면 지혜를 얻지 못하고
지혜가 없으면 선정에 들 수 없다.
선정과 지혜를 좇으면 열반에 이를 수 있다.

배우려는 사람은 한적한 곳에 들어가

고요히 머물면서 마음을 쉬어라.

그윽한 곳에 혼자 있기를 즐기면서

한결같은 마음으로 진리를 주시하라.

〈法句經, 沙門品〉

법화경

이 경은 기원 전후에 진보적이면서도 믿음이 두터운 대승의 불교도들에 의해 성립되기 시작하여 여러 차례에 걸쳐 증보되었는데, 예로부터 '대승경전의 꽃' 또는 '모든 경전 중의 왕'이라 한다.

《법화경》은 전반부와 후반부로 나눌 수 있는데, 전반부에서는 회삼귀일(會三歸一)을, 후반부에서는 세존의 수명이 무량함을 밝히고 있다.

회삼귀일이란 3승은 결국 1승으로 돌아간다는 가르침으로, 세존이 이 세상에 출현하여 성문과 연각, 보살의 3승에 대한 여러 가지 가르침을 설했지만, 그것은 결국 1승으로 이끌기 위한 방편에 지나지 않는다는 것이다.

이 경에는 교리를 설하지 않는데, 그 이유는 불교를 마무리 짓기 위해 이 《법화경》을 설했기 때문이다. 즉, 교리에 대해서는 여러 경에서 충분히 설했기 때문에 다시 거론할 필요가 없다는 것이다. 단지 성문·연각·보살에 대한 가르침이 따로 있는 듯이 분별하므로 그것만 문제 삼아 3승은 1승으로 끌어들이기 위한 방편이라 했다.

후반부에서 세존의 수명이 무량하다는 것은 무슨 뜻인가?

세존이 입멸한 후, 대승이 일어날 무렵부터 세존을 이상화하기 시작하여 법신·보신·응신(應身)의 3신이 등장하게 된다.

법신이란 진리 그 자체를 부처로 사유하는 것이고, 보신은 중생을 구제하기 위해 서원을 세우고 거듭 수행한 결과, 깨달음을 성취한 부처이다. 응신은 때와 장소, 중생의 능력이나 소질에 따라 나타나 그들을 구제하는 부처이다.

《법화경》은 세존을 법신과 동일시함으로써 영원한 존재로 상정하여 신앙의 대상으로 설정했다. 그래서 시대에 따라 여러 부처가 있고, 또 부처의 수명이 무량하여 언제나 이 세계에 머물면서 중생을 교화한다는 이상이 담겨 있어, 이것이 법화신앙의 근거가 되었다.

결국 《법화경》은 전반부에서 3승이 1승으로 돌아가는 도리를 밝힘으로써 온갖 경전과 교파간의 대립을 수습했고, 후반부에서는 세존을 영원한 부처로 파악함으로써 신앙의 대상을 확립했다고 할 수 있다. 이것은 불교 전체를 총괄 정리한 것이기 때문에 '경전 중의 왕'으로 불린다.

보현행원품

당의 반야(般若)가 번역한 《40권 화엄경》 제40권의 〈입불사의해탈경계보현행원품(入不思議解脫境界普賢行願品)〉을 따로 분리하여 간행한 책이다.

《보현행원품(普賢行願品)》은 선재동자(善財童子)가 깨달음을 이루기 위해 53선지식을 차례로 찾아가는데, 마지막으로 보현보살을 찾았을 때 그가 설한 법문으로, 보현보살의 열 가지 수행과 서원을 밝히고, 그것을 실천하는 방법과 그 공덕을 설한 것이다.

그때 보현보살마하살이 부처님의 뛰어난 공덕을 찬탄하고 나서 여러 보살과 선재동자에게 말했다.

"선남자야, 부처님의 공덕은 시방의 모든 부처님이 이루 다 말할 수 없이 많은 불국토의 티끌 수만큼 많은 겁을 지내면서 계속해서 말씀하시더라도 끝내 다할 수 없다.

만약 이러한 공덕문을 성취하려면 반드시 열 가지 넓고 큰 행원을 닦아야 한다.

열 가지는 무엇인가?

하나는 모든 부처님께 절하고, 둘은 부처님을 찬탄하고, 셋은 널리 공양하고, 넷은 업장을 참회하고, 다섯은 남의 공덕을 기뻐하고, 여섯은 부처님께 법륜을 굴리시기를 청하고, 일곱은 부처님께 이 세상에 오래 머무시기를 청하고, 여덟은 항상 부처님을 따라 배우고, 아홉은 항상 중생을 따르고, 열은 모두 두루 회향하는 것이다."

선재동자가 말했다.

"대성(大聖)이시여, 어떻게 절하고 어떻게 회향합니까?"

보현보살이 선재동자에게 말했다.

"모든 부처님께 절한다는 것은 온 법계와 허공계와 시방의 과거·현재·미래와 모든 불국토의 티끌 수만큼 많은 부처님을 내가 보현행원의 힘으로 깊은 믿음이 생겨 눈앞에 뵌 듯하여 청정한 몸과 말과 뜻으로 항상 절하는데, 낱낱 부처님이 계신 곳마다 이루 다 말할 수 없이 많은 불국토의 티끌 수만큼 많은 몸을 나타내어, 그 한 몸 한 몸이 이루 다 말할 수 없이 많은 불국토의 티끌 수만큼 많은 부처님에게 두루 절하는 것이니, 허공계가 끝나면 나의 절도 끝나겠지만 허공계가 끝날 수 없으므로 나의 이 절도 끝나지 않는다.

이와 같이 중생계가 끝나고 중생의 업이 끝나고 중생의 번뇌가 끝나면 나의 절도 끝나겠지만 중생계와 중생의 번뇌가 끝날 수 없으므로 나의 이 절도 끝나지 않아, 끊임없이 계속해서 잠시도 쉬지 않지만 몸과 말과 뜻으로 하는 일에 힘들어하거나 싫증내지 않는다. (……)

선남자야, 또 모두 두루 회향한다는 것은 처음에 부처님께 절하는 것에서 중생을 따르는 것까지의 모든 공덕을 온 법계와 허공계의 모든 중생에게 남김없이 회향하여, 중생이 항상 안락하고 갖가지 병으로 겪는 고통이 없기를 원하고, 악한 일을 하고자 하면 다 이루어지지 않고 선한 일을 닦고자 하면 다 빨리 성취하여 온갖 악한 방향으로 가는 문을 닫아버리고, 인간과 천상의 중생에게 열반에 이르는 바른 길을 열어 보이고, 모든 중생이 쌓인 악업으로 받게 되는 온갖 극심한 고통의 과보를 내가 다 대신 받아, 저 중생들이 모두 해탈하여 마침내 최상의 깨달음을 성취하게 하는 것이다.

보살은 이와 같이 회향하는데, 허공계가 끝나고 중생계가 끝나고 중생의 업이 끝나고 중생의 번뇌가 끝나더라도 나의 이 회향은 끝나지 않아, 끊임없이 계속해서 잠시도 쉬지 않지만 몸과 말과 뜻으로 하는 일에 힘들어하거나 싫증내지 않는다."

〈普賢行願品〉

부모은중경

　부모의 은혜가 한량없이 크고 깊으므로 그 은혜에 보답할 것을 설한 경이 《부모은중경(父母恩重經)》이다. 현재 널리 읽히고 있는 것은 1796년(정조 20)에 경기도 화성 용주사(龍珠寺)에서 간행한 판본이다.

　어머니가 아이를 낳을 때는 서 말 여덟 되의 피를 흘리고, 낳아서는 여덟 섬 너 말의 젖을 먹인다고 했다. 그래서 부모의 은덕을 생각하면, 자식은 아버지를 왼쪽 어깨에 업고 어머니를 오른쪽 어깨에 업고서 수미산을 백천 번 돌더라도 그 은혜를 다 갚을 수 없다고 했다.

　부모의 은혜를 열 가지로 설한다.

　하나는 아이를 잉태하여 지키고 보호해주신 은혜, 둘은 낳으실 때 고통을 받으신 은혜, 셋은 아이를 낳고서 그 고통을 잊으신 은혜, 넷은 입에 쓴 것은 삼키고 단 것은 뱉어서 먹이신 은혜, 다섯은 마른자리에 아이를 뉘고, 자신은 젖은 자리에 누운 은혜, 여섯은 젖을 먹여 기르신 은혜, 일곱은 더러움을 깨끗이 씻어주신 은혜, 여덟은 먼 길 떠난 자식을 염려해 주신 은혜, 아홉은 자식을 위해 나쁜 일도 마다 하지 않은 은혜, 열은 생을 마칠 때까지 자식을 사랑하신 은혜이다.

그때 대중들이 부처님께서 설하신 부모의 은혜를 듣고 슬피 울면서 부처님께 여쭈었다.

"세존이시여, 저희들은 이제 큰 죄인임을 알았습니다. 어떻게 하면 부모의 깊은 은혜를 갚을 수 있겠습니까?"

부처님이 제자들에게 말씀하셨다.

"부모의 은혜를 갚으려면 부모를 위해 이 경을 베껴 쓰고, 부모를 위해 이 경을 독송하고, 부모를 위해 죄와 허물을 참회하고, 부모를 위해 3보에 공양하고, 부모를 위해 보시하고 복을 지어야 한다."

〈父母恩重經〉

사십이장경

《사십이장경(四十二章經)》은 불교의 중요한 교훈들을 가려 뽑아 42단락으로 분류하여 적절한 비유로 설한 경으로, 내용이 쉽고 간명하여 불교입문서로 널리 애독되고 있다.

부처님이 말씀하셨다.

"어떤 사람이 내가 도를 지키고 큰 자비를 행한다는 말을 듣고는 일부러 찾아와서 나에게 욕했다. 내가 묵묵히 상대하지 않으니, 그는 욕하기를 그쳤다. 그에게 물었다.

'그대가 어떤 사람에게 선물을 했는데 그 사람이 받지 않는다면, 그 선물을 그대가 도로 가지고 가야 하지 않겠는가?'

'가지고 돌아가야지요.'

내가 말했다.

'지금 그대가 나에게 욕했는데 내가 받지 않았으니, 그대는 욕한 허물을 가지고 돌아가게 되었다. 그것은 마치 메아리가 소리를 따르고 그림자가 형체를 따르는 것과 같아 끝내 떠나지 않으니 부디 악을 행하지 말라.'"

(……)

붓다께서 말씀하셨다.

"사람에게는 스무 가지 어려움이 있다.

가난하면 보시하기 어렵고, 부유하면 도를 배우기 어렵고, 목숨을 버려 죽기 어렵고, 부처님의 경전을 보기 어렵고, 살아서 부처님의 세상을 만나기 어렵고, 성욕과 욕심을 참기 어렵고, 좋은 것을 보고 탐내지 않기 어렵고, 모욕을 당하고 화내지 않기 어렵고, 세력이 있는데 그것을 쓰지 않기 어렵고, 일에 부딪쳐 무심하기 어렵고, 널리 배워 깊이 연구하기 어렵고, 아만을 버리기 어렵고, 배우지 못한 사람을 가볍게 여기지 않기 어렵고, 평등한 마음을 내기 어렵고, 잘잘못을 말하지 않기 어렵고, 선지식을 만나기 어렵고, 도를 배워서 견성하기 어렵고, 사람을 가르쳐서 구제하기 어렵고, 대상을 보고 마음이 동요되지 않기 어렵고, 방편을 잘 알기 어렵다." (……)

부처님이 말씀하셨다.

"몸을 이루는 4대(大)는 각각 이름만 있고 '나'는 없다고 생각하라. '나'가 없으니 그것은 허깨비와 같다." (……)

부처님이 말씀하셨다.

"도(道)를 닦는 것은 마치 물에 뜬 나무가 물결 따라 흘러가는 것과 같다. 물결 따라 흘러가지만 양쪽 기슭에 걸리지 않고, 사람에게 잡히지 않고, 귀신에게 막히지 않고, 소용돌이를 만나 머물지 않고, 썩지 않는다면, 이 나무는 반드시 바다에 이를 것이다.

도를 배우는 사람이 정욕에 빠지지 않고, 온갖 그릇된 도에 휘둘리지 않고, 정진하여 분별이 끊긴 상태에 이르면, 이 사람은 반드시 도를 얻을 것이다.” (……)

어떤 사문이 밤에 가섭불의 《유교경(遺教經)》을 읽는데, 그 소리가 구슬프고 절박해 그만 두려고 했다.

부처님이 사문에게 물었다.

“너는 예전에 집에 있을 때 무슨 일을 했느냐?”

“거문고 타기를 즐겼습니다.”

“거문고 줄이 느슨하면 어떠하던가?”

“소리가 나지 않습니다.”

“거문고 줄이 팽팽하면 어떠하던가?”

“소리가 끊어집니다.”

“느슨하지도 팽팽하지도 않고 알맞으면 어떠하던가?”

“온갖 소리가 잘 납니다.”

그러자 부처님이 말씀하셨다.

“사문이 도(道)를 배우는 것도 그와 같아서 마음이 고르고 알맞아야 도를 얻을 수 있다. 도에·대해 조급하게 생각하면 몸이 피로하고, 몸이 피로하면 마음이 괴롭고, 마음이 괴로우면 수행에서 물러나고, 수행에서 물러나면 죄만 늘어나게 된다.

마음이 청정하고 안락해야 도를 잃지 않을 것이다.” (……)

부처님이 어떤 사문에게 물으셨다.

“사람의 수명이 얼마나 되느냐?”

“며칠 사이입니다.”

“너는 아직 도를 모르는구나.”

다른 사문에게 물으셨다.

“사람의 수명이 얼마나 되느냐?”

"밥 먹는 사이입니다."

"너도 아직 도를 모르는구나."

또 다른 사문에게 물으셨다.

"사람의 수명이 얼마나 되느냐?"

"호흡 사이입니다."

"좋구나, 너는 도를 아는구나."

〈四十二章經〉

숫타니파타

숫타(Ⓟsutta)는 '경(經)', 니파타(Ⓟnipāta)는 '모음[集]'이라는 뜻이다.《숫타니 파타(sutta-nipāta)》는 가지각색의 시(詩)와 이야기를 모은 시문집(詩文集)으로, 5장으로 나뉘어 있고 각 장에 여러 개의 경이 수록되어 있다.

① 뱀의 장[蛇品]

12경이 수록되어 있는데, 제1경은 세속의 번거로움을 떠나는 수행 자의 모습이 '마치 뱀이 묵은 껍질을 벗어버리는 것과 같다'고 하는 구 절을 시의 끝부분에 반복한다. 제3경은 '무소의 뿔처럼 혼자서 가라' 는 말을 시의 끝부분에 되풀이하면서 고독한 수행자를 격려하고, 제 8경은 자비를 열 편의 소박한 시로 설명했다.

② 조그만 장[小品]

14경이 수록되어 있는데, 제2경은 욕망·부정·험담·배신·인색 등을 '비린내'라고 표현한다. 제3경은 위선적인 친구에 대한 이야기이고, 제 8경은 진리로 이끄는 방편을 터득한 사람과 사귀라고 한다.

③ 커다란 장[大品]

12경이 수록되어 있는데, 이 장은 붓다의 생애를 담고 있어서 가장 오래된 불전(佛傳)의 하나이다. 제1경은 붓다의 출가 동기를 서술했고, 제2경은 붓다가 깨달음에 이르는 과정에서 겪은 갈등을 비유로 묘사했다. 제8경은 인간의 죽음을 투철한 눈으로 응시했고, 제11경은 붓다의 탄생에 얽힌 전설이다.

④ 여덟 가지 시구의 장[義品]

제4장과 제5장은 처음에는 독립된 경이었으나 후에 편입된 것이라고 한다. 성립이 가장 오래된 불교 경전이다. 16경이 수록되어 있는데, 욕망·집착·험담 등에 대해 설했다.

⑤ 피안에 이르는 장[彼岸道品]

이 장은 다른 장과는 달리 하나의 줄거리로 되어 있다. 한 바라문과 그의 열여섯 제자들이 한 사람씩 붓다에게 질문하고, 붓다는 거기에 대답한다. 이런 문답이 제2경 이하 제17경까지 이어지고 제18경에서 마무리했다.

승만경

승만(勝鬘, ⓢśrīmālā)은 사위국(舍衛國) 파사닉왕(波斯匿王)과 말리(末利) 왕비의 딸로, 아유타국(阿踰陀國) 우칭왕(友稱王)에게 시집간 여인이다.

《승만경(勝鬘經)》은 승만이 가르침을 설하면 세존이 승인하는 형식으로 전개된다.

승만의 부모는 불교에 귀의한 기쁨을 딸에게 알리기 위해 세존의 한량없는 공덕을 찬탄하는 내용의 편지를 딸에게 보낸다. 편지를 받은 딸은 기뻐하면서 세존을 뵙고 예배드리니, 세존은 그녀가 장차 성불하리라고 수기한다. 이에 승만은 성불할 때까지 결코 깨뜨리지 않을 다음과 같은 열 가지 서원을 세운다.

① 계율을 깨뜨리지 않겠다.
② 교만한 마음을 내지 않겠다.
③ 성내지 않겠다.
④ 남의 외모나 재산에 대해 질투하지 않겠다.

⑤ 내가 소유하고 있는 것을 아끼지 않겠다.

⑥ 나 자신을 위해 재산을 모으는 일을 하지 않겠다.

⑦ 남에게 가르침이나 재물을 베풀고, 부드럽고 온화한 말을 하며, 서로 고락을 같이하겠다.

⑧ 의지할 데 없는 사람, 어려움을 당하고 있는 사람을 보면 언제든지 구하겠다.

⑨ 짐승을 사냥하거나 계율을 지키지 않는 사람을 보면 그냥 지나치지 않겠다.

⑩ 바른 가르침을 잘 지키고 그것을 잊어버리지 않겠다.

그녀는 열 가지 서원을 세운 다음, 다시 요약해서 다음과 같이 세 가지 큰 서원을 세운다.

① 바른 가르침을 아는 지혜를 추구하겠다.

② 그 지혜를 중생들에게 설하겠다.

③ 바른 가르침을 지니게 되면 목숨을 걸고 그것을 지키겠다.

승만은 나아가 모든 서원은 하나의 큰 서원으로 집약되는데, 그것은 바른 가르침을 거두어들이는 섭수정법(攝受正法)이라 하고, 바른 가르침은 대승이고, 그것은 곧 6바라밀이라 설한다. 또 세존이 이 세상에 출현해서 성문과 연각과 보살의 3승에 대해 여러 가지 가르침을 설했지만, 그것은 결국 1승으로 이끌기 위한 방편에 지나지 않는다 하고, 모든 중생의 마음속에는 본래부터 여래의 청정한 성품이 갈무리되어 있다는 여래장에 대해 설한다.

아미타경

아미타(阿彌陀)는 아미타유스(Ⓢamitāyus) 또는 아미타바(Ⓢamitābha)를 소리 나는 대로 적은 것이고, 아미타유스는 '무량수', 아미타바는 '무량광'이 라 번역한다.

대부분의 경들이 제자들의 간청으로 설하거나 제자들과의 문답으 로 이루어진 데 반해, 이 경은 세존이 스스로 사리불에게 설했다. 《무 량수경》과 《관무량수경》을 요약한 경이라 할 수 있다.

극락정토와 아미타불에 대해 설하고, 그 정토에 태어나는 길은 아미 타불을 염불하는 데 있다고 설한다. 만약 어떤 사람이 아미타불의 이 름을 듣고 한마음으로 염불하면, 그 사람이 죽음을 맞이할 때 아미타 불의 영접을 받아 극락에 태어난다는 정토신앙을 밝히고 있다.

그때 부처님이 장로 사리불에게 말씀하셨다.

"여기에서 10만 억 불국토를 지나 극락이라는 세계가 있다. 그 국토에 부 처님이 계시는데, 아미타불이라 하고 지금도 설법하고 계신다.

사리불아, 그 국토를 왜 극락이라 하는가?

그 나라의 중생들은 어떤 괴로움도 없고, 온갖 즐거움만 누리므로 극락이라 한다. (……)

사리불아, 너는 저 부처님을 왜 아미타불이라 부른다고 생각하느냐?

사리불아, 저 부처님은 광명이 한량없어 시방 세계를 모두 비추어도 걸림이 없다. 그래서 아미타불이라 한다.

또 사리불아, 저 부처님의 수명과 그 나라 사람들의 수명은 한량없고 끝없는 아승기겁이다. 그래서 아미타불이라 한다.

사리불아, 아미타불이 성불한 이래 지금까지 10겁이 되었다. (……)

사리불아, 선남자 선여인이 아미타불에 대한 말을 듣고 그 이름을 마음에 깊이 새겨 하루나 이틀, 혹은 사흘, 나흘, 닷새, 엿새, 이레 동안 흐트러지지 않고 한결같은 마음으로 생각하면, 그 사람의 수명이 다할 때 아미타불이 제자들과 함께 그 사람 앞에 나타나신다. 그 사람은 죽을 때에도 마음이 흔들리지 않고 바로 아미타불의 극락국토에 태어나게 된다."

〈阿彌陀經〉

아함경

아함(阿含)은 아가마(ⓢⓅāgama)를 소리 나는 대로 적은 것이고, '전해온 가르침'이라는 뜻이다. 불교 최초의 경전이 팔리어로 된 니카야(nikāya)이고, 여기에 해당하는 산스크리트본이 아가마(āgama)이다. 이 아가마를 한문으로 번역한 것이《아함경》으로, 이 경은 하나의 경 이름이 아니라 초기 불교시대에 성립된 약 2천 개의 경전들을 통틀어 이르는 명칭이다. 여기에는 붓다의 가르침이 대부분 원형 그대로 담겨 있어 불교의 본바탕이라고 할 수 있다. 한역된 아함에는 네 가지가 있다.

①《장아함경(長阿含經)》. 22권 30경. 문장의 길이가 긴 경전을 모은 것.
②《중아함경(中阿含經)》. 60권 222경. 문장의 길이가 중간 정도인 경전을 모은 것.
③《잡아함경(雜阿含經)》. 50권 1,362경. 짧은 경전을 모은 것.
④《증일아함경(增一阿含經)》. 51권 471경. 4제·6도·8정도 등과 같이 법수(法數)를 순서대로 분류하여 엮은 것.

이에 해당하는 니카야는 다음과 같다.

① 《디가 니카야(dīgha-nikāya)》. 장부(長部). 내용이 긴 34경을 모은 것으로 3편으로 분류되어 있다. 한역 《장아함경》에 해당한다.

② 《맛지마 니카야(majjhima-nikāya)》. 중부(中部). 중간 정도 길이의 152경을 모은 것으로 약 50경씩 3편으로 분류되어 있고, 다시 각 편은 5품으로, 각 품은 대개 10경 단위로 구성되어 있다. 한역 《중아함경》에 해당한다.

③ 《상윳타 니카야(saṃyutta-nikāya)》. 상응부(相應部). 짧은 경전 2,875경을 주제에 따라 분류하여 배열한 것으로 전체가 5품으로 되어 있다. 한역 《잡아함경》에 해당한다.

④ 《앙굿타라 니카야(aṅguttara-nikāya)》. 증지부(增支部). 2,198경이 법수에 따라 1법에서 11법까지 순서대로 배열되어 있다. 한역 《증일아함경》에 해당한다.

⑤ 《쿳다카 니카야(khuddaka-nikāya)》. 소부(小部). 《법구경》·《경집(經集)》·《본생담(本生譚)》 등 15경으로 구성되어 있다.

우란분경

우란분(盂蘭盆)은 울람바나(⑤ullambana)를 소리 나는 대로 적은 것으로, 도현이라 번역한다. '거꾸로 매달리는 고통을 받는다'는 뜻이다. 아귀의 고통을 표현한 말이다.

목련이 아귀의 고통을 겪고 있는 돌아가신 어머니를 구원하기 위해 세존의 가르침대로 자자일(自恣日)에 여러 부처와 보살, 그리고 승려에게 갖가지 음식과 과일을 지성으로 공양하여 어머니를 제도했다는 효성을 설한 경이다.

목련이 신통력으로 돌아가신 어머니를 찾아보니, 아귀가 되어 굶주리는 고통을 겪고 있었다. 목련이 이것을 보고 슬피 울면서 발우에 밥을 담아서 어머니에게 갔다. 어머니가 밥을 먹으려 하니, 밥이 입에 들어가기도 전에 숯불로 변해 한 주먹도 먹지 못했다. 목련이 부처님에게 가서 그 사연을 자세히 말했다.

부처님이 말씀하셨다.

"네 어머니는 죄의 뿌리가 너무 깊어 너 혼자로는 어쩔 수가 없다. 네가 비록 효성이 지극해서 천지를 감동시키지만 너뿐만 아니라 천신이나 지신이나 악마나 외도나 도사나 4천왕도 어쩔 수가 없다. 다만 시방에 있는 승려들의 신통한 힘을 받아야만 거기서 벗어날 수 있다.

내가 지금 너에게 어머니를 구제하는 방법을 일러주어 온갖 고난에서 벗어나게 하고 업장을 소멸시킬 수 있도록 하겠다.

목련아, 7월 15일은 시방의 승려들이 자자(自恣)하는 날이다. 이 날에는 돌아가신 7대 부모와 지금 살아 있는 부모가 받는 액란에서 벗어나게 할 수 있다. 그렇게 하려면 온갖 음식과 과일을 마련하고, 물을 길어 그릇에 담고, 향유와 제기와 등불과 평상과 자리를 마련하고, 세간의 감미로운 것들을 그릇에 담아 시방의 큰 덕이 있는 승려들에게 공양하라.

(……)

이 날 자자하는 승려들에게 공양하면 돌아가신 7대 부모와 부모·형제·처자들이 지옥·아귀·축생의 고통에서 벗어나고, 옷과 음식이 저절로 풍족해질 것이다.

지금 부모가 살아 있다면 부모의 복락이 100년에 이를 것이고, 이미 돌아가셨다면 7대 부모가 천상에 태어나 광명 속에서 한량없는 즐거움을 누릴 것이다."

그때 부처님이 시방의 승려들에게 말씀하셨다.

"먼저 시주(施主)의 집안을 위해 7대 부모를 축원하고, 선정에 들어가서 공양을 받아야 한다. 처음 공양거리를 받아서는 먼저 부처님과 탑에 올리고, 승려들이 축원하고 나서 다시 공양을 받아야 한다."

그때 목련 비구와 여러 대중과 보살들이 모두 크게 기뻐했고, 목련의 울부짖는 소리도 사라졌다.

그리하여 목련의 어머니는 1겁 동안 받아야 할 아귀의 고통에서 벗어났다. (……)

부처님이 말씀하셨다.

"선남자 선여인아, 불제자로서 효성이 있는 이는 어느 때나 항상 지금 살아 있는 부모와 돌아가신 7대 부모를 생각해서 공양하여라. 특히 해마다 7월 15일에는 살아 있는 부모와 돌아가신 7대 부모에게 효도하는 마음으로 우란분재를 마련해서 부처님과 승려들에게 공양하여 나를 낳아 길러주신 부모의 자비로운 은혜에 보답하여라. 모든 불제자들은 이 가르침을 잘 받들어 지녀야 한다."

〈盂蘭盆經〉

자자(Ⓢpravāraṇā Ⓟpavāraṇā)는 여름 안거가 끝나는 날에 수행자들이 한곳에 모여 자신의 잘못을 서로 고백하고 참회하는 의식이다.

원각경

《원각경(圓覺經)》은 한 모임에서 12명의 보살이 차례로 나와서 세존과 문답을 통해 원각(圓覺)의 청정한 경지와 그 경지에 도달하는 수행법을 밝힌 경이다.

세존이 문수사리보살에게 "4대를 잘못 알아 자기의 몸이라 하고, 6진(塵)의 그림자를 자기의 마음이라 한다. 마치 눈병 난 사람이 허공에서 꽃을 보고, 달 옆의 달을 보는 것과 같다.

허공에는 꽃이 없는데도 눈병 난 사람이 거기에 허망하게 집착하고, 그 집착 때문에 허공의 본성을 모를 뿐 아니라 실제의 꽃이 생기는 곳도 모른다"고 설하고, 보안보살(普眼菩薩)에게 "새로 배우는 보살과 말세의 중생들이 여래의 청정한 원각의 마음을 구하려면 바른 생각으로 허깨비를 멀리 여의어야 한다. 먼저 여래의 사마타(奢摩他)에 의지하고, 계율을 굳게 지니고, 대중과 함께 편안히 거처하고, 조용한 방에 단정히 앉아서 항상 이렇게 생각해야 한다.

지금 나의 이 몸은 4대가 화합한 것이니, 머리카락·털·손발톱·이·

살갗·살·힘줄·뼈·골수·뇌·더러운 형상은 다 땅[地]으로 돌아가고, 침·콧물·고름·피·진액·가래·땀·눈물·정기·대소변은 다 물[水]로 돌아가고, 따뜻한 기운은 불[火]로 돌아가고, 움직이는 기운은 바람[風]으로 돌아간다.

4대가 제각기 흩어지면 지금의 허망한 몸은 어디에 있겠는가. 이 몸은 끝내 실체가 없고 화합해서 형상이 이루어진 것으로 허깨비 같음을 알게 되리라.

네 가지 인연이 임시로 화합해서 허망하게도 6근이 있게 되고, 6근과 4대가 합쳐져서 안팎을 이룬 뒤에 허망하게도 인연의 기운이 중간에 쌓여 인연의 모습이 있는 듯하게 되니, 이것을 임시로 마음이라 한다.

이 허망한 마음은 6진이 없다면 있을 수 없고, 4대가 흩어지면 대상이 있을 수 없고, 그 중간에 인연과 대상이 제각기 흩어져 멸하면 마음도 끝내 없다"고 설한다.

유마경

산스크리트 이름은 위말라키르티 니르데샤 수트라(vimalakīrti-nirdeśa-sūtra)이다. vimala는 '물들지 않은', kīrti는 '명칭'이라는 뜻이므로 무구칭(無垢稱)이라 번역한다. 소리 나는 대로 적어 유마힐(維摩詰)이라 하고, 줄여서 유마라고 한다. 유마는 이 경의 주인공이다. nirdeśa는 '가르침', sūtra는 '경'이라는 뜻이다.

각 품의 내용은 다음과 같다.

제1 〈불국품〉은 서문에 해당하고, 보살의 불국토 건설에 대해 세존이 설한다. 특히 세존은 일음(一音)으로 설법하지만 중생들의 근기에 따라 갖가지로 이해한다는 일음설(一音說)이 여기서 유래한다.

제2 〈방편품〉부터 유마가 주인공으로 등장한다. 그는 진리에 안주하지만 중생을 이롭게 하기 위해 하나의 방편으로 병을 앓는다고 설한다.

제3 〈제자품〉과 제4 〈보살품〉에서는 세존이 10대제자와 보살들에게 유마의 병문안을 가도록 권하지만 모두 지난날 유마로부터 훈계 받은 경험을 말하면서 문병을 사양한다.

제5 〈문수사리문질품(文殊師利問疾品)〉에서는 문수보살이 세존의 청을 받들어 병문안을 가서 유마와 대화를 나눈다.

문수사리가 말했다.

"거사(居士)여, 고통은 견딜 만합니까? 치료하여 덜합니까, 심하지는 않습니까? 세존께서 만수무강하라고 하셨습니다.

거사여, 이 병은 무엇 때문에 생겼고, 생긴 지 오래 되었다면 어떻게 해야 나을 수 있겠습니까?"

유마힐이 말했다.

"어리석음과 애욕에서 내 병이 생겼습니다. 중생들이 병들어서 나도 병들었습니다. 중생들의 병이 나으면 내 병도 낫습니다. 왜냐하면 보살은 중생을 위해 생사에 들어섰는데, 생사가 있으면 병이 있기 때문입니다. 중생이 병을 떠나면 보살도 병이 없을 겁니다.

비유하면 장자(長子)에게 자식이 하나 있는데, 그 자식이 병들면 부모도 병들고, 자식의 병이 나으면 부모도 낫습니다. 보살도 마찬가지입니다. 모든 중생을 자식처럼 사랑합니다. 중생이 병들면 보살도 병들고, 중생의 병이 나으면 보살도 낫습니다. 이 병은 무엇 때문에 생겼느냐 하면, 보살의 병은 대비(大悲)에서 생깁니다."

제6 〈불사의품(不思議品)〉에서는 시간과 공간을 벗어난 보살행을 설한다.

제7 〈관중생품(觀衆生品)〉에서는 보살이 중생을 어떻게 관찰하고 어떻게 자비를 베푸는가에 대해 설한다.

제8 〈불도품(佛道品)〉에서는 연꽃이 진흙 연못에서 피듯이 불도는 번뇌 속에서 생긴다고 설하고, 보살의 어머니는 지혜이고, 아버지는 방편이라 설한다.

제9 〈입불이법문품(入不二法門品)〉에서는 불이법문, 즉 분별과 대립과 차별과 언어를 떠난 경지에 대해 보살들의 견해를 들으면서 진행되는데, 마침내 유마의 침묵으로 절정에 이른다.

> 이렇게 여러 보살들이 각자 말하고 나자 문수사리에게 물었다.
>
> "어떤 것을 보살이 불이법문에 들어가는 것이라 합니까?"
>
> 문수사리가 말했다.
>
> "모든 현상에 대해 말하거나 설할 것도 없고, 지시하거나 분별할 것도 없어 모든 문답을 떠나는 것이 불이법문에 들어가는 것입니다."
>
> 문수사리가 유마힐에게 물었다.
>
> "우리는 각자 자신의 생각을 말했습니다. 이제는 거사께서 말할 차례입니다. 어떤 것을 보살이 불이법문에 들어가는 것이라 합니까?"
>
> 그때 유마힐은 묵묵히 말이 없었다.
>
> 문수사리가 감탄하면서 말했다.
>
> "훌륭하고 훌륭합니다. 문자와 언어가 없는 것이 참으로 불이법문에 들어가는 것입니다."
>
> 이렇게 〈불이법문품〉을 설했을 때, 그곳에 모인 대중 가운데 5천 명의 보살이 불이법문에 들어가 무생법인(無生法忍)을 얻었다.

궁극의 '그 하나'는 언어로 표현할 수 없다. 왜냐하면 언어 자체가 2분법이어서 '그 하나'를 표현하자마자 둘로 쪼개지기 때문이다. '불이(不二)'는 언어가 미치지 못하고 생각이 끊긴 상태여서 말로 표현할 수 없다. 그래서 세존은 40여 년 동안 한 자(字)도 설하지 않았다고 했고,

유마는 침묵했다.

무생법인은 불생불멸(不生不滅)의 진리를 확실하게 인정하고 거기에 안주하여 마음을 움직이지 않는 경지이다.

제10 〈향적불품(香積佛品)〉에서는 향적불의 나라에서 음식을 가져오게 한다. 그 나라에서는 설법하지 않고 묘한 향으로 삼매를 얻지만 이 나라에서는 갖가지 방편으로 중생을 이끌어야 하는 어려움을 설한다.

제11 〈보살행품〉 이하의 품에서는 세존이 유마의 법문을 다른 측면에서 다시 설한다.

육방예경

재가자의 윤리를 매우 간결하게 설하여 일상생활의 지침을 제시한 것이 《육방예경(六方禮經)》이다. 산문과 운문이 반복되는데, 운문은 그 앞에 설한 산문의 내용을 정리해서 결론지은 것이다.

시가라월(尸迦羅越)이 아버지의 유언에 따라 동·서·남·북·상·하의 6방에 예배하는 것을 본 붓다는, 그런 단순한 예배는 무의미하다고 지적하고, 동방을 부모, 서방을 부부, 남방을 스승, 북방을 친구, 상방을 승려, 하방을 하인이나 고용인에게 각각 할당해서 그러한 사람들을 생각하면서 예배하라고 했다.

주로 세속에서의 이상적인 인간관계를 설하고 있는데, 특히 부부의 관계에서 아내의 위치를 중시하고, 주종(主從)의 관계에서는 하인이나 고용인의 입장을 이해할 것을 설했다. 재가자의 윤리에서는 살생하지 말 것, 주지 않는 것을 가지지 말 것, 남의 아내를 가까이하지 말 것의 네 가지를 지키라고 했다.

지장경

《지장경(地藏經)》의 본이름은 《지장보살본원경(地藏菩薩本願經)》이며, 지장보살이 지옥에서 온갖 고통을 받고 있는 중생들을 구제하기 위해 세운 큰 서원과 지장보살에게 예배하는 공덕을 설한 경이다.

부처님이 문수사리에게 말씀하셨다.

"문수사리야, 지장보살마하살은 말할 수도 없는 오랜 겁 이전에 어떤 장자의 아들로 태어났다. 그때 부처님의 이름은 사자분신구족만행여래(師子奮迅具足萬行如來)였다. 장자의 아들은 부처님의 모습이 천 가지 복으로 장엄되어 있는 것을 보고 그 부처님께 여쭈었다.

'어떤 수행과 서원을 해야 이런 모습을 갖출 수 있습니까?'

사자분신구족만행여래가 장자의 아들에게 말씀하셨다.

'이런 몸을 얻고자 하면 오랫동안 온갖 고통을 받고 있는 중생들을 구제해야 한다.'

문수사리야, 그때 장자의 아들이 서원을 세웠다.

'저는 지금부터 미래세에 헤아릴 수 없는 겁이 다하도록 죄업으로 고통 받고 있는 6도 중생에게 널리 방편을 베풀어 다 해탈시키고 나서 저 자신도 불도를 이루겠습니다.'

그 부처님 앞에서 이런 큰 서원을 세우고, 그때부터 오랜 겁 동안 보살행을 닦았다."

〈地藏經 상권, 忉利天宮神通品〉

그때 세존께서 보광보살(普廣菩薩)과 비구·비구니·우바새·우바이에게 말씀하셨다.

"내가 너희들에게 지장보살이 인간과 천상을 이롭게 하는 복덕에 대해 간략히 말하겠으니 잘 들어라."

보광보살이 말했다.

"예, 세존이시여. 흔쾌히 듣겠습니다."

부처님이 말씀하셨다.

"미래세에 선남자 선여인이 이 지장보살의 이름을 듣고 합장하거나 찬탄하는 이, 예배하는 이, 연모하는 이는 30겁 동안 지은 죄에서 벗어날 것이다.

보광아, 선남자 선여인이 이 보살의 형상을 고운 빛깔로 그리거나 흙·돌·아교·옻나무·금·은·동·철로 이 보살의 형상을 만들어 한 번만이라도 바라보거나 예배하면, 이 사람은 1백 번이나 33천(天)에 태어나고 영원히 악도에 떨어지지 않을 것이다."

〈地藏經 상권, 如來讚歎品〉

부처님이 게송으로 말씀하셨다.

최상의 깨달음을 구하려거나

3계의 고통에서 벗어나려는 이는

대비심을 내어

지장보살상에 예배하면

온갖 소원 속히 성취되고

업장이 끊어져 영영 없어지리라.

〈地藏經 하권, 見聞利益品〉

천수경

관음신앙을 바탕으로 해서 성립된 경으로, 현재 우리나라 사찰에서 독송하고 있는 《천수경(千手經)》은 1900년 이후에 한반도에서 편집된 것이다. 즉, 여러 경전에서 발췌하여 하나의 경으로 엮은 것이다. 내용은 관세음보살의 공덕을 찬탄하고, 그에게 귀의하여 예배하고 참회하며 발원하는 구절과 진언으로 구성되어 있다.

〈정구업진언〉으로 시작하는데, 진언은 주문(呪文)이다. 독송하기 전에 입을 깨끗이 한다는 뜻으로 이 진언을 읊는다.

다음의 〈오방내외안위제신진언(五方內外安慰諸神眞言)〉은 주위의 모든 중생들을 안심시키기 위한 진언이다.

그 다음에는 〈개경게(開經偈)〉가 나오는데, 이것은 경을 펴면서 부처님의 참뜻을 알기를 원하는 게송이고, 〈개법장진언(開法藏眞言)〉은 경을 펴면서 발원하는 진언이다.

다음의 〈천수천안관자재보살 광대원만 무애대비심 대다라니 계청(千手千眼觀自在菩薩 廣大圓滿 無礙大悲心 大陀羅尼 啓請)〉은 관세음보살을 찬탄하고 나서 그에게 경건한 마음으로 발원하는 내용이다. 이 발원에 이어서 여러 보살과 아미타불에게 귀의한다.

그 다음이 〈신묘장구대다라니(神妙章句大陀羅尼)〉인데, 내용의 요점은 다음과 같다.

> 3보와 관세음보살에게 머리를 조아립니다.
> 성스럽고 청정한 관세음보살이시여, 도와주시고 소원이 이루어지게 하소서.
> 바라오니, 탐욕과 분노와 어리석음이 소멸되어 참된 지혜로 피어나게 하소서.
> 관세음보살에게 몸과 마음을 바쳐 믿고 의지하니, 보살펴주시고 소원이 모두 이루어져 큰 기쁨을 얻게 하소서.
> 거듭거듭 간곡히 아룁니다.

이 〈신묘장구대다라니〉를 '천수다라니(千手陀羅尼)' 또는 '대비주(大悲呪)'라고도 한다.

이어서 도량을 청정하게 하는 〈사방찬(四方讚)〉과 〈도량찬(道場讚)〉이 나오고, 다음이 〈참회게(懺悔偈)〉이다. 이 〈참회게〉는 《40화엄경》 제40권에 있는 게송이다.

〈참제업장12존불(懺除業障十二尊佛)〉에서는 12존불을 청하여 열 가지 중죄를 참회하고, 이 참회를 성취하기 위해 〈참회진언(懺悔眞言)〉을 읊는다.

다음에 준제보살(准提菩薩)에 대한 게송이 나오는데, 이 보살은 오랜 과거에 한량없는 부처님을 낳았다고 해서 불모(佛母)라고 한다. 이어서 〈나무7구지불모대준제보살(南無七俱胝佛母大准提菩薩)〉이 나온다. 나무(南無. ⑤

namas)는 '귀의(歸依)한다'는 뜻이고, 구지(俱胝)는 ⑤koṭi를 소리 나는 대로 적은 것으로 '천만(千萬)'을 뜻한다.

　계속해서 〈정법계진언(淨法界眞言)〉과 〈호신진언(護身眞言)〉, 관세음보살의 〈6자대명왕진언(六字大明王眞言)〉을 읊고 나서 〈준제진언(准提眞言)〉으로 들어간다. 이 진언 다음에 준제보살에게 게송으로 발원한다. 이어서 〈10대발원(十大發願)〉과 〈4홍서원(四弘誓願)〉을 한 다음, 3보에 몸과 마음을 바쳐 믿고 의지하는 것으로 끝을 맺는다.

화엄경

본 이름은 《대방광불화엄경(大方廣佛華嚴經)》이다. 60권과 80권, 그리고 40권의 세 가지 번역이 있다. 이 중 40권은 60권과 80권의 마지막에 있는 〈입법계품(入法界品)〉에 해당한다.

《화엄경》은 세존이 비로자나불과 한몸이 되어 광명을 발하면서 침묵으로 일관하고 있고, 보현보살과 문수보살을 비롯한 수많은 보살들이 장엄한 부처의 세계를 온갖 보살행으로 드러내는 형식으로 전개된다.

비로자나는 ⑤vairocana를 소리 나는 대로 적은 것이고, 변조(遍照), 광명변조(光明遍照)라고 번역한다. 비로자나불은 진리 그 자체, 진리를 있는 그대로 드러낸 우주 그 자체를 뜻하는 부처이므로 우주의 모든 현상이 곧 비로자나불이다. 이 비로자나불의 세계를 구체적으로 드러내는 것이 바로 《화엄경》의 보살행이다.

《80화엄》의 제1회에는 보현보살이 삼매에서 나와 부처의 깨달음 경지를 설하고, 제2회에는 문수보살이 신(信)을 설하고, 제3회에는 법혜보살이 10주(住)를, 제4회에는 공덕림보살이 10행(行)을, 제5회에는 금강장보살(金剛藏菩薩)이 10회향(廻向)을, 제6회에는 금강장보살이 10지(地)를 설한다. 제7회에는 등각(等覺)과 묘각(妙覺)을 주로 보현보살이 설하고, 제8회에는 보현보살이 보살행을 총괄하여 설하고, 제9회의 〈입법계품〉에서는 앞에서 설한 부처의 깨달음 경지와 보살행과 최상의 경지를 선재동자(善財童子)가 구체적으로 드러낸다.

이 가운데 10지를 설한 〈10지품〉과 〈입법계품〉을 가장 중요시한다.

10지는 보살이 수행 과정에서 거치는 열 가지 지혜의 경지이다.

> 그때 시방의 모든 부처님이 각각 오른손을 뻗어 금강장보살의 정수리를 쓰다듬으니 금강장보살이 삼매에서 깨어나 보살들에게 말했다.
>
> "불자들이여, 보살마하살의 지혜의 경지에 열 가지가 있으니, 과거·현재·미래의 모든 부처님이 이미 설했고, 지금도 설하고, 앞으로도 설할 것이고, 나도 그렇게 설합니다.
>
> 무엇이 열 가지인가? 하나는 환희지(歡喜地), 둘은 이구지(離垢地), 셋은 발광지(發光地), 넷은 염혜지(焰慧地), 다섯은 난승지(難勝地), 여섯은 현전지(現前地), 일곱은 원행지(遠行地), 여덟은 부동지(不動地), 아홉은 선혜지(善慧地), 열은 법운지(法雲地)입니다."
>
> 〈80華嚴經 제34권, 十地品〉

① 환희지. 선근을 깊이 심고, 자비심을 내고, 열 가지 서원을 일으키고, 보시를 행하여 기쁨이 넘치는 경지이다.

열 가지 서원은 모든 부처님께 공양하고, 부처님의 가르침을 지키고, 설법을 청하고, 모든 바라밀을 닦고, 중생을 교화하고, 세계를 잘 분별하고, 불국토를 청정하게 하고, 항상 보살행을 떠나지 않고, 보살행을 닦아 남에게 이익을 주고, 아뇩다라삼먁삼보리를 이루겠다는 것이다.

② 이구지. 10선도(善道)를 행하고, 계율을 잘 지켜 온갖 번뇌를 떠나는 경지이다.

10선도는 정직한 마음, 부드러운 마음, 참는 마음, 온갖 악행을 다스리는 마음, 고요한 마음, 티 없이 선한 마음, 잡되지 않는 마음, 아쉬워하지 않는 마음, 넓은 마음, 큰마음이다.

③ 발광지. 지혜의 광명이 나타나는 경지이다.

④ 염혜지. 37보리분법을 닦아 지혜가 불꽃처럼 빛나는 경지이다.

⑤ 난승지. 4제를 닦아 누구도 굴복시키지 못하는 경지이다.

⑥ 현전지. 12연기를 관찰하여 모든 지혜가 다 나타나는 경지이다.

> '3계는 오직 한마음인데, 여래께서 여기에서 12연기로 분별하여 설하지만 다 한마음에 의지하여 이렇게 세운 것이다.'
>
> 3계가 마음에 의지해 있고
> 12인연도 그러함을 확실히 알고
> 생사가 다 마음이 지은 것이니
> 마음이 소멸하면 생사도 없네.
>
> 〈80華嚴經 제37권, 十地品〉

⑦ 원행지. 10바라밀을 닦아 광대한 진리의 세계에 이르는 경지이다.

바라밀은 ⑤pāramitā를 소리 나는 대로 적은 것으로, '완성'이라는 뜻이다. 10바라밀은 보살이 이루어야 할 열 가지 완성을 말한다.

· 보시바라밀. 보시를 완전하게 성취함. 보시의 완성.

· 지계바라밀. 계율을 완전하게 지킴. 지계의 완성.

· 인욕바라밀. 인욕을 완전하게 성취함. 인욕의 완성.

· 정진바라밀. 완전한 정진. 정진의 완성.

· 선정바라밀. 완전한 선정. 선정의 완성.

· 지혜바라밀(智慧波羅蜜). 분별과 집착이 끊긴 완전한 지혜를 성취함. 분별과 집착을 떠난 지혜의 완성.

· 방편바라밀(方便波羅蜜). 중생을 구제하기 위한 완전한 방편을 성취함. 방편의 완성.

· 원바라밀(願波羅蜜). 중생을 구제하려는 완전한 서원을 성취함. 서원의 완성.

· 역바라밀(力波羅蜜). 바르게 판단하고 수행하는 완전한 힘을 성취함.

· 지바라밀(智波羅蜜). 중생을 깨달음으로 인도하는 완전한 지혜를 성취함.

이 가운데 지혜바라밀과 지바라밀의 차이는, 전자는 온갖 분별이 끊긴 상태인 반면, 후자는 온갖 분별이 끊긴 경지에 이른 후에 삶 속에서 다시 차별 현상을 있는 그대로 알고 실천하면서 중생을 깨달음으로 인도하는 지혜라는 것이다. 후자를 유식학에서는 무분별지(無分別智)에 이른 후에 얻는 지혜라고 해서 무분별후득지(無分別後得智)라고 한다.

⑧ 부동지. 불생불멸의 진리를 확실하게 인정하고 거기에 안주하여 마음을 움직이지 않는 무생법인을 성취하는 경지이다.

"모든 마음 작용으로 분별하는 생각을 떠나 허공 같아 집착이 없고, 모든 현상의 허공 같은 성품에 들어가니, 이를 무생법인이라 합니다.

불자여, 보살이 이 인(忍)을 성취하면 곧바로 제8 부동지에 들어가 깊이 행하는 보살이 되는데, 알기 어렵고, 차별이 없고, 온갖 모습과 생각과 집착을 떠나고, 한량없고, 끝없고, 모든 성문과 벽지불이 미칠 수 없고, 온갖 시끄러운 다툼을 떠나 적멸이 눈앞에 나타납니다."

〈80華嚴經 제37권, 十地品〉

⑨ 선혜지. 4무애지(無礙智)를 성취하여 자유자재한 지혜로 두루 가르침을 설하는 경지이다.

"불자여, 보살이 이 선혜지에 머물러 큰 법사가 되어 법사의 행을 갖추고, 여래의 많은 가르침을 잘 지키고, 한량없는 방편의 지혜로 4무애지를 일으켜 보살의 말로 가르침을 설합니다.

이 보살은 항상 4무애지에 따라 나아가고 그것을 잠시도 버리지 않습니다. 무엇이 네 가지인가? 그것은 가르침에 걸림 없는 지혜[法無礙智], 뜻에 걸림 없는 지혜[義無礙智], 말에 걸림 없는 지혜[辭無礙智], 바라는 대로 설하는 걸림 없는 지혜[樂說無礙智]입니다.

이 보살은 가르침에 걸림 없는 지혜로 모든 가르침의 특징을 알고, 뜻에 걸림 없는 지혜로 모든 가르침의 차이를 알고, 말에 걸림 없는 지혜로 착오 없이 설하고, 바라는 대로 설하는 걸림 없는 지혜로 끊기지 않고 한량없이 설합니다."

〈80華嚴經 제38권, 十地品〉

⑩ 법운지. 지혜의 구름이 두루 진리의 비를 내리는 경지이다.

"불자여, 이 경지의 보살은 자기의 원력으로 대비의 구름을 일으키고, 큰 가르침의 천둥을 치고, 환히 밝고 두려움 없음을 번갯불로 삼고, 복덕과 지혜를 빽빽한 구름으로 삼고, 갖가지 몸을 나타내어 두루 돌아다니고, 한 찰나에 시방의 백천억 나유타 세계의 티끌 수만큼 많은 국토에 두루 있으면서 큰 가르침을 설하여 악마와 원수를 굴복시킵니다. 또 이 수를 넘어서는 한량없는 백천억 나유타 세계의 티끌 수만큼 많은 국토에서 중생들의 마음이 좋아하는 것에 따라 감로의 비를 내려 중생들의 번뇌의 먼지와 불꽃을 소멸시킵니다. 그래서 이 경지를 법운지라고 합니다."

초지는 서원, 2지는 지계(持戒)

3지는 공덕, 4지는 전일(專一)

5지는 미묘, 6지는 심심(甚深)

7지는 넓고 큰 지혜, 8지는 장엄

9지에는 미묘한 뜻을 생각하여

모든 세간의 도를 넘어서고

10지에는 모든 부처님의 가르침을 받아 지니니

이러한 수행 바다 끝내 마르지 않네.

〈80華嚴經 제38권, 十地品〉

〈입법계품〉은 문수보살에 의해 발심한 선재동자가 보살의 가르침대로 53선지식을 찾아가서 보살도를 배우고, 보현보살의 서원과 수행을 성취하여 진리의 세계, 즉 법계에 들어간다는 줄거리이다.

그때 문수사리보살이 코끼리처럼 돌아서서 선재동자에게 말했다.

"훌륭하고 훌륭하다. 선남자야, 그대가 이미 아뇩다라삼먁삼보리심을 내었고, 또 선지식들을 가까이 모시면서 보살행을 묻고 보살도를 닦으려

하는구나.

선남자야, 선지식들을 가까이 모시면서 공양하는 것이 모든 것을 꿰뚫어 아는 지혜를 갖추는 최초의 인연이니, 이 일에 힘들어하거나 싫증내지 마라."

〈80華嚴經 제62권, 入法界品〉

그러고는 문수보살의 가르침에 따라 덕운(德雲) 비구를 시작으로 하여 마지막에 보현보살을 만나 진리의 세계에 들어간다.

그때에 이르러 선재동자가 보현보살의 온갖 수행과 서원 바다를 차례로 얻어 보현보살과 같아지고 모든 부처님과 같아져서, 한 몸이 모든 세계에 충만하여 나라도 같고, 행도 같고, 바른 깨달음도 같고, 신통도 같고, 법륜도 같고, 뛰어난 말솜씨도 같고, 말도 같고, 음성도 같고, 힘과 두려움 없음도 같고, 머무는 곳도 같고, 대비도 같고, 불가사의한 해탈과 자재함도 모두 같았다.

〈80華嚴經 제80권, 入法界品〉

마음은 화가와 같아
갖가지 5음을 그려내나니
모든 세계에서
지어내지 못하는 게 없네.

마음과 같이 부처도 그러하고
부처와 같이 중생도 그러하여

마음과 부처와 중생

이 셋은 차별이 없네.

모든 것은 마음 따라 변하는 줄

모든 부처는 다 깨달아 아시나니

누구나 이렇게 분명히 알면

그 사람은 부처를 보리라.

마음은 몸이 아니고

몸도 마음은 아니나

온갖 불사(佛事)를 지으니

그 자재함은 가늠할 수 없네.

누구나 과거·현재·미래의

모든 부처를 알고자 하거든

마음이 모든 여래를 지어냈다고

관해야 하리.

〈60華嚴經 제10권, 夜摩天宮菩薩說偈品〉

제9장

—

간추린
한국 불교사

삼국시대

고구려

고구려에 불교가 전래된 시기는 공식적인 기록에 따르면 372년(소수림왕 2)이다. 전진의 왕 부견이 승려 순도(順道)를 시켜 불상과 불경을 전했다.

374년에는 승려 아도(阿道)가 왔다. 왕은 이듬해 초문사를 지어 순도를 머물게 하고, 이불란사를 지어 아도를 머물게 했다.

391년(광개토왕 1)에 왕이 "불법을 믿어 복을 구하라"고 하교했고, 이어 광개토왕은 즉위 2년에 평양에 아홉 개의 절을 지었다.

396년경에는 동진(東晉)에서 담시(曇始)가 수십 종의 불경을 가지고 와서 10여 년 동안 불교를 전파하고 돌아갔다.

장수왕(413~491) 때 유송에 간 승랑(僧朗)은 그곳에서 삼론학(三論學)을 연구하여 체계를 세웠고, 500년에는 강소성 섭산(攝山) 서하사(棲霞寺)의 주지가 되었다. 그의 명성을 들은 양 무제는 512년에 우수한 학승(學僧)

10명을 뽑아 그의 가르침을 받도록 했다.

삼론(三論)은 용수의 《중론》과 《십이문론》, 제바(提婆)의 《백론》을 가리키는데, 모두 공(空)에 대한 저술이다.

평원왕(559~590) 때 일본에 간 혜편(惠便)은 선신(善信)·선장(禪藏)·혜선(惠善)의 세 비구니를 배출했는데, 이들이 일본 최초의 비구니이다.

595년(영양왕 6) 일본에 간 혜자(惠慈)는 성덕태자(聖德太子)의 스승이 되었고, 담징(曇徵, 579~631)은 610년에 일본에 가서 채색과 공예를 가르치고, 종이·먹 등의 제작 방법을 전했다. 그는 법륭사(法隆寺)에 머물면서 오경(五經)과 불법(佛法)을 강의하고, 금당의 벽화를 그렸다. 625년(영류왕 8)에 일본에 간 혜관(惠灌)은 백제의 승려 관륵(觀勒)의 뒤를 이어 제2대 승정(僧正 : 승려의 최고 지위)이 되었고, 삼론학을 전하여 일본 삼론종(三論宗)의 개조가 되었다. 그리고 혜량(惠亮)은 551년(진흥왕 12) 신라에 가서 신라 최초의 승통(僧統 : 승려의 최고 지위)이 되었다.

백제

고구려보다 12년 뒤 384년(침류왕 1)에 인도의 승려 마라난타(摩羅難陀)가 동진을 거쳐 백제에 오면서 공식적으로 불교가 전해졌다. 왕은 이듬해 경기도 광주 남한산에 처음으로 절을 지으니, 10여 명이 출가하여 승려가 되었다.

그 후 392년(아신왕 1)에 왕은 "불법을 믿어 복을 구하라"고 하교했다.

526년(성왕 4)에 인도에 유학 갔던 겸익(謙益)이 범본 논서와 율부(律部)를 가지고 인도의 승려 배달다(倍達多)와 함께 귀국했다. 왕은 우수한 승려 28명을 모아 겸익과 함께 그것을 번역하게 했는데, 율부 72권이 번역되자 담욱(曇旭)과 혜인(惠仁) 두 승려가 그에 대한 주석서 36권을 저술했다.

552년(성왕 30)에는 불상과 경론을, 577년(위덕왕 24)에는 불경과 율사(律師)를 일본에 보냈다.

602년(무왕 3)에는 삼론에 정통한 관륵이 천문(天文)과 지리(地理)에 관한 책과 역서(曆書) 등을 일본에 전했고, 그는 일본 최초의 승정이 되었다.

신라

눌지왕(417~458) 때 고구려의 묵호자(墨胡子)가 불교를 전했다. 그 후 법흥왕(514~540)은 불교를 수용하려 했으나 고유 신앙을 받들던 귀족들의 반대로 실패했다. 그러나 불교로써 왕권을 확립하려 했던 법흥왕은 527년(법흥왕 14)에 이차돈(異次頓. 506~527)의 순교를 계기로 불교를 배척하던 귀족들의 세력을 누르고 불교를 공인했다. 이차돈은 법흥왕의 신하로, 신라 최초로 흥륜사(興輪寺)를 지으려고 할 때 귀족들의 반대에 부딪치자 순교했다. 흥륜사는 535년(법흥왕 22)에 착공해서 544년(진흥왕 5)에 완공했다.

흥륜사의 완공과 더불어 출가를 국법으로 허락했고, 549년에는 양에 유학 갔던 각덕(覺德)이 불사리를 가지고 귀국했다. 551년에는 승통 혜량이 처음으로 백좌강회(百座講會)와 팔관회(八關會)를 개최했다.

백좌강회는 100명의 고승들을 초청해서 왕실과 나라의 안녕을 기원하는 호국 법회였기 때문에 호국의 방법을 설한 《인왕반야경(仁王般

若經》)을 주로 강설하거나 독송했고, 팔관회는 전사한 병사의 명복이나 나라의 안녕과 번영을 토속신이나 부처에게 기원하는 행사였다.

565년(진흥왕 26)에는 진(陳)에 유학 갔던 명관(明觀)이 1천7백여 권의 경론을 가지고 돌아왔다.

569년에는 신라 최대의 사찰인 황룡사가 완성되었고, 그곳에 금동 장륙상(金銅丈六像)을 봉안하고 9층목탑을 건립했다.

원광(圓光, ?~630)은 589년(진평왕 11)에 진에 가서 《열반경》·《성실론》·《섭대승론》 등을 배우고, 600년에 귀국하여 대승경전을 강의하고 점찰법회(占察法會)를 개최했는데, 이 법회는 《점찰선악업보경(占察善惡業報經)》에 의거해서 많은 선악의 종류를 적은 여러 개의 나무 조각을 던져 점(占)을 쳐서 전생에 지은 잘못을 참회하는 모임이다.

안홍(安弘, 579~640)은 601년(진평왕 23)에 수(隋)에 가서 대흥성사(大興聖寺)에 머물면서 경론을 두루 섭렵하고, 605년에 귀국해서 신라에 처음으로 밀교를 전했다.

자장(慈藏)은 636년(선덕여왕 5)에 당에 가서 유학하고 643년에 귀국하면서 대장경 4백여 함(函)과 불사리 등을 가지고 왔다. 그는 분황사와 황룡사에 머물면서 《대승론(大乘論)》과 《보살계본》을 강의했고, 왕은 그를 대국통(大國統)에 임명하여 교단의 질서를 확립토록 했다. 황룡사에 9층탑을 세울 것을 건의하여 645년에 완성했고, 646년에는 통도사를 창건하고 금강계단을 건립했다.

통일신라시대

특징

신라는 당과 연합하여 660년(무열왕 7)에 백제를, 668년(문무왕 8)에는 고구려를 멸망시켰고, 그 후 당의 세력마저 몰아내어 한반도를 통일했다.

삼국시대까지 왕실과 귀족을 중심으로 전개된 불교는 통일신라시대부터 민족의 고유 신앙과 결합하면서 민중 속으로 퍼졌다.

원효(元曉, 617~686)는 일심과 화쟁(和諍) 그리고 걸림 없는 무애(無礙)를 제창했고, 665년(문무왕 5)에 당에서 귀국한 혜통(惠通)은 밀교를 전했다. 671년에 당에서 귀국한 의상(義湘, 625~702)은 676년에 부석사를 창건하고 화엄을 널리 전파하여 해동화엄 초조(初祖)가 되었다.

승전(勝詮)은 당에 가서 현수 법장에게 화엄학을 배우고, 692년(효소왕 1)에 귀국하면서 현수가 의상에게 보내는 편지와 그의 저술 7종 29권을 가지고 왔다.

성덕왕(702~737) 때에는 봉덕사를 건립하여 나라와 백성의 안녕과 번영을 기원하는 인왕도량^(仁王道場)을 베풀었고, 751년^(경덕왕 10)에는 김대성이 불국사와 석굴암을 창건했다.

755년에는 분황사에 약사여래를 조성했는데, 약사여래는 지극한 마음으로 그에게 예배하면 모든 질병과 가난을 없애준다는 여래이다. 이당시는 여러 불보살을 한꺼번에 믿고 예배하는 신앙 형태여서, 약사여래·아미타불·미륵불·석가모니불을 사방불^(四方佛)로 사유하여 신봉하는 사방불 신앙도 나타났다.

또 경덕왕 때에는 왕실이나 귀족들을 위한 사찰 건립이 성행했는데, 이런 사찰을 원당^(願堂)이라 한다. 특히 왕실 원당에는 관리를 담당하는 관청을 설치하거나 나라에서 관료를 파견했고, 사천왕사·봉성사^(奉德寺)·감은사 등 주요 사찰에는 성전^(成典)이라는 관청을 설치했다. 이것은 고려시대에도 계속되었다. 그리고 진표^(眞表)는 점찰법회를 자주 개최했고, 태현^(太賢)은 유식학에 정통하여 《성유식론학기^(成唯識論學記)》를 저술했다.

그러나 혜공왕^(765~780) 이후부터 불교는 점차 쇠퇴했다. 그런 가운데 830년^(흥덕왕 5)에 당에서 진감^(眞鑑, 774~850)이 귀국하여 쌍계사를 중심으로 선법^(禪法)을 전파했다.

9세기로 접어들면서 수용되기 시작한 선^(禪)은 통일신라 불교에 활력을 주었다. 선은 이미 진덕여왕^(647~654) 무렵에 법랑^(法朗)이 중국 선종 제4조 도신의 선법을 전래했고, 이어서 신행^(神行, 704~779)이 신수^(神秀, ?~706)의 북종선을 전래했으나 수용되지는 못했다.

선이 신라에서 성행하게 된 것은 마조 문하의 선법을 지장으로부터 전해 받은 도의^(道義)와 홍척^(洪陟)이 각각 821년과 826년에 귀국한 이후의 일이다. 그 후 당에서 조사선을 전해 받은 유학승들이 귀국하여 선사찰(禪寺刹)을 건립했다.

고승들의 교학 연구

원효

617~686. 경북 경산 출신으로 성(姓)은 설(薛), 이름은 서당(誓幢) 또는 신당(新幢)이다.

15세 전후에 출가하고, 34세 때 의상과 함께 유학하기 위해 당으로 가다가 요동에서 고구려의 순찰병에게 붙잡혀 실패했다. 그 후 45세 때 의상과 함께 바닷길로 당에 가기 위해 부두로 가는 도중에 날이 어두워져 땅굴에서 하룻밤을 자게 되었다. 이튿날 깨어 보니, 그곳은 땅굴이 아니라 오래된 무덤이었다. 비가 내려 그들은 그곳에서 또 하룻밤을 자게 되었는데, 원효는 무덤 속이라는 생각 때문에 잠을 이룰 수가 없었다. 그때 원효는 유심을 깨달았다.

> 마음이 일어나므로 갖가지 현상이 일어나고, 마음이 없어지니 땅굴과 무덤이 둘이 아니다.
> 모든 것은 오직 마음이다.
> 마음밖에 아무 것도 없는데, 어찌 다른 데서 구하겠는가.
>
> 〈宋高僧傳 제4권, 義湘傳〉

원효는 곧바로 돌아와 저술에 몰두했는데, 그의 저술은 총 77부 149권이고, 그 가운데 23부 30권이 현존한다.

원효의 사상은 《대승기신론소기회본(大乘起信論疏記會本)》과 《금강삼매경론(金剛三昧經論)》, 그리고 《화엄경》에 대한 단편적인 주석에서 그 골격을 찾을 수 있다. 먼저 원효는 대승불교의 2대 주류인 중관과 유식을 비판했다.

> 중관파의 《중관론(中觀論)》과 《십이문론》 등은 모든 집착을 다 논파하고 논파 자체도 논파하여, 논파하는 주체와 논파하는 대상을 다 인정하지 않으니, 이는 논파하는 방면으로만 치달아 두루 미치지 않는 이론이다. 유식학파의 《유가사지론》과 《섭대승론》 등은 깊고 얕은 이론들을 모두 인정해서 법문을 판별했으나 자신들이 인정한 교법을 충분히 소화해내지 못했으니, 이는 주기만 하고 빼앗지 못하는 이론이다.
>
> 〈大乘起信論疏記會本 제1권, 別記〉

중관은 부정에만 집착해서 긍정을 전혀 인정하지 않는 이론으로 분별을 깨뜨릴 수는 있지만 발생의 능력이 없고, 유식은 긍정에만 집착해서 부정을 전혀 인정하지 않는 이론으로 발생의 능력은 있지만 분별을 깨뜨릴 수 없는 이론이라는 것이다.

원효는 이 둘의 결함을 일심으로 해결했다. 중관과 유식이 대립적이라 해도 그 대상은 다 '마음'이다. 중관이 의지한 것도 마음이고, 유식이 의지한 것도 마음이다. 따라서 일심에 의해 두 체계가 있는 것이다. 《기신론》은 일심에 대해 다음과 같이 기술했다.

> 일심에 의해 두 가지 문이 있다.
> 하나는 심진여문(心眞如門)이고, 둘은 심생멸문(心生滅門)이다.

이 두 문은 서로 떨어지지 않기 때문에 각각 일체를 포섭한다.

〈大乘起信論疏記會本 제1권〉

원효는 일심에는 두 측면, 즉 진여문과 생멸문이 있는데, 발생과 소멸과 차별이 없는 본질적인 측면인 진여문은 중관에, 발생과 소멸과 차별이 있는 현상적인 측면인 생멸문은 유식에 해당된다 하고, 진여문과 생멸문의 관계를 '하나이면서 둘이고, 둘이면서 하나이다'라고 했다. 즉, 두 문은 서로 떨어지지 않는 관계로 구성되어 있고, 상호간의 작용으로 역동적인 대승의 경지가 전개된다는 것이다. 오랫동안 대립해오던 중관과 유식이 《기신론》에 이르러 비로소 일심으로 통일된다고 했다.

두 문이 이러한데 어찌해서 일심이라 하는가?

더러움과 깨끗함은 그 본성이 둘일 수 없고, 진여문과 생멸문은 다를 수 없기 때문에 '일(一)'이라 한다. 이 둘이 없는 경지가 모든 법 가운데 가장 진실하다. 그러나 허공과 같지 않아 본성이 스스로 묘하게 알기 때문에 '심(心)'이라 한다.

이미 둘이 없는데 어찌 '하나'가 있겠는가. '하나'도 없는데 무엇을 '마음'이라 하겠는가.

이 도리는 말과 생각을 떠났기에 무엇이라 해야 할지 몰라 억지로 '일심'이라 한다.

〈大乘起信論疏記會本 제1권, 疏〉

중관과 유식이 일심이고, 일심이 중관과 유식이다. 원효는 모든 현상의 양면성을 인정하여 긍정과 부정, 모순이나 대립, 상반되는 두 측면을 역동적으로 파악함으로써 한 체계 속에서 원만하게 융합시키는 그의 독특한 화쟁의 논리로 중관과 유식을 일심 속에서 서로 보완했다.

이러한 일심이문(一心二門)의 체계를 바탕으로 해서 그 실천행을 서술한 것이 《금강삼매경론》이다. 이 저술의 원래 명칭은 《금강삼매경소(金剛三昧經疏)》였는데 중국에 전해졌을 때, 역경가(譯經家)들이 논(論)으로 고쳤다고 한다. 인도에서 제작되지 않은 문헌을 논이라 한 것은 처음 있는 일로, 그만큼 원효의 이 저술을 높이 평가한 것이다.

원효는 《금강삼매경》의 요점을 '일미관행(一味觀行)'으로 보았다. 일미는 대상과 그것의 이치를 명료하게 판단하는 주관은 둘이 아니라 하나라는 뜻이고, 관행은 마음의 본성을 통찰하는 수행이다.

원효는 《금강삼매경》을 실천적인 관행을 설한 것으로 보고, 그 관행의 바탕을 《기신론》의 체계로 파악한 것이다. 즉, 《기신론》이 중관과 유식의 이론적 문제를 타개한 논서라면, 《금강삼매경》은 그 이론에 입각한 수행이라는 것이다.

그는 진여문과 생멸문이 일심에서 화합해서 3대(大), 즉 체(體 : 본성)·상(相 : 현상)·용(用 : 작용)이 융합하고, 모든 분별이 끊겨 걸림 없이 약동하는 경지가 대승의 근본 바탕이고, 그것을 《화엄경》의 세계로 보았다.

원효의 《화엄경》에 대한 견해는 그의 4교판에서 찾아볼 수 있다. 교판이란 자신 또는 자신이 소속된 종파의 입장에서, 방대한 경전의 가르침을 설한 형식, 순서, 내용의 우열 등에 따라 분류한 것이다. 그의 교판은 다음과 같다.

① 3승별교. 4제와 연기의 가르침.

② 3승통교.《반야경》·《해심밀경》의 가르침.

③ 1승분교.《영락경》·《범망경》의 가르침.

④ 1승만교.《화엄경》의 가르침.

그런데 원효는 ①의 별교와 ②의 통교를 나누는 기준을 '법(法)도 공(空)이다'라고 하느냐 안 하느냐에, ③의 분교와 ④의 만교를 구별하는 기준을 '보법'에 두었다. 그는 이 보법을 서로 걸림 없는 관계 속에서 의존하고, 서로를 받아들이고 서로를 비추면서 융합하는《화엄경》의 세계라고 했다.

신라의 표원(表員)은《화엄경문의요결문답(華嚴經文義要決問答)》제2권 〈보법의(普法義)〉에서 원효의 보법을 다음과 같이 설명했다.

> 지극히 큰 것은 밖이 있을 수 없고, 밖이 없는 것은 안이 있을 수 없다, 지극히 작은 것은 안이 있을 수 없고, 안이 없는 것은 밖이 있을 수 없다. 그러므로 지극히 큰 것과 지극히 작은 것은 같고, 같으므로 서로 걸림 없이 융합한다.

이와 같이 원효는《화엄경》의 핵심을 보법으로 보고, 이 경을 '원만하면서 가장 뛰어나고, 단박에 깨치게 하는 법문'이라 했다. 이것이 1승만교이다. 이러한 독창적인 화엄사상을 그는 많은 저술을 통해 전개했고, 만년에는 걸림 없고 자유자재한 행동으로 대중 교화에 전념했다.

그는 요석공주(瑤石公主)와의 사이에서 설총(薛聰)이 태어나자 환속하여 이름을 소성거사(小性居士)로 바꾸고, '어떤 것에도 걸림 없는 사람은 단박에 생사를 벗어난다[一切無礙人 一道出生死]'는《화엄경》의 구절을 새긴 표주박을 두드리면서 노래와 춤으로 불법을 전파했다고 한다.

의상

625~702. 15세 전후에 경주 황복사(皇福寺)에 출가하고, 37세에 귀국하는 사신의 배를 타고 당에 가서 장안(長安) 종남산(終南山) 지상사(至相寺)의 지엄 문하에서 10년 동안 화엄학을 배우고 671년에 귀국했다.

지엄은 중국 화엄종 제2조이다. 그의 문하에는 의상과 현수 법장이 뛰어났는데, 의상이 귀국한 후 현수는 692년에 귀국하는 승전(勝詮) 편에 자신의 서신과 함께 저술 7종 29권을 보내어 '상세히 검토하여 가르침을 줄 것'을 청했다. 의상은 그 저술을 검토한 후 제자들에게 나누어 주고 배우게 했다. 현수는 지엄이 입적한 후 화엄종 제3조가 된 인물이다.

의상의 사상은 《화엄일승법계도(華嚴一乘法界圖)》에 압축되어 있다. 이 《법계도》는 지엄의 문하에 있을 때인 668년에 지은 것으로, 화엄학의 핵심을 7언(言) 30구(句)[210字]의 게송으로 요약하여 사각인(四角印) 속에 새겨 넣은 것이다.

그것은 다음과 같다.

법성원융무이상(法性圓融無二相) 본성은 원융하여 두 모습 없고

제법부동본래적(諸法不動本來寂) 모든 현상은 부동하여 본래 고요하다.

무명무상절일체(無名無相絶一切) 이름도 없고 모습도 없고 일체가 끊겨

증지소지비여경(證智所知非餘境) 깨달음의 지혜로 알 바이고 다른 경지가 아니다.

진성심심극미묘(眞性甚深極微妙) 진실한 성품은 매우 깊고 지극히 미묘해

화엄일승법계도

```
一 ― 微 ― 塵 ― 中 ― 含 ― 十    初 ― 發 ― 心 ― 時 ― 便 ― 正 ― 覺 ― 生 ― 死
│                       │    │                                   │
一   量 ― 無 ― 是 ― 即   方    成    益 ― 寶 ― 雨 ― 議 ― 思 ― 不 ― 意   涅
│   │           │       │    │    │                       │    │
即   劫   遠 ― 劫   念   一   別    生    佛 ― 普 ― 賢 ― 大 ― 人   如   般
│   │   │       │   │       │    │    │               │    │    │
多   九   量 ― 即 ― 一   切   隔    滿   十    海   人 ― 能 ― 境   出   常
│   │           │       │    │         │    │           │    │    │
切   世   無 ― 一 ― 念   塵   亂    虛   別    印 ― 三 ― 昧 ― 中 ― 繁   共
│   │   │           │    │         │         │                    │
一   十   是 ― 如 ― 亦 ― 中   雜    空   分 ― 無 ― 然 ― 冥 ― 事 ― 理 ― 和
│   │                        │    │                                 │
即   世 ― 互 ― 相 ― 即 ― 仍 ― 不   衆 ― 生 ― 隨 ― 器 ― 得 ― 利 ― 益 ― 是
│                                                                    │
一   相 ― 二 ― 無 ― 融 ― 圓 ― 性 ― 法   叵 ― 際 ― 本 ― 還 ― 者 ― 行 ― 故
│   │                            │    │                            │
一   諸   智 ― 所 ― 知 ― 非 ― 餘   佛   息 ― 盡 ― 寶 ― 莊 ― 嚴 ― 法 ― 界
│   │                        │    │                                 │
中   法   證   甚 ― 性 ― 眞 ― 境   爲   妄   無   隨 ― 家 ― 歸 ― 意   實
│   │   │                    │    │    │    │               │    │
多   不   切   深 ― 極 ― 微 ― 妙   名   想   尼   分 ― 得 ― 資   如   寶
│   │   │                    │    │    │    │           │    │    │
切   動   一 ― 絕 ― 相 ― 無   不   動   必   羅 ― 多 ― 以 ― 糧   捉   殿
│   │                   │    │    │    │                   │    │
一   本 ― 來 ― 寂 ― 無 ― 明   守   不   不 ― 得 ― 無 ― 緣 ― 善 ― 巧   窮
│                            │                                      │
中 ― 一 ― 性 ― 緣 ― 隨 ― 性 ― 自   來 ― 舊 ― 床 ― 道 ― 中 ― 際 ― 實 ― 坐
```

불수자성수연성(不守自性隨緣成) 고유한 실체를 갖지 않고 인연 따라 이룬다.

일중일체다중일(一中一切多中一) 하나 속에 일체가 있고 많음 속에 하나가
있고

일즉일체다즉일(一卽一切多卽一) 하나가 곧 일체이고 많음이 곧 하나이다.

일미진중함시방(一微塵中含十方) 한 티끌 속에 시방이 담겨 있고

일체진중역여시(一切塵中亦如是) 모든 티끌 속도 그러하다.

무량원겁즉일념(無量遠劫卽一念) 한량없이 먼 겁이 곧 한 생각이고

일념즉시무량겁(一念卽是無量劫) 한 생각이 곧 한량없는 겁이다.

구세십세호상즉(九世十世互相卽) 9세와 10세가 서로 걸림 없으면서도

잉불잡난격별성(仍不雜亂隔別成) 뒤얽히지 않고 뚜렷이 구별을 이룬다.

초발심시변정각(初發心時便正覺) 처음 발심할 때가 문득 바른 깨달음이고

생사열반상공화(生死涅槃常共和) 생사와 열반이 항상 함께한다.

이사명연무분별(理事冥然無分別) 본체와 현상이 그윽하여 분별없으니

십불보현대인경(十佛普賢大人境) 10불과 보현의 대인 경지이다.

능입해인삼매중(能入海印三昧中) 해인삼매에 들어가니

번출여의불사의(繁出如意不思議) 자재와 불가사의가 쏟아져 나와

우보익생만허공(雨寶益生滿虛空) 중생 위해 가르침의 비로 허공을 채우니

중생수기득리익(衆生隨器得利益) 중생은 그릇 따라 이익 얻는다.

시고행자환본제(是故行者還本際) 그러므로 수행자는 근본으로 돌아가

파식망상필부득(叵息妄想必不得) 망상을 쉬지 않을 수 없고

무연선교착여의(無緣善巧捉如意) 분별없는 교묘한 방편을 자재하게 잡아

귀가수분득자량(歸家隨分得資糧) 근원으로 돌아가 분수 따라 공덕 얻는다.

이타라니무진보(以陀羅尼無盡寶) 다라니의 한량없는 보배로

장엄법계실보전(莊嚴法界實寶殿) 법계의 진실한 보배 궁전 꾸며

궁좌실제중도상(窮坐實際中道床) 마침내 실제의 중도 자리에 앉아

구래부동명위불(舊來不動名爲佛) 예부터 부동함을 부처라 한다.

《화엄일승법계도》는 《화엄경》과 《십지경론(十地經論)》에 근거해서 지엄의 방대한 화엄학을 요약하고 체계화한 것이다. 이는 인도의 세친이 미륵과 무착의 방대한 유식학을 《유식삼십론송》으로 정리한 것과 같은 의도이다. 또 밀교에서 실제 수행에 활용하기 위해 깨달음의 세계를 그림으로 나타낸 만다라와 같이, 의상은 화엄의 법계연기를 《법계도》로 정리하여 화엄학을 실천으로 연결시키고자 했다. 의상은 이 《법계도》를 676년에 창건한 부석사에서 널리 전파했다. 그래서 부석사를 '해동화엄종찰(海東華嚴宗刹)'이라 하고, 의상을 '해동의 화엄초조(華嚴初祖)'라고 한다.

의상은 676년에 낙산사를 창건하여 관음도량(觀音道場)을 열고, 《백화도량발원문(白花道場發願文)》을 지어 그의 관음신앙을 간결히 서술했다.

백화도량발원문

머리 숙여 귀의하옵고,

저의 본래 스승이신 관세음보살의 거울 같은 청정한 지혜를 관찰하오며,

또한 제자의 본래 청정한 성품을 관찰합니다.

(스승과 제자는) 한몸으로 같아 청정하며 밝고, 시방에 두루 하여 확 트이고 텅 비었으니, 중생이니 부처니 할 모습 따로 없고, 귀의하는 주체니 대상이니 할 것도 없습니다.

이렇게 이미 밝고 깨끗하여 비춤에 어긋남이 없어서 삼라만상 가운데

홀연히 나타납니다.

스승의 수월(水月) 장엄과 한량없는 모습,

제자의 헛된 몸과 번뇌에 물든 육신 사이에는

국토와 몸, 깨끗함과 더러움, 괴로움과 즐거움이 같지 않습니다.

그렇지만 모두 거울 같은 청정한 지혜를 떠나지 않습니다.

이제 관세음보살의 거울 속에 있는 제자의 몸으로

제자의 거울 속에 계신 관세음보살께 몸과 마음을 바쳐 절하옵고

진실한 원을 세웠으니 가피를 내려주소서.

오로지 원하옵건대

제자는 세세생생 관세음보살을 부르며 스승으로 모시겠습니다.

보살께서 아미타불을 머리에 이고 계시듯이,

저 또한 관세음보살을 머리에 이고 다녀,

10원(願)6향(向)과 천수천안과 대자대비가 관세음보살과 같아지고,

몸을 버리는 이 세상과 몸을 받는 저 세상에서 머무는 곳마다

그림자가 물체를 따르듯이 언제나 설법을 듣고 교화를 돕겠습니다.

온 누리의 모든 중생들에게

대비주를 외우게 하고

관세음보살의 이름을 부르게 하여

다함께 원통삼매의 성품 바다에 들게 하소서.

또 원하옵건대

제자가 이 생의 목숨을 다할 때에는

보살께서 빛을 놓아 인도해주셔서

모든 두려움에서 벗어나 몸과 마음이 쾌적하고

한 찰나에 백화도량에 왕생하여

여러 보살과 함께 정법을 듣고 진리의 흐름에 들어

생각마다 밝아져서 여래의 큰 지혜를 일으키게 하소서.

원을 세웠으니

관세음보살께 몸과 마음을 바쳐 절하옵니다.

관세음보살은 아미타불의 좌보처(左補處)이다. 그 보살상의 보관(寶冠)에 아미타불이 새겨져 있는데, 그것을 위의 글에서 '보살께서 아미타불을 머리에 이고 계시듯'이라고 했다.

10원은 모든 가르침을 알고, 지혜의 눈을 얻고, 모든 중생을 제도하고, 좋은 방편을 얻고, 지혜의 배에 타고, 괴로움의 바다를 건너고, 계율과 선정을 이루고, 열반의 산에 오르고, 무분별의 집에 들고, 진리의 몸을 이루려는 서원이다.

6향은 칼산지옥이 무너지고, 화탕지옥이 마르고, 지옥이 소멸되고, 아귀들이 배부르고, 아수라들의 악한 마음이 굴복되고, 축생들이 지혜를 이루기를 바라는 것이다. 6향은 4악도(惡道), 즉 지옥·아귀·아수라·축생의 중생을 구제하려는 서원이다.

의상의 화엄학에 아미타불과 관음이 깃들어 있는 것은, 그가 자신의 화엄학에 그 당시 널리 전파되어 있던 아미타불과 관음을 흡수하여 서민적이고 실천적인 화엄교단을 결성하려 했기 때문일 것이다. 왜냐하면 화엄학의 체계는 너무나 방대하고 추상적이어서 일반 대중이 접근하기 힘들기 때문이다. 이는 의상이 융합한 화엄학의 특징이라 할 수 있다.

이러한 의상의 화엄학은 그의 제자 오진(悟眞)·지통(智通)·표훈(表訓)·진정(眞定)·양원(良圓) 등에게 계승되었고, 태백산 부석사·원주 비마라사(毘摩羅寺)·가야산 해인사·청도 비슬산 옥천사·금정산 범어사·지리산 화엄사 등 소위 '화엄십찰(華嚴十刹)'이 건립되면서 널리 전파되었다.

원측

613~696. 15세에 당에 가서 법상(法常, 567~645)과 승변(僧辯, 568~642)에게 진제 계통의 유식학을 배웠다. 당 태종이 그에게 친히 도첩(度牒)을 내리고 장안 원법사(元法寺)에 머물게 하니, 그는 그곳에서 여러 논서를 연구했다. 645년에 현장이 인도 유학을 마치고 귀국하여 《성유식론》을 번역함으로써 호법(護法, 530~561) 계통의 새로운 유식학이 전해지자, 원측은 진제 계통의 구유식(舊唯識)을 버리고 호법 계통의 신유식(新唯識)을 개척하는 데 선도적 역할을 했고, 신유식학은 법상종을 형성했다.

진제 계통의 섭론종이 제8 아뢰야식을 청정과 오염이 뒤섞인 진망화합식(眞妄和合識)으로 간주하고 아뢰야식 외에 제9식으로 청정한 아마라식(阿摩羅識, ⓢamala-vijñāna)을 상정한 데 반해, 법상종은 아뢰야식을 오염된 망식(妄識)으로 간주한다. 또 섭론종이 마음에 떠오르는 영상은 허구라는 무상유식(無相唯識)의 입장인데 반해, 법상종은 마음에 떠오르는 영상은 허구가 아니라 고유한 본성을 지니는 실재라는 유상유식(有相唯識)의 입장이다.

원측은 장안의 서명사(西明寺)에서 《성유식론》을 강의함으로써 서명학파(西明學派)를 형성했는데, 그는 현장 문하인 기(基, 632~682) 일파로부터 배척을 받았다. 그것은 원측이 신유식과 중관을 융합하려고 한 반면, 기 일파는 신유식을 절대적으로 간주한 데서 비롯되었다. 원측의 《해심밀경소(解深密經疏)》는 법성(法成, chos-grub)에 의해 티베트어로 번역되어 《티베트대장경》에 수록되어 있다. 이러한 사실은 그의 유식학이 당에서뿐만 아니라 서역 지방까지 알려졌다는 것을 뜻한다.

당에 유학한 도증(道證)이 원측에게 유식학을 배우고 692년(효소왕 1)에 귀국했고, 도증의 유식학은 태현에게 계승되었다.

태현

경덕왕(742~765) 때의 승려로, 대현(大賢)이라고도 하고, 호는 청구사문(靑丘沙門)이다. 경·율·논에 학식이 깊어 저술이 50여 종 100여 권이라고 하지만 현존하는 것은 5종뿐이다. 그의 저술 가운데에는 '고적기(古迹記)'라는 이름이 붙어 있는 것이 많은데, 이는 그가 고인(古人)들의 여러 주석에 순응해서 풀이할 뿐, 개인의 견해로 함부로 풀이하지 않았다는 뜻이다. 그는 《성유식론학기》에서 《성유식론》을 풀이하면서 유식학에 대한 당의 기와 혜소(慧沼, 650~714), 원측과 도증 등의 여러 학설 가운데 장점만을 취해서 서술했다.

점찰법회

이 법회는 《점찰선악업보경》에서 설하는 내용을 중심으로 해서 참회하는 모임이다. 이 경의 상권에서는 말세에 중생이 바른 믿음을 지니지 못해 갖가지 어려움에 부딪치면, 선악의 종류를 적은 여러 개의 나무 조각을 던져 점을 쳐서 전생에 지은 잘못을 관찰하고 참회해서 마음의 평안을 얻으라고 설하고, 하권에서는 중생들은 모두 여래가 될 성품을 지니고 있다는 여래장을 설하고, 점찰법은 중생을 교화하기 위한 하나의 방편이라 했다.

이 법회는 점괘를 보는 것이 아니라 많은 선악의 종류를 적은 여러 개의 나무 조각을 던져, 거기에 나오는 것을 보고 전생에 저지른 잘못을 뉘우치는 의식이다. 이 나무 조각은 손가락 크기 정도에 가운데를 4면으로 깎고 두 끝을 둥글게 해서 던지면 구를 수 있게 만들었다.

점찰법회는 600년(진평왕 22)에 수에서 귀국한 원광이 처음으로 개최했고, 경덕왕(742~765) 때의 진표는 독특한 형식으로 정착시켰다.《점찰경》은 지장보살이 설하고 있는데, 진표는 이 경에 등장하지 않는 미래불인 미륵불을 강조했다. 이는 과거의 잘못을 참회하고, 미래에는 계율을 지켜 선행을 하라는 가르침으로 볼 수 있다. 이와 같이 진표는 점찰법에 계율과 미륵신앙을 결합시켜 널리 유포시켰다.

이 법회의 비용을 마련하기 위해 사찰에 설치한 기관이 점찰보(占察寶)이다.

밀교의 전래

밀교는 대일여래의 비밀스런 가르침이라는 뜻으로, 중관·유식·여래장의 사상을 계승하여 발전시키면서 힌두교와 민간 신앙까지 폭넓게 수용하여 7세기경에 체계를 갖춘 대승불교의 한 갈래이다.

밀교의 근본 경전은 7세기 중엽에 성립한《대일경》과 7세기 말에 성립한《금강정경》이다. 이 두 경이 성립되기 이전의 비조직적이고 단편적인 밀교를 잡밀(雜密)이라 하고, 그 두 경에 의거한 체계적인 밀교를 순밀(純密)이라 한다.

밀교가 중국에 전해진 것은 동진의 원제(元帝, 317~322) 때 잡밀 계통의 밀교 경전이 번역되면부터였다. 순밀은 724년에 선무외(善無畏, 637~735)가 《대일경》을 번역하고, 불공이 《금강정경》을 번역함으로써 전래되었다.

한반도에 밀교를 전한 승려는 신라의 안홍이다. 그는 601년(진평왕 23)에 수에 가서 대흥성사에 머물면서 경론을 두루 섭렵하고 605년에 귀국하여 밀교를 전했다.

《관정경(灌頂經)》에 의거해서 호국적인 밀교 의식을 처음으로 행한 승려는 명랑(明朗, ?~?)이다. 그는 632년(선덕여왕 1)에 당에 가서 밀교를 배우고 635년에 귀국한 후, 자신의 집을 수리해서 금광사(金光寺)라 하고 이곳을 중심으로 밀교신앙운동을 전개했다. 668년(문무왕 8)에 나당연합군이 고구려를 멸망시킨 후 다시 당이 신라를 침공하자, 그는 낭산(狼山) 남쪽 신유림(神遊林)에 임시로 사천왕사를 짓고, 풀로 오방신상(五方神像)을 만들어 밀교에 밝은 승려 12인과 함께 문두루도량(文豆婁道場)을 개설했다. 문두루(文豆婁)는 ⓢmantra를 소리 나는 대로 적은 것으로, 진언(眞言)·신주(神呪)·신인(神印)이라 번역한다. 그 도량은 동·서·남·북 그리고 중앙에 신상(神像)을 세우고 주문을 외워 외적을 물리치려 한 의식이다.

혜통(惠通, ?~?)은 당에 가서 밀교를 배우고 665년(문무왕 5)에 귀국했는데, 명랑이 전한 잡밀과는 다른, 잡밀에서 순밀로 넘어가는 과도기의 밀교를 전래했다. 명랑 계통은 고려 초에 신인종(神印宗)을 형성했고, 혜통 계통은 고려 중기에 총지종(摠持宗)을 형성했다.

선종의 전래와 9산선문의 형성

　한반도에 선(禪)이 수용되기 시작한 것은 신라 헌덕왕(809~826) 이후이다. 도의와 홍척이 당에 가서 마조 도일 문하인 서당 지장의 선법(禪法)을 전해 받고, 각각 821년과 826년에 귀국한 이후부터 신라에서 선이 활기를 띠기 시작했다. 그 후 당에서 조사선을 전해 받은 유학승들이 계속 귀국하면서 9산선문(九山禪門)을 형성했다.

　9산선문은 신라 말과 고려 초에 형성된 선종의 아홉 파(派)를 말한다. 그들의 계보는 461쪽과 같다.

가지산문

　도의는 784년에 당에 가서 서당 지장의 선법을 전해 받았다. 당에 머물기를 37년, 821년에 귀국하여 조사선을 전했으나 당시 불교계는

가지산 보림사 일주문

9산선문 계보도

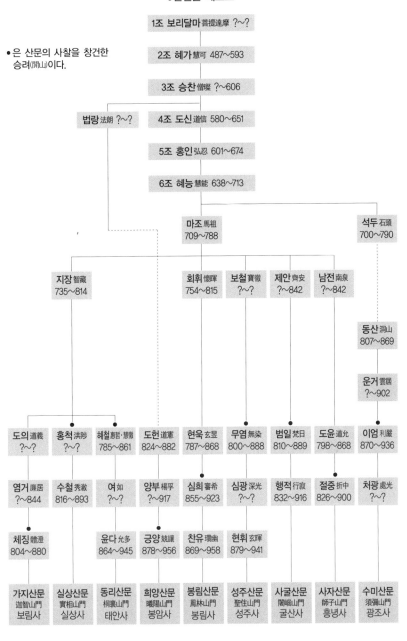

•은 산문의 사찰을 창건한 승려(開山)이다.

1조 보리달마 菩提達摩 ?~?

2조 혜가 慧可 487~593

3조 승찬 僧璨 ?~606

법랑 法朗 ?~?

4조 도신 道信 580~651

5조 홍인 弘忍 601~674

6조 혜능 慧能 638~713

마조 馬祖 709~788

석두 石頭 700~790

지장 智藏 735~814

회휘 懷暉 754~815

보철 寶徹 ?~?

제안 齊安 ?~842

남전 南泉 ?~842

동산 洞山 807~869

운거 雲居 ?~902

도의 道義 ?~?

홍척 洪陟 ?~?

혜철 惠哲·慧徹 785~861

도헌 道憲 824~882

현욱 玄昱 787~868

무염 無染 800~888

범일 梵日 810~889

도윤 道允 798~868

이엄 利嚴 870~936

염거 廉居 ?~844

수철 秀澈 816~893

여여 如如 ?~?

양부 楊孚 ?~917

심희 審希 855~923

심광 深光 ?~?

행적 行寂 832~916

절중 折中 826~900

처광 處光 ?~?

체징 體澄 804~880

윤다 允多 864~945

긍양 兢讓 878~956

찬유 璨幽 869~958

현휘 玄暉 879~941

가지산문 迦智山門 보림사

실상산문 實相山門 실상사

동리산문 桐裏山門 태안사

희양산문 曦陽山門 봉암사

봉림산문 鳳林山門 봉림사

성주산문 聖住山門 성주사

사굴산문 闍崛山門 굴산사

사자산문 師子山門 흥녕사

수미산문 須彌山門 광조사

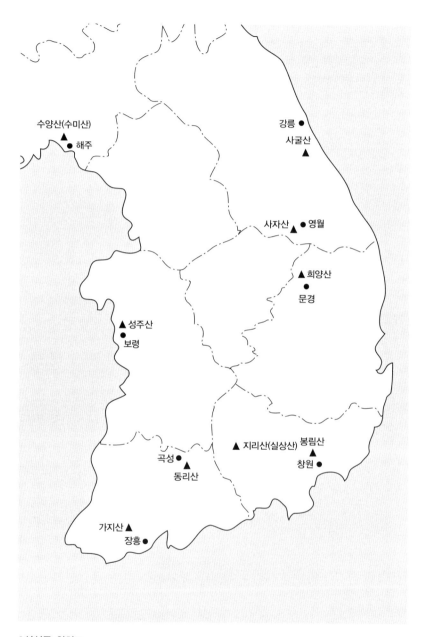

수양산(수미산) ▲
　● 해주

강릉 ●
사굴산 ▲

사자산 ▲ ● 영월

▲ 희양산
문경

▲ 성주산
● 보령

▲ 지리산(실상산)　봉림산
곡성 ●　　　　　　　▲
　　▲　　　　창원 ●
동리산

가지산 ▲
장흥 ●

9산선문 위치도

유식과 화엄이 주류를 이루고 있었기 때문에 수용되지 않았다. 그래서 도의는 설악산 진전사에 은거하면서 그의 선법을 염거에게 전했고, 염거는 체징(體澄, 804~880)에게 전했다.

체징은 837년에 당에 가서 여러 선사들을 찾아뵙고 840년에 귀국했다. 그는 장흥 가지산에 보림사(寶林寺)를 창건하고 선풍(禪風)을 일으켰는데, 이 일파를 가지산문(迦智山門)이라 한다.

실상산문

홍척도 당에 가서 서당 지장의 선법을 전해 받고 826년에 귀국하여 지리산에 실상사를 창건하고 실상산문(實相山門)을 형성했다. 도의보다 귀국은 늦었지만 산문을 형성한 것은 최초였다.

수철(秀澈, 816~893)은 실상산문 제2조이다. 경문왕(861~875)은 그에게 교(敎)와 선(禪)의 같고 다른 점을 물었고, 헌강왕(875~886)의 청에 따라 남원 심원산사(深源山寺)에 머물렀다.

염거화상탑
국립중앙박물관

체징 보조선사탑
장흥 보림사

홍척 증각대사탑
지리산 실상사

수철화상 승탑
지리산 실상사

동리산문

혜철(惠哲·慧徹, 785~861)은 814년에 당에 가서
서당 지장의 선법을 전해 받고, 839년에 귀
국하여 곡성 동리산에 태안사(泰安寺)를 창건
하고 동리산문(桐裏山門)을 형성했다.

이 산문에 여(如, ?~?)와 윤다(尤多, 864~945), 도
선(道詵, 827~898)과 경보(慶甫, 868~945)가 있다.

도선은 15세에 출가하여 월유산 화엄사에
서《화엄경》을 배우고, 20세에 곡성 동리산
혜철을 찾아가 그의 제자가 되었다. 도선은
풍수지리설과 도참설에 정통했고, 광양 백계

도선국사 진영 월출사 도갑사

산 옥룡사(玉龍寺)에 35년 동안 머무니 학인이 운집했다고 한다.

경보는 892년에 당에 가서 동산 양개의 문하인 소산 광인(疎山匡仁)
의 선법을 전해 받고 921년에 귀국했다. 후백제 견훤의 청에 따라 전
주 남복선원(南福禪院)에 머물다가 백계산 옥룡사에 머물렀고, 고려의 태

동리산 태안사 일주문

혜철 적인선사탑 곡성 태안사 윤다 광자대사탑 곡성 태안사

조·혜종·정종이 그를 스승으로 모셨다.

희양산문

이 산문의 개산조(開山祖)는 지증대사(智證大師) 도헌(道憲, 824~882)이다. 그의 법맥은 중국 선종 4조 도신→법랑(法朗)→신행(愼行)→준범(遵範)→혜은(慧隱)→도헌으로, 도신 문하에서 갈라져 나온 계통이다. 도헌에서 양부(楊孚, ?~917)→긍양(兢讓, 878~956)으로 이어지는데, 긍양은 899년에 당에 가서 석두 희천(石頭希遷) 문하의 선법을 전해 받고 924년에 귀국하여 희양산 봉암사(鳳巖寺)에서 희양산문(曦陽山門)을 형성했다.

현재 문경 봉암사에 있는, 최치원(崔致遠, 857~?)이 지은 〈지증대사적조탑비문(智證大師寂照塔碑文)〉은 선의 전래와 9산선문 형성에 대한 중요한 기록을 남기고 있으므로 발췌하여 옮긴다.

> 도의가 당에 가서 서당 지장의 선법을 이어받고 돌아와 처음으로 그 법을 전하여, 원숭이처럼 조급한 마음에 사로잡혀 있던 교종의 단점을 감싸주려 했으나 그들은 메추라기가 제 날개를 자랑하며 붕새가 남쪽으로 떠나는 높은 뜻을 비난하듯 했다. 경전의 독송에만 젖어 있던 그들은 선법을 마귀의 말이라 했다.
>
> 이에 도의는 아직 선법의 때가 아니라 여기고 설악산 북쪽에 은둔했다. 그러나 그 덕을 사모하여 모여드는 자들이 산에 가득했고, 매가 비둘기로 변하듯 교화를 받은 자들이 깊은 골짜기에서 나오니, 도(道)는 인력으로 폐할 수 없을 때가 돼야 이루어지는 법이다.
>
> 흥덕왕(826~836)이 즉위하여 그릇됨을 제거하니 나라가 평안하고 융성했다. 이즈음 홍척대사가 당에 가서 서당 지장의 선법을 이어받고 돌아와

긍양 정진대사탑   희양산 봉암사 지증대사적조탑비   희양산 봉암사

지리산에 머무니, 왕은 법문을 청했고 궁궐에서는 그가 온 것을 경하했다. 선법을 보여서 아침의 범부가 저녁에 성인이 되게 했으니, 그의 선법은 닦되 닦을 것이 없는 것을 닦고, 증득하되 증득할 것이 없는 것을 증득하는 것이었다. 고요할 때는 산과 같았고, 움직일 때는 깊은 골짜기의 메아리와 같았다.

당으로 가서 죽은 승려도 많았고, 신라로 돌아온 이로는 앞에서 서술한 도의와 홍척이 있고, 시대를 조금 내려와서는 태안사의 혜철국사와 혜목산의 현욱(玄昱, 787~868), 쌍계사의 혜조(慧照), 신흥사의 중언(仲彦), 진구사의 각휴(覺休), 쌍봉사의 혜운(慧雲)과 굴산사의 범일(梵日, 810~889), 그리고 성주사의 무염화상(無染和尙, 800~888) 등이 있었다. 이들은 선사로서 덕이 두터워 중생의 아버지가 되었고, 도가 높아 왕의 스승이 되었으니, 옛말에 '이름을 감추려 해도 이름이 따라오고, 명성을 피하려 해도 명성이 따른 분들'이었다. 그리하여 그 가르침은 중생 세계를 덮었고 자취는 비석에 새겨졌다.

별도로 지게문을 나가지 않고 들창을 내다보지 않고도(당에 가지 않고도) 대도(大道)를 보았고, 산에 오르지 않고 바다에 들어가지 않고도 보배를 얻었으며, 저 언덕에 가지 않아도 이른 분이 계셨으니, 바로 지증대사이다. 대사는 범체(梵體)에게 출가했고, 경의(瓊儀)에게 구족계를 받았으며, 혜은의 선법을 이어받아 양부에게 전했다. 법계(法系)로는 당의 4조 도신이 5세(世) 부모가 되니, 해동으로 내려온 것을 보면, 도신의 제자는 법랑이요, 손(孫)은 신행이며, 증손(曾孫)은 준범, 현손(玄孫)은 혜은, 말손(末孫)이 지증대사이다.

봉림산문

이 산문의 개산조 현욱은 824년에 당에 가서 마조의 제자인 장경 회휘(章敬懷暉)의 선법을 전해 받고 837년에 귀국하여 지리산 실상사에 머물다가 경문왕(861~875)의 청으로 여주 혜목산(우두산) 고달사(高達寺)에 머물렀다. 그의 선법을 이어받은 심희(審希, 855~923)는 창원 봉림산에 봉림사를 창건하고 봉림산문(鳳林山門)을 형성했다. 그의 제자 찬유(璨幽, 869~958)는 892년에 당에 가서 석두 희천 문하인 투자 대동(投子大同)의 선법을 전해 받고 921년에 귀국하여 혜목산에서 선풍을 일으켰다.

심희 진경대사탑 국립중앙박물관 찬유 원종대사탑 여주 고달사지

성주산문

무염은 821년에 당에 가서 마조의 제자인 마곡 보철(麻谷寶徹)의 선법을 전해 받고 845년에 귀국하여 보령 성주산 성주사에서 성주산문(聖住山門)을 형성했다. 현휘(玄暉, 879~941)는 무염의 제자 심광(深光, ?~?)에게 출가하고, 906년에 당에 가서 석두 희천 문하인 구봉 도건(九峰道虔)의 선법을 전해 받고 924년에 귀국하니, 태조가 그를 국사에 봉하고 충주 정토사에 머물게 했다.

사굴산문

범일은 831년에 당에 가서 마조의 제자인 염관 제안(鹽官齊安)의 선법을 전해 받고 847년에 귀국하여 강릉 사굴산에 굴산사(崛山寺)를 창건하고 40여 년 동안 머물면서 사굴산문(闍崛山門)을 형성했다. 그의 제자 행적(行寂, 832~916)은 870년에 당에 가서 석두 희천 문하인 석상 경저(石霜慶諸)의 선법을 전해 받고 885년에 귀국했다.

사자산문

도윤(道允, 798~868)은 825년에 당에 가서 마조의 제자인 남전 보원의 선법을 전해 받고 847년에 귀국하여 화순 쌍봉사(雙峰寺)에서 선풍을 일으키고, 그의 법을 절중(折中, 826~900)에게 전했다. 절중은 영월 사자산 흥녕사(興寧寺, 지금의 법흥사)에 머물면서 사자산문(師子山門)을 형성했다.

수미산문

이엄(利嚴, 870~936)은 896년에 당에 가서 동산 양개의 제자인 운거 도응의 선법을 전해 받고 911년에 귀국하여 해주 수미산 광조사(廣照寺)에서 선풍을 일으켜 수미산문(須彌山門)을 형성했다.

이 9산선문은 한반도 선종의 특색을 잘 나타내고 있는데, 그것은 국내에서 스승의 법을 이어받지 않고 당에 가서 선법을 전해 받은 선사만을 개산조로 한다는 점이다. 그 외에는 새로운 선법을 전해왔어도 개산조로 하지 않고 그 스승의 산문에 소속시키고 있다. 따라서 이엄을 수미산문의 개산조로 한 것은 그가 조동종을 전해왔기 때문이 아니라 국내에서 어떤 스승의 선법도 전해 받지 않았기 때문이다. 같은 조동종을 전해왔어도 국내에 스승이 있을 경우에는 그 스승의 산문에 소속되었다.

마찬가지로 국내에서 스승의 법을 이어받은 후, 당에 가서 스승과 다른 문하의 선법을 전해 받았어도 귀국해서는 스승 밑에 소속되었다. 같은 산문에서 스승은 마조의 문하인데, 제자는 석두의 문하인 것은 그 때문이다.

9산선문의 이러한 전통은 중국 선종이 어떤 선법을 전해 받았는가를 중요시한 데 반해, 한반도의 선종은 가풍, 즉 인적인 관계를 중요시한 독특한 특징을 만들었다. 그리고 마조 문하와 석두 문하가 혼합된 9산선문 전체를 일컬을 필요가 있을 때—고려 중기 이후—에는 그 두 계통의 근원이 되는 조계 혜능(曹溪慧能)으로 거슬러 올라가 '조계종'으로 부르게 되었다. 이것은 한반도의 선종이 중국의 5가7종과 같이 종파로 분열되는 것을 막아주어, 오늘에 이르도록 조계종 일파로 이어져 오게 했다.

정토교의 수용과 전개

정토교(淨土敎)는 아미타불의 서방 극락정토에 태어나기 위한 가르침이다.

《무량수경》에 의하면, 아득한 옛날에 법장이라는 비구가 세자재왕불 앞에서 중생을 구제하기 위해 마흔여덟 가지 서원을 세우고 오랜 수행 끝에 그것을 성취하여 아미타불이 되었고, 이 세계에서 서쪽으로 10만억 불국토를 지난 곳에 극락정토를 건립했다고 한다. 극락정토는 괴로움이 없고 지극한 즐거움만 있는 청정한 국토라는 뜻이다.

정토교의 요점은 지극한 마음으로 '나무아미타불'을 부르면 극락에 태어날 수 있다는 것으로, 여러 정토 경전들이 공통으로 설하는 수행은 염불이다. 정토교가 중국에 전래된 것은 정토 경전이 번역되기 시작한 2세기경이다. 5세기경에는 정토 경전이 대부분 번역되었다.

중국의 정토교는 여산(廬山)의 혜원(慧遠, 334~416), 담란(曇鸞, 476~542), 정영사(淨影寺) 혜원(慧遠, 523~592), 도작(道綽, 562~645)으로 이어졌고, 선도(善導, 613~681)는 정토삼부경을 중심으로 정토교를 대성시켰다. 특히 《관무량수경의소(觀無量壽經義疏)》·《무량수경의소(無量壽經義疏)》를 저술한 정영사 혜원은 선도의 정토교 형성에 큰 영향을 미쳤다.

중국의 정토교를 누가 한반도에 전했는지는 확실하지 않으나 신라의 원광이 정영사 혜원의 정토교를 전한 것 같다. 왜냐하면 수의 문제(文帝)가 혜원을 위해 587년에 장안에 정영사를 창건하자 혜원은 그곳에 머물면서 강의와 저술에만 전념했는데, 589년(진평왕 11) 장안에 간 원광이 그와 교류했을 가능성이 높기 때문이다.

원광은 귀국 후 황룡사에 머물렀고, 이후 정토교는 자장·원효·의상·의적(義寂)·법위(法位)·경흥(憬興) 등에 의해 활발히 전개되었다.

자장은 황룡사에서 《아미타경》의 주석서를 지었고, 원효의 저술 가운데 약 1할이 정토에 대한 주석서이다. 의상은 부석사를 중심으로 화엄과 정토신앙을 전파했고, 그의 제자 의적은 정영사 혜원의 정토교를 계승했다. 의적은 48원을 섭정토원(攝淨土願)·섭법신원(攝法身願)·섭중생원(攝衆生願)으로 분류한 점은 혜원과 같으나 그것을 29종장엄(二十九種莊嚴)으로 세분했고, 또 도작과 선도의 칭명염불(稱名念佛)을 도입했다. 법위는 48원 하나하나에 처음으로 원명(願名)을 붙였고, 신문왕 때 국사였던 경흥(憬興)은 《무량수경연의술문찬(無量壽經連義述文贊)》을 지었다.

이러한 교학 연구의 활발한 전개와 함께 정토신앙은 누구나 쉽게 실천할 수 있는 내용이기 때문에 민간에 널리 퍼졌다. 특히 신라가 통일할 무렵에는 계속되는 전쟁의 소용돌이 속에서 백성들이 항상 죽음의 두려움에 시달릴 때, 아미타불은 그 두려움을 없애줄 뿐만 아니라 죽은 자를 극락으로 데려간다는 믿음으로 민간에 깊이 전파되었다.

《삼국유사》에 서방정토와 관련된 설화가 많고, 집집마다 아미타불을 부르는 염불 소리가 끊이지 않았다는 데서 당시에 성행했던 미타신앙을 짐작할 수 있다.

광덕(光德)은 극락에 태어나려는 간절한 염원을 아미타불에게 아뢰어 주기를 달에게 부탁하는 노래를 지었고, 월명사(月明師)는 죽은 누이동생을 위해 노래를 지어 제사 지냈다.

> 달님이시여, 이제 서방까지 가셔서
> 무량수불 앞에 아뢰소서.
> 다짐 깊으신 부처님께 우러러 두 손 모아

극락왕생 원합니다, 극락왕생 원합니다.

그리워하는 사람 있다고 아뢰소서.

아, 이 몸 남겨두고 48대원 이루실까.

〈三國遺事 제5권, 光德 嚴莊〉

삶과 죽음의 길은 여기 있으매 두려워지고

'나는 갑니다'라는 말도 못다 이르고 갔느냐.

어느 가을 이른 바람에 여기 저기 떨어지는 나뭇잎처럼

한 가지에 나고서도 (네가) 간 곳을 모르겠구나.

아, 미타정토에서 (너를) 만날 나는

도를 닦으며 기다리련다.

〈三國遺事 제5권, 月明師 兜率歌〉

고려시대

특징

한국 불교사에서 가장 큰 변화를 일으킨 것은 고려시대의 불교이다. 현재 한국 불교의 성격은 이때 형성되었다고 할 수 있다.

신라 말에 전래한 선은 고려에 와서 독자적인 전개를 해서 9산선문을 형성했고, 현재 조계종의 원류가 이 시대에 확립되었다. 그리고 신라에 없었던 천태종이 성립되었고, 선종과 함께 교종도 발전하여 선교 양종(禪敎兩宗)의 체계가 갖추어졌다.

태조의 호국불교가 대대로 계승되어 나라의 안녕과 복을 비는 법회가 빈번히 개최되어 불교의식이 가장 성행했고, 또 외적의 침입을 부처의 가피력으로 물리치기 위해 대장경을 판각했다.

한편으로는 계율을 어기는 일부 승려들이 민심을 현혹시켰고, 불교교단의 확대와 함께 지나친 사찰 건립은 많은 피해를 초래하기도 했다.

왕실불교

태조 왕건(王建, 918~943)은 건국 초기부터 민심을 수습하고 왕권을 강화하기 위해 불교를 건국 이념과 국가 신앙으로 정착시켰는데, 이는 호국불교의 전통을 계승한 것이었다. 또 도선의 영향을 강하게 받아, 그의 풍수지리설과 도참설(圖讖說)에 의거해서 많은 사찰과 불상, 탑을 건립했다. 도참설은 미래의 길흉을 예언하는 것이고, 풍수지리설은 땅의 형세와 방위를 나라와 개인의 길흉화복에 관련시킨 것이다.

태조는 도선의 사상을 그대로 신봉하여 즉위 원년(918)에 팔관회를 개최하여 연례행사로 정했고, 2년에는 도읍을 송악으로 옮기고 그곳에 열 개의 사찰을 창건했다. 4년에는 오관산에 대흥사를 창건했고, 5년에는 옛 자택을 수리하여 광명사라 했다. 7년에는 외제석원(外帝釋院)·신중원(神衆院)·흥국사를 건립하는 등 재위 25년 동안 무려 3천8백여 곳에 사찰과 불상, 탑을 건립했다고 한다. 그리고 유언으로 훈요십조(訓要十條)를 내렸는데, 이 가운데 3조가 불교에 관한 것이다.

제4대 광종은 즉위 2년(951)에 태조와 그의 비 유씨(劉氏)의 명복을 빌기 위해 대봉은사와 불일사를 창건했고, 9년(958)에는 과거제도를 채택하면서 그에 준하는 승과제도(僧科制度)를 실시했다. 14년(963)에 개풍에 귀법사(歸法寺)를 창건하고 각종 법회를 개최했다. 19년(968)에는 홍화사·유엄사·삼귀사를 창건했고, 이 해에 혜거(惠居)를 국사에, 탄문(坦文, 900~975)을 왕사에 임명함으로서 국사·왕사를 제도화했다.

제8대 현종은 12세에 출가하여 숭교사와 신혈사에 머물렀는데, 강조(康兆)의 정변으로 목종이 폐위되자 왕위에 올라 중앙집권체제를 정비했다. 현종 2년(1011)에 거란의 침입으로 왕은 나주로 피난을 갔다. 이

때 부처의 가피력으로 적을 물리치고자 대장경을 판각하기 시작했다. 또 이 시기에 승려들을 궁중으로 초청해서 음식을 공양하는 반승(飯僧)을 연례행사로 베풀었다.

제11대 문종 19년(1065)에 왕은 넷째 왕자 후(煦)를 출가시켰는데, 그가 바로 대각국사 의천이다. 24년(1070)에는 다섯째 왕자 정(竀)을 출가시켰고, 열째 왕자 경(璟)도 출가시켰다. 문종 때에는 수많은 법회와 불사가 성행해서 불교의식의 전성기를 이루었지만, 한편으로는 승려들의 사치와 부패도 심해서 유학자들의 비판 대상이 되었다.

제13대 선종과 제15대 숙종 때에는 의천의 활동이 가장 두드러졌다. 의천은 선종 2년(1085)에 송에 가서 천태와 화엄을 배우고, 이듬해 귀국해서 개풍 흥왕사(興王寺)에 머물면서 교장도감(敎藏都監)을 설치하고 불서를 간행했다. 숙종 2년(1097)에 자신을 위해 건립된 개풍 국청사에서 처음으로 천태학을 강의했다. 숙종 4년에는 처음으로 천태종 자체 내에서 승과를 실시했고, 6년에는 국가에서 천태종 대선(大選)을 행함으로써 의천이 개창한 천태종은 하나의 종파로 공인되었다.

제19대 명종 4년(1174)에는 이의방(李義方)의 폭정에 항거해서 1백여 명의 귀법사 승려들이 난을 일으켰다. 이에 이의방은 1천여 명의 군사를 이끌고 진압하는 과정에서 수십 명의 승려들을 죽였다. 이어 중광사·홍호사·귀법사·홍화사 등의 승려 2천여 명이 숭인문을 불태우고 이의방을 죽이려 하자 군사들은 1백여 명의 승려들을 죽이고 여러 사찰을 불태웠다. 그 해 12월에 이의방은 승려 종참(宗旵)과 정중부의 아들 균(筠)에게 죽임을 당했다.

이러한 혼란 속에서 보조국사 지눌이 조계산 수선사(修禪社, 지금의 송광사)를 중심으로 정혜결사(定慧結社)를 결성하여 새로운 선풍을 일으켰다.

그는 제자들을 지도할 때 《금강경》·《육조단경》·《화엄경》을 중심으로 강의했는데, 이는 한국 선종의 전통이 되었다.

지눌의 제자인 수선사 제2세 진각국사 혜심은 《선문염송집(禪門拈頌集)》을 편찬했다. 이 책은 공안 1,125칙(則) 각각을 짤막하게 해설하고 게송을 붙인 것으로, 지금도 한국 선종에서 중요한 자료로 인정받고 있다.

제23대 고종 4년(1217)에는 최충헌의 무신정권에 항거하던 승려 8백여 명이 참살되었다. 고종 재위 46년 동안에는 거란과 몽고의 침략으로 호국을 위한 기복적 불교가 더욱 성행했다. 현종 때 판각했던 대장경판이 고종 19년(1232)에 몽고군에 의해 불타버리자, 16년에 걸쳐 다시 새겨 재조대장경을 완성했다.

제31대 공민왕(1351~1374) 때 태고 보우(太古普愚, 1301~1382)는 임제종을 도입하여 새로운 선풍을 일으켰고, 그와 동시대의 인물로, 백운 경한(白雲景閑, 1299~1374)과 나옹 혜근(懶翁惠勤, 1320~1376)이 임제종의 법맥을 이었다.

보우는 1346년에 원(元)에 가서 임제종 양기파인 석옥 청공(石屋淸珙, 1272~1352)의 법을 이어 받았고, 경한도 원에 가서 청공의 법을 이어 받았으나 보우가 간화선을 내세운 반면, 경한은 무심선(無心禪)을 제창했다. 혜근은 1347년에 원에 가서 임제종 양기파인 평산 처림(平山處林, 1279~1361)의 법을 이어받았다.

승과제도와 사원경제

승과란 승려를 대상으로 실시한 과거이다.

제4대 광종 9년(958)에 쌍기(雙冀)의 건의에 따라 관리의 등용문으로 진사과(進士科)와 명경과(明經科)를 주축으로 하는 과거제도를 창설했을 때 승과도 함께 실시했다.

승과에는 종선(宗選)과 대선(大選)이 있었다. 종선은 각 종파의 본사에서 실시하는 것으로, 여기에 합격하면 국가에서 실시하는 대선에 응시할 수 있는 자격을 주었다. 그리고 대선은 선종대선(禪宗大選)과 교종대선(敎宗大選)으로 분류하여 전자는 선종의 승려를 대상으로 개성 광명사(廣明寺)에서, 후자는 교종의 승려를 대상으로 개성 왕륜사(王輪寺)에서 3년에 한 번씩 실시했다. 선종대선은 《전등록》과 《선문염송》에서, 교종대선은 《화엄경》과 《십지경론》에서 시험 문제를 출제했다.

대선에 합격하면 대선이라는 초급 법계를 주었고, 다음과 같은 차례로 승진했다.

선종 법계 : 대선(大選)-대덕(大德)-대사-중대사(重大師)-삼중대사(三重大師)-선사-대선사

교종 법계 : 대선(大選)-대덕(大德)-대사-중대사(重大師)-삼중대사(三重大師)-수좌(首座)-승통

그리고 선종의 선사·대선사, 교종의 수좌·승통 중에서 왕사나 국사를 임명했다. 이 승과제도는 조선 중엽까지 계속되었다.

승과제도 외에 불교의 모든 업무를 관장한 국가 기관인 승록사(僧錄司)가 있었다. 이는 좌우의 양가(兩街)로 나뉘어 있어서 각 가(街)에 도승록(都僧錄)이 있고 그 아래에 승록(僧錄)-부승록(副僧錄)-승정(僧正)-승사(僧史)의 직위가 있었다. 그리고 양가를 대표하고 총괄하는 직책을 도승통

(都僧統)이라 했다.

왕실에서는 돌아가신 선조(先祖)를 추모하거나 명복을 빌기 위해 많은 전답을 사찰에 시주했는데, 그때는 그 전답을 경작할 노비도 함께 주었다. 재화가 점차 축적되자 사찰에서는 전답을 매입하기도 했다. 게다가 사찰의 토지는 면세였다.

이와 같이 사찰은 왕실과 귀족들의 적극적인 보호를 받아 막대한 재물을 축적했고, 이러한 경제력을 바탕으로 돈이나 곡식을 빌려주고 그 이자를 취득하는 보(寶)라는 기관이 생겼다.

보에는 불교의 진흥을 위한 경보(經寶)와 불명경보(佛名經寶), 불경을 간행하기 위한 반야경보(般若經寶), 승려들의 장학을 위한 광학보(廣學寶) 등이 있었다.

원래 보는 정당하게 취득한 이자로, 설립한 취지에 맞게 각각 그 보를 사용하게 되어 있었으나 높은 이자를 취하는 고리대금업으로 변했다.

장생고(長生庫)라는 사찰의 금융기관도 있었다. 이 기관은 돈이나 곡식을 빌려주고 그 이자를 받아 불교 행사나 사찰 보수, 그리고 병자나 빈민을 구제하는 데 쓰도록 되어 있었으나 불교계의 폐단이 크게 노출된 고려 중기 이후에는 본래의 의도에서 벗어나 오로지 이윤만 취하는 고리대금업으로 전락하고 말았다. 또 사찰에서 경작한 곡식으로 제조한 밀주(密酒)와 염전에서 생산되는 소금으로 수익성 사업도 했다. 이와 같이 사찰이 경제적으로 세속화되자, 불교계의 타락과 승려의 질적 저하를 초래했다.

결국 사찰의 영리화는 민폐의 원인이 되었고, 고려 말에 유학자들이 배불론(排佛論)을 주장하는 근거가 되었다.

균여와 화엄종

한반도의 화엄학은 신라의 의상이 661년(문무왕 1)에 당에 가서 지엄의 문하에서 화엄을 배우고 귀국한 671년 이후부터 시작되었다고 할 수 있다.

의상 이전에 이미 《화엄경》이 전래되었고, 자장 또한 636년(선덕여왕 5)에 당에 가서 화엄을 배우고 귀국하여 《화엄경》을 강의했지만, 체계적인 화엄학의 계통이 이루어지기는 의상에서 비롯되었다. 그래서 의상을 '해동의 화엄초조'라고 한다. 그러나 화엄이 하나의 종파로 성립된 것은 고려시대이다.

의상의 화엄학은 그의 제자들에 의해 태백산 부석사·가야산 해인사·청도 비슬산 옥천사·금정산 범어사·지리산 화엄사 등 소위 '화엄십찰'을 중심으로 널리 전파되었다. 그러나 통일신라 말에 이르러 후백제 견훤의 신임을 받던 관혜(觀惠, ?~?)와 태조 왕건의 신임을 받던 희랑(希朗, ?~?)에 의해 두 파로 분열되었다.

남악(南岳, 지리산) 화엄사 관혜의 문하를 남악파, 북악(北岳, 태백산) 부석사 희랑의 문하를 북악파라 한다. 이 두 파의 학설이 어떻게 달랐는지는 알 수 없으나 파벌은 매우 심각했다.

> 두 사람은 신심으로 향을 사르며 서원했으나 서원이 이미 달랐으니, 어찌 마음이 하나이었겠는가. 문도들로 내려갈수록 점차 물과 불처럼 되었다. 더구나 법의 맛을 각기 다르게 받았으니, 그 폐단을 없애기가 어렵게 된 지 오래였다. 그때의 사람들이 관혜의 법문을 남악이라 하고, 희랑의 법문을 북악이라 했다.

균여는 언제나 남악과 북악의 취지가 서로 모순됨을 탄식했고, 그 갈래를 막아 하나로 돌아가기를 바랐다.

〈均如傳, 立義定宗分〉

고려 광종(949~975) 때에 균여(均如, 923~973)는 이 두 파의 모순과 대립을 지양하여 북악을 중심으로 화엄학을 통일했다.

균여는 15세에 출가하여 개풍 오관산 영통사(靈通寺) 의순(義順)에게 화엄학을 배워 독자적인 화엄학을 전개했다. 그는 많은 화엄의 주석서들 중 잘못된 점을 바로잡고 복잡한 것은 간결하게 요약했고, 해석이 미흡한 곳은 의미가 잘 통하도록 상세히 그 뜻을 풀이하여 올바른 이치에 부합되도록 정리했다.

균여의 화엄학은 성상융회(性相融會)로 요약할 수 있다. 이는 공(空)을 뜻하는 성(性)과 색(色)을 뜻하는 상(相)을 원만하게 융합시키려는 이론으로, 화엄학 속에 유식학을 융합하여 교종 안의 대립을 해소시키기 위해 주창한 통합사상이다. 그의 저술들에 대부분 '원통(圓通)'이라는 명칭이 붙어 있는 것은 사상의 특징을 잘 보여준다. 그래서 그를 '원통대사(圓通大師)'라고 한다. 그는 화엄학에 토착신앙을 융합하여 불법을 대중화했고, 서민을 위해 향찰(鄕札)로 불경을 풀이했을 뿐만 아니라 향가(鄕歌)도 지었다. 그의 〈보현십원가(普賢十願歌)〉에는 성속과 귀천을 융합하려는 통합사상이 나타나 있는데, 이는 성상융회사상을 바탕으로 한 것이다.

균여의 화엄학은 고려 중기의 의천에 의해 심하게 배척당했으나, 이후 조계종이 일어나면서 크게 각광받았다.

균여와 같은 시대의 화엄승으로는 탄문(坦文, 900~975)이 있고, 그들의 뒤를 이어 낙진(樂眞, 1045~1114)·징엄(澄嚴, 1090~1141)·종린(宗璘, 1127~1179) 등에 의해 화엄학이 널리 전개되었다.

의천과 천태종

천태종은 수의 천태 지의가 《법화경》을 중심으로 천태학을 완성함으로써 형성된 종파이다.

고려 광종(949~975) 때, 오월왕 전홍숙은 당 무종의 폐불(廢佛)과 오대(五代)의 전란(戰亂)으로 불교 서적이 소실되었으므로 고려에 사신을 파견하여 불교 서적을 청했다. 이에 체관(諦觀)이 960년에 천태 계통의 서적을 천태종 제15조 의적(義寂, 919~987)에게 전했고, 체관은 오월에 10년 동안 머물면서 《천태사교의(天台四敎義)》을 짓고 천태산에서 입적했다.

체관과 같은 시대의 의통(義通, 927~988)은 《화엄경》과 《기신론》을 배운 후, 948년경에 오월에 가서 의적에게 천태학을 배우고 천태종 제16조가 되었다. 그의 법맥은 지례(知禮, 960~1028)→범진(梵臻)→종간(從諫)으로 이어졌는데, 대각국사 의천은 1085년에 송에 가서 종간에게 천태학을 배우고 이듬해 불교 서적 3천여 권을 가지고 귀국했다. 그는 개풍 홍왕사에 교장도감을 설치하고, 고려와 요(遼)·송·일본 등에 있던 자료를 수집해서 1090년에 《신편제종교장총록(新編諸宗敎藏總錄)》을 간행했다. 이 책은 3장(藏)의 주석서 목록집으로, 총 1,010종의 책명이 실려 있다.

의천이 1097년에 개풍 국청사(國淸寺)의 주지에 취임하여 천태학을 강의함으로써 천태종이 형성되었다. 1099년에는 천태종 자체에서 승선(僧選)을 실시하고, 2년 후에는 국가에서 주관하는 천태종 대선(大選)을 실시했다. 이로써 천태종은 하나의 종파로 공인되었다. 그 당시 천태종은 국청사를 중심으로 전국에 6대 본산(本山)을 두고 천태학을 널리 전파했다.

의천의 뒤를 이어 교웅(敎雄, 1076~1142)과 그의 제자 덕소(德素, 1119~1174)가 천태종을 크게 발전시켰다. 특히 요세(了世, 1163~1245)는 강진 만덕산 백련사(白蓮寺)에서 백련결사(白蓮結社)를 결성하여 천태학에 정토사상을 수용했는데, 그에 의해 터전이 닦인 천태 염불은 그 후 하나의 전통으로 계승되었다. 그는 50여 년 동안 매일 《법화경》을 한 번 독송하고, 아미타불을 1만 번 불렀다고 한다.

요세의 뒤를 이어 천인(天因, 1205~1248)과 천책(天頙, 1206~?) 등의 제자들도 백련사를 중심으로 천태종을 널리 전파했다. 국청사를 중심으로

강진 백련사

전개되었던 천태종이 요세 이후에는 백련사를 중심으로 새롭게 전개
되었다.

지눌과 조계종

신라 말에 전래한 선은 독자적인 전개를 해서 고려 초에 9산선문으
로 정립되었으나 선과 교의 대립은 끊이지 않았다. 제4대 광종은 불교
개혁을 시도했으나 뜻을 이루지 못했다.

1백여 년 후, 의천 또한 천태종을 세울 당시부터 선교를 포섭하려
했으나 천태학의 입장을 밝히는 데 그치고 말았다.

선교의 문제를 근본적으로 해결해서 불교를 중흥시킨 승려가 보조
국사 지눌이다.

조계종은 9산선문이 선종의 형태로 유지되어 오다가 의천이 송에
서 귀국해서 천태종을 세운 데 자극 받아 성립된 종파이다. 조계(曹溪)
라는 말은 광동성(廣東省) 조계산(曹溪山) 보림사(寶林寺)에 머물면서 선풍을
크게 일으킨 6조 혜능을 가리킨다. 따라서 조계종은 혜능의 선법을
이어받은 종파이다.

지눌은 선교의 융합을 위해 선정과 지혜를 함께 닦는 정혜결사를
전개했다. 결사란 뜻을 같이하는 승려들이 함께 수행하면서 교단을
개혁하려는 운동이다. 지눌은 1182년(명종 12)에 개성 보제사(普濟寺)에서
결사를 발기한 후, 1190년에 팔공산 거조암(居祖庵)에서 〈정혜결사문(定
慧結社文)〉을 선포하고 본격적으로 그 운동을 전개했다. 그 후 1200년(신
종 3)에 조계산 수선사로 옮겨 그 운동을 계속했다.

보조국사탑과 비   순천 송광사

그러면 어떤 이론과 수행을 바탕으로 이 결사를 전개했는가? 보조
비(普照碑)는 그것을 다음과 같이 기록했다.

독송에는 《금강경》을 권했고, 가르침을 설할 때는 《육조단경》에 근거했으
며, 이통현(李通玄)의 《화엄론》과 《대혜어록(大慧語錄)》을 두 날개로 삼았다.
수행에는 세 가지 문을 세웠으니, 성적등지문(惺寂等持門)과 원돈신해문(圓
頓信解門)과 경절문(徑截門)이다.
믿고 귀의하는 자가 많았으니. 선학(禪學)의 융성함이 이에 비할 수 없었다.

〈東文選 제117권〉

위의 세 가지 문은 지눌의 사상 체계이고, 이 체계는 돈오점수(頓悟漸

修)를 바탕으로 한다. 지눌은 그 당시 선의 폐단을 지적하면서 돈오점수를 역설했다.

> 내가 요즘 마음 닦는 이들을 보니, 문자에 의지하지 않고 곧바로 마음과 마음으로 통하는 것만을 공부라고 생각하기 때문에 항상 정신이 아득하여 앉으면 졸기만 하고, 때때로 정신을 차려 자기의 수행을 점검하려 하지만 어찌할 바를 모르고 혼란에 빠지곤 한다.
> 그러므로 수행자는 반드시 언어에 의지하여, 깨닫고 닦아 나가는 데 무엇이 중요하고 무엇이 덜 중요한가를 분명히 가린 후에 자기의 마음을 비추어 보면 공부에 헛됨이 없을 것이다.
>
> 〈法集別行錄節要幷入私記〉

정신이 아득하여 졸기만 하고 혼란에 빠지기 때문에, 지눌은 이치를 깨달은 다음에 점점 닦아 나가라고 했다. 이것이 곧 돈오점수이다.

지눌에 의하면 돈오는 자신의 마음이 곧 부처의 마음과 다를 바 없다고 깨닫는 것이라 했다. 이치로 깨달았다고 하지만 오랜 경험으로 축적된 잠재적 기운은 갑자기 없어지는 것이 아니므로 점수해야 한다는 것이다.

흔히 돈오라고 하면 궁극의 깨달음, 즉 증오(證悟)를 뜻하지만 지눌의 돈오는 그런 것이 아니라 이치를 깨닫는 것이다. 달리 표현하면 자각(自覺)이다. 자신이 수행하게 된 근본적인 자각 없이 어떻게 거기에 몰두할 수 있겠는가. 그러한 자각이 돈오이다. 그래서 지눌은 돈오를 해오(解悟)라고 표현했다. 예를 들면 불경을 읽고 얻은 깨달음은 해오에 해당한다. 해오한 후에 점점 닦아 궁극의 깨달음, 즉 증오로 나아가는 것이 돈오점수의 기본 골격이다. 따라서 돈오점수는 증오의 내용을 설한 게 아니라 증오로 나아가기 위한 수행의 출발점과 그 과정에 대해 설한 것이다. 그러므로 해오 없이는 증오에 도달할 수 없다.

점수에 대해서는 선정과 지혜를 함께 닦는 정혜쌍수(定慧雙修)를 설했고, 돈오점수를 바탕으로 한 정혜쌍수를 성적등지문이라 했다. 성(惺)은 또렷한 지혜, 적(寂)은 마음을 고요히 가라앉힌 선정을 뜻한다.

그리고 원돈신해문을 세워, 돈오점수는 선과 교에 공통되므로 선과 교는 둘이 아님을 밝혔다. 이 원돈신해문은 《화엄경》의 교리를 믿고 이해해서 자신의 마음이 곧 부처라고 자각한 후에 닦는 수행이다. 여기서 지눌은 신해(信解)를 중요시했다. 이 신해를 바탕으로 한 해오를 설하여 선과 교를 조화시키려고 했다.

《간화결의론(看話決疑論)》에서는 경절문(徑截門)을 세워, 《대혜어록》의 간화선으로 증오에 이른다고 하여 선과 교의 차이를 분명히 했다. 해오의 경지에서는 분별의 자취가 있게 마련이므로 수행으로 이 분별을 제거하면 그대로 증오의 경지가 된다고 했다.

지눌의 정혜결사는 본래 선종의 폐단을 혁신하기 위한 운동이었으나 이것은 한국 불교에 큰 영향을 미쳤다. 천태종의 요세가 백련결사를 일으킨 것도 지눌의 영향 때문이었다. 고려 후반기의 불교는 이 두 결사에 의해 주도되었다. 그뿐 아니라 지눌의 선사상은 조선 500년을 거쳐 오늘에까지 이어지고 있다.

대장경 조판

고려 때 조판된 대장경(大藏經)은 두 개인데, 하나는 초조대장경이고 다른 하나는 재조대장경이다.

현종 2년(1011)에 거란의 침입으로 왕은 나주로 피난을 갔다. 이때 부처의 가피력으로 적을 물리치고자 대장경을 판각하기 시작해서 선종 4년(1087)에 한반도 최초의 대장경을 완성했다. 이를 초조대장경이라 한다. 총 1,106종 5,048권으로, 팔공산 부인사에 보관했으나 고종 19년(1232) 몽고 침략 때 불탔다.

재조대장경은 고종 23년(1236)에 착수해서 고종 38년(1251)에 완성한 것으로, 총 1,501종 6,708권이다. 이 대장경을 고려대장경이라 하고, 경판의 총수가 8만 1,258개이므로 팔만대장경이라 한다. 강화도 대장경 판당에 보관했다가 충숙왕 5년(1318) 이후에 강화도 선원사로 옮겼고, 조선 태조 7년(1398)에 해인사로 옮겼다.

이 대장경은 수기(守其. ?~?)가 교정의 책임을 맡아 이미 중국과 고려에서 판각한 여러 대장경의 오자와 잘못을 정밀하게 교정하고, 다른 대장경에 없는 것도 수록한 가장 완벽한 대장경이다.

팔관회와 연등회

팔관회는 한반도의 토속신앙과 불교가 결합되어, 나라의 안녕과 번영을 토속신이나 부처에게 기원하던 행사이다.

신라에서는 진흥왕 때 전사한 병사의 명복을 빌기 위해 호국 사찰인 황룡사에서 두 차례 개최한 후 시행하지 않았다.

　고려 최초의 팔관회는 태조 원년(918)에 개경과 서경에서 개최되었다. 팔관회의 정경은 일정하지 않으나 태조 때에는 정원에 등을 밝히고 향을 피워 광명과 향기가 가득하게 했고, 50척 높이로 연화대(蓮花臺) 모양의 채색된 누각을 설치하고 그 앞에서 갖가지 노래와 춤을 추면, 왕은 그 누각에 올라가 이를 관람했다. 또 팔관회 때는 외국의 상인들이 의식에 참여해서 토산물을 바쳤고, 죄인에게는 사면을 내리기도 했다.

　이 팔관회는 많은 비용과 사치와 향락으로 폐단도 많았다. 성종 6년(987)에 폐지되었고, 현종 원년(1010)에 부활되어 100여 년 동안 성행했으나 이후에는 점점 쇠퇴했다. 문종(1046~1083) 때는 팔관회의 행사에 필요한 비용을 마련하고 지출을 관장하기 위해 팔관보(八關寶)라는 관청을 두었다.

　연등회(燃燈會)는 집집마다 등을 밝혀 부처의 자비와 나라의 안녕과 번영을 기원하던 행사이다. 신라에서는 경문왕 6년(866)과 진성여왕 4년(890)에 황룡사에서 개최했고, 고려에서는 태조 때부터 음력 정월 15일에 시행했는데, 성종(982~997) 때 폐지되었다가 현종 원년(1010)에 부활되어 1백여 년 동안 유지되었으나 이후에는 점점 쇠퇴했다.

조선시대

특징

고려 말부터 거세게 일기 시작한 배불(排佛)의 기세는 조선시대에 이르러 구체화되기 시작했다.

태조는 조구(祖丘)를 국사에, 자초(自超)를 왕사에 임명하고 많은 불사를 행했으나 승려의 증가를 방지하기 위해 도첩제(度牒制)를 엄격히 시행했다.

태종은 배불정책을 과감히 단행하여 궁중의 불사를 폐지하고, 전국에 242개의 사찰만 남겨두고 나머지는 폐지하는 동시에 거기에 소속된 토지와 노비를 몰수했다. 또 왕사와 국사를 폐지하고, 11종의 종단을 7종으로 축소했다.

세종은 다시 7종을 통폐합하여 선교양종으로 했고, 승록사를 폐지하고 흥천사를 선종의 본사로, 흥덕사를 교종의 본사로 했다.

세조는 간경도감(刊經都監)을 설치해서 불경을 한글로 번역하여 간행했다. 이에 불교는 활기를 찾는 듯했으나 성종·연산군·중종 등의 시대를 거치면서 다시 수난을 당했다.

연산군은 성 안팎의 비구니 사찰 23개를 헐어버리고, 승려가 되는 것을 금지했다. 또 선교양종을 성 밖으로 추방하고 승과제도를 폐지했다. 그 결과 승려는 거의 환속했고, 연산군 말년에는 본사뿐만 아니라 도성 안의 사찰을 모두 폐지하고 사찰의 전답도 몰수했다.

그러다가 명종 때 문정왕후가 섭정하면서 보우(普雨, ?~1565)를 중용하여 선교양종을 부활시켜 선종의 본사를 봉은사로, 교종의 본사를 봉선사로 했다. 또 승과제도를 다시 시작했다.

그러나 문정왕후 이후 탄압이 계속되자, 불교는 산 속으로 은둔하여 겨우 그 명맥을 유지할 수밖에 없었다.

무학 자초와 득통 기화

무학 자초(無學自超, 1327~1405)는 조선 최초이자 최후 왕사이다. 그는 18세에 출가하여 1353년에 원(元)에 가서 인도의 승려 지공(指空, ?~1363)과 고려의 승려 나옹(懶翁, 1320~1376)의 가르침을 받고, 1356년에 귀국하여 천성산 원효암에 머물다가 태조가 즉위하자 왕사에 임명되었다.

자초의 법을 이어받은 승려가 득통 기화(得通己和, 1376~1433)이다. 그는 21세에 관악산 의상암에 출가하고, 양주 회암사(檜巖寺)에서 자초의 가르침을 받았다. 1414년에 황해도 평산 연봉사(烟峰寺)에 작은 거실을 마련하여 함허당(涵虛堂)이라 이름하고 《금강경오가해설의(金剛經五家解說誼)》를 강의했다.

그는 《현정론(顯正論)》을 저술하여 불교에 대한 유생(儒生)들의 그릇된 견해를 반박했다. 서론 부분에서는 불교의 5계(戒)를 유교의 5상(常)에 비교해서 불살생은 인(仁), 불투도는 의(義), 불사음은 예(禮), 불음주는 지(智), 불망어는 신(信)이라 했다. 그리고 유교는 사람을 가르치는 방법이 상벌이지만 불교는 인과법이라 하고, 상벌로 가르치는 것은 일시적인 복종에 불과하지만 인과법으로 가르치면 각자 느끼고 깨달아 마음으로 복종하게 된다고 했다. 이어서 상벌로 지도해야 할 사람이 있고, 인과법으로 지도해야 할 사람이 있기 때문에 유교와 불교가 모두 필요하다고 했다. 이러한 전제 아래 유생들이 제기한 열두 가지의 비난에 대해 차례로 답하는 형식으로 본론이 구성되어 있다. 또한 불교와 유교는 물론 도교까지도 포함하여 3교일치(三敎一致)를 제창했다.

또 그는 《금강경오가해설의》를 저술했는데, 《금강경오가해》는 종밀(宗密)·혜능·부대사(傅大士)·야보(冶父)·종경(宗鏡)의 《금강경》 주석을 하나로 묶은 책이다. 그런데 기화는 이 가운데 주로 야보와 종경의 주석을 해설했다. 이는 《금강경》에 대한 기화의 입장을 잘 나타내고 있다. 왜냐하면 야보와 종경은 《금강경》을 주석함에 있어서 교학적인 색채를 완전히 버리고 선에 입각해서 주석했기 때문이다. 또 기화는 해설하는 방법에서도 현실 생활과 직결시키고 있는데, 이는 당시 유생들이 불교는 허무와 고요만을 추구하는 도(道)라고 비난한 것을 반박하기 위해 《현정론》을 저술한 것과 같은 맥락이라고 할 수 있다.

기화 이후 한반도의 《금강경》 유통은 《금강경오가해설의》를 중심으로 전개되었다.

보우

　보우의 호는 허응(虛應) 또는 나암(懶庵)이다. 15세에 금강산 마하연암
(摩訶衍庵)에 출가하여 금강산 일대에서 수행했다. 강원감사의 천거로 문
정왕후의 신임을 얻어 1548년(명종 3)에 봉은사 주지가 되었다. 1550년
에는 문정왕후의 도움으로 선교양종을 부활시키고, 봉은사를 선종의
본사로, 봉선사를 교종의 본사로 지정했다. 1551년에 선종의 최고지위
인 선종판사(禪宗判事)에 임명되고, 1552년에는 연산군 때 폐지되었던 승
과제도를 부활시켰다. 그런데 유생들이 이러한 불교정책의 폐지를 요
구하는 상소문을 계속 올려, 6개월 동안에 상소문이 무려 400여 건이
었다고 한다.

　1555년에 보우는 모든 직책을 사양하고 춘천 청평사에 머물다가
1560년에 다시 봉은사 주지와 선종판사의 직책을 맡았다. 1565년(명종
20)에 문정왕후가 죽자 곧바로 유생들이 보우의 탄핵과 불교정책의 폐
지를 강력하게 상소하므로 명종은 그를 제주도에 귀양 보냈고, 거기서
제주 목사(牧使) 변협(邊協)에게 피살되었다.

　시문집으로 《허응당집(虛應堂集)》이 있고, 《나암잡저(懶庵雜著)》에는 〈시
소사법어(示小師法語)〉·〈사경발(寫經跋)〉·〈화엄경후발(華嚴經後跋)〉·〈경암명(敬
庵銘)〉·〈일정(一正)〉 등이 수록되어 있는데, 이들은 문장이 매우 간결하고
정밀한 작품으로 알려져 있다.

　《허응당집》은 불교의 탄압에 대한 개탄과 그의 높은 선의 경지를 드
러낸 글이다. 《나암잡저》의 첫 장인 〈시소사법어〉는 마음에 대해 소사
(小師)가 묻고 보우가 오언(五言)의 게송으로 답한 글로서, 선에 대한 그
의 관점을 알 수 있는 자료이다. 〈사경발〉과 〈화엄경후발〉에서는 경(經)

의 중요성을 설명한 다음, 중생의 근기에 따라 여러 경이 있지만 최고의 경은《화엄경》이라 했다. 〈경암명〉에서는 마음의 본질과 작용을 간명하게 풀이하고, 마음의 본바탕을 체득하여 잘 다스릴 것을 당부했다. 〈일정〉에서는 일(一)이 천리(天理)이고, 정(正)은 인간의 청정한 마음이라 정의하고, 천인합일(天人合一)이 대도(大道)라고 하여 유교의 핵심을 드러낸 다음, 불교와 유교의 융합을 강조했다.

> 대사가 동방의 작은 나라에 나서, 백세(百世)에 전하지 못하던 법을 얻었는지라. 지금 배우는 자들이 대사로 말미암아 나아갈 곳을 얻었고, 불도가 마침내 끊어지지 않았으니, 대사가 아니었다면 영산(靈山)의 풍류와 소림(少林)의 곡조가 끊어질 뻔했다.
>
> 〈虛應堂集, 跋文〉

휴정과 그 문하

휴정(休靜, 1520~1604)은 평남 안주 출신으로 호는 청허(清虛)이고, 서산(西山)인 묘향산에 오래 머물렀으므로 서산대사(西山大師)라고 한다. 9세에 어머니를, 10세에 아버지를 여의고 안주 군수를 따라 한양에 가서 12세에 성균관에 입학했다. 15세에 과거에 응시했으나 낙방하고 지리산으로 들어가 부용 영관(芙蓉靈觀, 1485~1571)을 스승으로 모시고 10여 년 동안 수행했고, 영관의 법을 이어받은 후 금강산·묘향산에서 수행했다.

경술년(1550) 가을에 나는 금강산 향로봉에 있었다. 어느 날 묘향산에서 왔다는 한 수행승이 부처와 중생은 무엇이 다르고, 번뇌는 왜 일어나는 지를 몹시 간절하게 묻기에 나는 다음과 같은 게송으로 답했다.

불성을 보려거든
마음이 바로 불성인 줄 알고
3도(途 : 지옥·아귀·축생의 생존)를 벗어나려거든
마음이 바로 3도인 줄 알라.

정진이 바로 석가모니
청정한 본성이 바로 아미타불
밝은 마음이 문수보살
원만한 행위가 보현보살
자비가 관세음보살
희사(喜捨)가 대세지보살이니라.

성내는 마음이 바로 지옥
탐욕이 바로 아귀
어리석은 마음이 축생
음욕과 살생 또한 그러하니라.

일어나는 마음이 천마(天魔)
일어나지 않는 것이 음마(陰魔)
일어나기도 하고 일어나지 않기도 하는

그것을 번뇌마(煩惱魔)라고 한다.
허나 우리의 바른 법 안에는
본래 그런 것 없느니라.

그대가 그런 줄 알았거든
속히 금강의 칼을 잡고
한 생각 속으로 빛을 돌리면
모든 현상이 다 환상이 될 것이다.

환상 또한 병이 되니
모름지기 한 생각 놓아버려라.
놓아버리고 또 놓아버리면
본래의 청정한 본성이 그대로 드러날 것이다.

〈淸虛堂集 제4권, 禪敎偈語〉

　　휴정은 33세 되던 해(1552, 명종 7)에 새로 부활된 승과에 합격하여 대선이 되었고, 3년 만에 선교양종판사가 되었으나 2년 후에 그 직책을 사양하고 금강산으로 들어갔다.

　　휴정은 40대 후반에서 60대 후반에 이르는 동안 묘향산을 중심으로 제자들을 지도했는데, 그에게 1천여 명의 제자가 있었다고 한다.

　　그가 73세 되던 해(1592, 선조 25)에 임진왜란이 일어났다. 평안도 의주로 피난한 선조는 휴정을 팔도도총섭(八道都摠攝)에 임명했다. 이에 휴정은 묘향산에서 나와 전국 승려들에게 총궐기를 호소하는 격문을 방방곡곡에 보내 승군(僧軍)을 모집했다. 그리하여 평남 평원 법흥사(法興

寺)에 1천5백여 명의 승군이 집결했고, 그의 제자 유정(惟政)도 1천여 명의 승군을 이끌고 관동 지방에서 와서 도총섭의 승군과 합세했다. 유정은 승군의 대장이 되어 일선에서 실전을 지휘하여 평양성 탈환에 공을 세웠다.

2년 후 휴정은 그의 제자 유정과 처영(處英)에게 모든 일을 맡기고 묘향산으로 들어갔다.

85세 되던 해(1604) 정월, 휴정은 묘향산 원적암(圓寂庵)에서 자신의 영정 뒤에 다음과 같이 썼다.

八十年前渠是我
八十年後我是渠

80년 전에는 그가 나이더니
80년 후에는 내가 그이구나.

그러고는 결가부좌한 채 입적했다.

저서에는 《선가귀감(禪家龜鑑)》·《청허당집(淸虛堂集)》 등이 있다.

《선가귀감》은 경전과 어록 중에서 수행의 지침이 될 가장 요긴하고 간절한 부분을 가려 뽑은 선학(禪學) 입문서이다.

《청허당집》의 1권에는 시 600여 수, 2권에는 서(書)로서 누구누구에게 드리는 글 또는 답하는 글 32편, 3권에는 서(書)·기(記)·비명(碑銘)·행적(行蹟) 등이 있고, 4권에는 소(疏)·모연문(募緣文)·〈선교게어(禪教偈語)〉·잡저(雜著)·〈심법요초(心法要抄)〉·〈선교석(禪教釋)〉 등이 수록되어 있다.

〈선교게어〉에 있는 '선교결(禪教訣)'은 제자 유정에게 보낸 글인데, 선과 교의 차이점을 간결하게 표현했다. 선은 부처의 마음이고 교는 부처의 말씀이며, 선은 말 없음으로써 말 없는 데 이르는 것이고, 교는 말 있음으로써 말 없는 데 이르는 것이라 정의한 다음, 말 없음으로써 말 없는 데 이르면 누구도 그것을 무엇이라 할 수 없으므로 억지로 말하여 마음이라 했는데, 세상 사람들이 그 까닭을 알지 못하고 배워서 알고 생각해서 얻는다고 하니 안타까운 일이라 하고, 교를 배우는 이는 교 가운데도 선이 있다고 하나, 선은 교의 그물에 걸리지 않는다고 천명했다.

〈선교게어〉에 있는 '염불문'은 그의 염불관이 잘 드러나 있다.

> 입으로 외우는 것을 송불(誦佛)이라 하고, 마음으로 생각하는 것을 염불(念佛)이라 한다. 입으로만 외우고 마음으로 생각하지 않는다면 아무런 이익이 없으니, 생각하고 또 생각하라.
>
> 부처님은 근기가 높은 사람을 위해서는 마음이 곧 부처요, 마음이 곧 정토이며, 자신의 청정한 성품이 아미타불이라 했으니, 이것은 이른바 서방정토가 멀지 않다는 뜻이다. 또 근기가 낮은 사람을 위해서는 10만 8천 리나 된다고 했으니, 이는 이른바 서방정토가 멀다는 뜻이다. 그러므로 서방정토의 멀고 가까움은 다른 데 있는 게 아니라 자신의 마음에 있는 것이다.
>
> 만약에 누구나 한 생각도 일으키지 않는다면, 과거와 미래가 끊어져 곧 자신의 아미타불의 정토가 드러날 것이다.

〈선교석〉은 선을 중심으로 해서 선과 교의 특징과 차이점을 제시한 저술이다. 여러 어록과 논서에서 요긴한 글귀를 인용해서 선에 대해 밝히고, 마지막으로 50여 명의 학식 있는 불도(佛徒)들이 모인 자리에서 교를 배우는 사람이 묻고 선을 닦는 사람이 답하는 형식으로 되어 있다.

휴정의 스승 부용 영관(1485~1571)은 13세에 덕유산에 출가하여 3년 동안 수행하다가 삭발한 후, 덕유산에 초암을 짓고 9년 동안 좌선하고, 1521년부터 금강산 미륵봉 내원암(內院庵)에서 9년 동안 좌선했다. 1531년에 지리산에 들어가 벽송 지엄(碧松智嚴, 1464~1534)을 만나 20년 동안의 의심을 녹이고 크게 깨달았다. 이로서 고려의 태고 보우에서 시작된 임제종의 법맥을 계승해서 휴정에게 전했다.

휴정의 제자 1천여 명 가운데 뛰어난 제자가 70여 명이었고, 그 중 사명 유정(四溟惟政)·편양 언기(鞭羊彦機)·소요 태능(逍遙太能)·정관 일선(靜觀一禪)은 4대파(四大派)를 형성했다.

이들의 계보는 499쪽과 같다.

휴정과 그 문하에 의해 조선불교는 획기적인 전환기를 맞이했다. 교리적으로 분열되어 있던 많은 종파들이 통합되었고, 산 속에서 하나의 선풍을 형성하여 그 법맥은 오늘에까지 이르고 있다.

사명 유정(1544~1610)은 경남 밀양 출신으로, 자(字)는 이환(離幻), 호는 송운(松雲) 또는 사명(四溟)이다. 13세에 김천 직지사(直指寺)에 출가하여 18세에 승과에 합격하고, 그 후 직지사에 주지로 머물다가 1575년에 묘향산에 들어가 휴정의 문하에서 수행하여 그의 법을 이었다. 1592년 임진왜란 때 승군을 모집하여 평양성을 탈환한 공로로 선교양종판사에 임명되었고, 1604년에 강화 사절로 일본에 가서 전란 때 포로로 잡혀간 3천여 명의 동포들을 데리고 이듬해 귀국했다.

편양 언기(1581~1644)는 11세에 출가하여 현빈(玄賓)에게 배우고, 묘향산

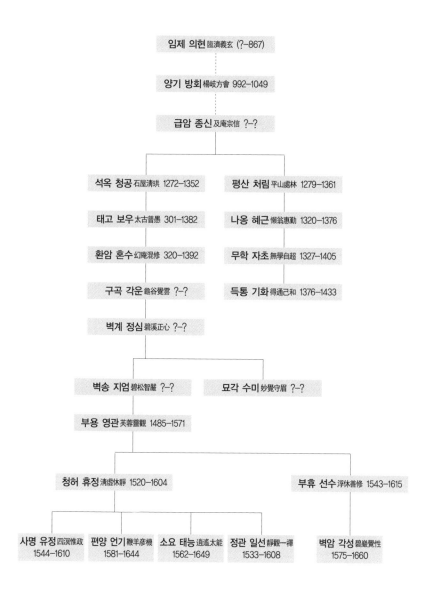

임제 의현 臨濟義玄 (?–867)

양기 방회 楊岐方會 992–1049

급암 종신 及庵宗信 ?–?

석옥 청공 石屋淸珙 1272–1352　　평산 처림 平山處林 1279–1361

태고 보우 太古普愚 301–1382　　나옹 혜근 懶翁惠勤 1320–1376

환암 혼수 幻庵混修 320–1392　　무학 자초 無學自超 1327–1405

구곡 각운 龜谷覺雲 ?–?　　득통 기화 得通己和 1376–1433

벽계 정심 碧溪正心 ?–?

벽송 지엄 碧松智嚴 ?–?　　묘각 수미 妙覺守眉 ?–?

부용 영관 芙蓉靈觀 1485–1571

청허 휴정 淸虛休靜 1520–1604　　부휴 선수 浮休善修 1543–1615

사명 유정 四溟惟政 1544–1610　편양 언기 鞭羊彦機 1581–1644　소요 태능 逍遙太能 1562–1649　정관 일선 靜觀一禪 1533–1608　벽암 각성 碧巖覺性 1575–1660

에 가서 휴정의 문하에서 수행하여 그의 법을 이었다. 금강산 천덕사(天德寺), 구룡산 대승사(大乘寺), 묘향산 천수암(天授庵) 등에 머물면서 학인들을 지도했는데, 그의 문하에서 많은 고승들이 배출되어 4대파 중에서 가장 번창했다.

저술에 《편양당집(鞭羊堂集)》이 있는데, 그의 시문이나 선교에 대한 법문은 매우 간결하고 쉬운 것이 특징이다. 선은 부처의 마음을 전한 것으로, 최상의 근기를 가진 사람은 들어갈 수 있지만 그런 사람이 많지 않으므로 임시로 교를 빌린다고 했다. 그러므로 교는 근기가 낮은 사람이 선에 들어갈 수 있는 문호라 했고, 모든 경전은 사람의 근기에 따라 다양하게 설한 것이므로 처음부터 소승과 대승, 깊고 얕음이 있는 게 아니라 모든 가르침은 결국 하나로 귀결되는데, 그것은 곧 자신의 청정한 성품이라 했다. 이 성품을 깨닫는 방법에는 화두(話頭), 자신의 성품에 대한 관조, 그리고 염불이라고 했다. 이 셋은 비록 방법의 차이는 있으나 그 어느 방법으로 자신의 성품을 깨닫는다고 하더라도 그 경지에는 차별이 없다고 했다.

소요 태능(1562~1649)은 13세에 장성 백양사(白羊寺)에 출가하여 선수(善修)에게 경전을 배운 후에 묘향산에 가서 휴정의 문하에서 20년 동안 수행하여 그의 법을 이었다. 휴정의 제자 가운데 편양 언기와 함께 양대 고승으로 알려져 있고, 그의 문하가 소요파(逍遙派)를 형성했다.

정관 일선(1533~1608)은 15세에 출가하여 《법화경》에 심취했고, 휴정의 문하에서 수행하여 그의 법을 이었다. 임진왜란 때 승려들이 전쟁에 참여하는 것을 보고 승려의 본분이 아니라고 개탄하고, 유정에게 글을 보내 '빨리 관복을 벗고 승려의 본분을 다하라'고 권했다.

휴정과 동문인 부휴 선수(浮休善修, 1543~1615)는 20세에 지리산에 들어가

신명(信明)에게 출가하고, 부용 영관을 사사하여 그의 법을 이었다. 그는 말이나 문자에 따르는 격식을 떠나 마음에서 마음으로 전하는 격외선(格外禪)을 계승했고, 지리산 칠불암(七佛庵)에서 입적했다. 그의 제자 7백여 명 가운데 벽암 각성(碧巖覺性, 1575~1660)의 문하가 가장 번창했다.

선수 문하는 휴정 문하와 더불어 조선불교 승단의 주축을 이루었다.

찾아보기

ㅈ

불교의 모든 것

초판 1쇄 발행   2014년 5월 6일
초판 6쇄 발행   2019년 12월 24일

지은이 곽철환

펴낸곳 (주)행성비
펴낸이 임태주

출판등록번호 제313-2010-208호
주소 서울시 마포구 토정로 222 한국출판콘텐츠센터 318호
대표전화 02-326-5913 팩스 02-326-5917
이메일 hangseongb@naver.com 홈페이지 www.planetb.co.kr

ISBN 978-89-97132-45-4 (03220)

행성B는 독자 여러분의 참신한 기획 아이디어와 독창적인 원고를 기다리고 있습니다.
hangseongb@naver.com으로 보내주시면 소중하게 검토하겠습니다.